吉林财经大学资助出版图书

场域视域下的贫困治理研究

吴征阳／著

吉林大学出版社
·长春·

图书在版编目（CIP）数据

场域视域下的贫困治理研究 / 吴征阳著. —— 长春：
吉林大学出版社, 2021.9
ISBN 978-7-5692-8655-7

Ⅰ.①场… Ⅱ.①吴… Ⅲ.①扶贫—研究—中国
Ⅳ.①F126

中国版本图书馆CIP数据核字(2021)第162892号

书　　名：场域视域下的贫困治理研究
CHANGYU SHIYU XIA DE PINKUN ZHILI YANJIU

作　　者：吴征阳　著
策划编辑：黄国彬
责任编辑：杨　宁
责任校对：甄志忠
装帧设计：刘　丹
出版发行：吉林大学出版社
社　　址：长春市人民大街4059号
邮政编码：130021
发行电话：0431-89580028/29/21
网　　址：http://www.jlup.com.cn
电子邮箱：jdcbs@jlu.edu.cn
印　　刷：天津和萱印刷有限公司
开　　本：787mm×1092mm　　1/16
印　　张：14.5
字　　数：230千字
版　　次：2022年2月　第1版
印　　次：2022年2月　第1次
书　　号：ISBN 978-7-5692-8655-7
定　　价：88.00元

前　言

　　传统性贫困治理研究主要就生存视域、剥夺视域、能力视域、文化视域、制度视域以及综合视域开展贫困及其治理的探究，或将贫困归因于物质匮乏、社会排斥等外源性因素，或将贫困归因于贫困文化、可行能力等内源性因素，最终在综合视域下实现多元要素的统摄。以此所开展的贫困治理实践，虽然能够取得阶段性治理成效，但始终未能从根本上消除贫困。可见既有研究局限于贫困本质的实体性存在，将行动主体和结构主体割裂开来，使贫困者的内源性因素和环境结构的外援性因素处于分离式建构中而缺乏关系性的深入探索，以致贫困治理手段片面化和治理成效短时化。

　　R村作为贫困县域中的贫困村落，具有我国贫困村庄的典型特征。在政府波澜壮阔的扶贫图景中，R村主要经历了生存视域下的扶贫"输血"阶段和综合视域下的扶贫"造血"阶段。近年来，在精准扶贫的政策引领下，R村开展了以生存物质帮扶和生计发展帮扶为主要内容的扶贫实践，虽于前期取得显著成效，但却未能实现贫困的长效治理，并在脱贫率和返贫率双高的表象之下呈现出外援性扶助依赖、自主运营能力不足和发展需求对接失效的治理困境。就表层原因而言，R村困境主要源于贫困文化对生存心态的挟持、社会排斥对资源运作的阻碍和权利贫困对利益公平的掣肘，但这并非R村贫困的实质，而需引入关系性视域予以深刻揭示。

　　场域视域下，社会世界由"场域—惯习"这一双重互动结构所支撑，彼此间存在相互建构与被建构的关系性生成和制约。行动者由于身处场域中的不同位置而占据不同资本，在场域和惯习的双重互动关系中，行动者以资本的竞争和转化为媒介来实现具体行动。就贫困而言，贫困者由于身处贫困场域的底层位置而缺乏资本优势，由资本分配所形成的场域结构具化为制约贫困者前进与发展的社会制约性条件，并经由贫困者的具体行动而内化为心态结构，成为贫困者致贫的内源性要素之一。与此同时，贫困者经由长期历史实践积累成代表其风格的行动倾向——贫困惯习，这不仅是指导贫困者开展具体行动的主要逻辑，同时还通过行动结果进一步巩固贫困者所在场域的环境结构，以此实现贫困场域同贫困惯习间的双重互动。可见贫困的本质并非实体性要素，而是一种深刻的关系性贫困，即存在于贫困场域和贫困惯习之间的消极的双重互动关系，具体表现为生计匮乏与短视行为的互构、贫困文化与盲目排他的互构、社会排斥与消极认同的互构以及政策寻租与"人情"关系的互构。基于关系性贫困的提出，贫困治理的困境实质也得以揭示。传统性政策扶贫主要是一种基于改善贫困场域结构的外援性治理模式，显然缺乏针对贫困主体所开展的内源性治理功能，也就违背了场域视域下主体间双重互动的关系原则，故贫困治理的困境实质表现为内源性治理功能的缺失、关系型治理结构的断裂和多元性治理要素的缺失。

面对贫困治理的困境实质，关系性贫困的破解自然指向"关系型"贫困治理，并基于其内涵、结构而提出相应的功能要求，如加强贫困惯习改善的主体性要求、完善场域双重互动的关系性要求以及兼顾多维资本运作的综合性要求。对于以上要求，传统性政策扶贫因缺乏内源性治理功能而无法满足，但社会工作由于具备主体性的扶助理念、关系性的介入功能和综合性的实践层次而成为可能介入的路径选择。社会工作介入基层管理或贫困治理的实践早已有之，目前主要存在"自发式"介入、"被动式"介入和"协作式"介入三种路径，并具体通过个案工作对贫困者的个体惯习予以改善、通过小组工作对贫困者的人际关系予以重塑、通过社区工作对贫困者的社会参与予以实现，以充分发挥专业性助人功能。

R村在"关系型"贫困治理的实践探索中主要采用了社会工作介入的方式来弥补内源性贫困治理功能的缺失。通过"协作式"介入路径，社会工作服务中心同当地政府及村委会构建起"协作—互助"的关系模式，在R村建立起以共赢机制为建构基础、以逐层协作为运作流程、以双会联动为运行制度的社会工作服务平台，并在具体开展贫困人群的专项服务、推进原有产业的项目发展、协同扶贫创业的项目构建等过程中，运用个案工作、小组工作和社区工作来实现对贫困个体惯习的介入、对贫困群体关系的介入和对集体项目参与的介入，最终收获显著的现实成效和理论成效。可见，"关系型"贫困治理符合当前时代需求，体现社会工作介入的专业优势，包括对贫困主体自我效能的提升、对当前治理模式功能的补位以及对基层贫困治理格局的创新。但就我国社会工作发展现状而言，还存在深刻的现实困境和理论困境，需要在现实层面进一步强化社会工作的组织构建、深化社会工作的专业理念、推进社会工作的协商参与，以促进社会工作对基层贫困治理更为广泛的介入与协作。

目　　录

第一章 引 言

1.1 研究背景与意义

1.1.1 问题提出

在人类漫长的历史发展中，贫困始终阻碍着人类前进的脚步，制约着世界和平发展的进程。这一"无声的危机"被联合国开发计划署列为全球可持续发展的17个目标中的第一位——"在世界各地消除一切形式的贫困"。2008年，世界银行对75个国家的贫困线数据进行综合统计分析，将每人1美元/天这一经典的贫困标准提升至1.25美元/天，这是人类发展对于贫困灾难的重大胜利，显示了随着世界工业化、科技化、信息化水平的不断提高，人类的生产力显著提升，许多欠发达及发展中国家的贫困人口的生活状态得到改善。但人类若想从根本上战胜贫困，其道路尚且险阻而修远。据世界银行的最新研究报告称，全球尚有12亿人口身处贫困之中，其中13%的人口生活在中国。就世界范围来看，远在非洲的尼日尔名列2018年世界最为贫穷的国家之一，人均GDP只有736美元，极端匮乏的沙漠环境下人们根本无法从事正常的劳动生产，连维持基本生存所需的食物都无法满足。经济危机中的津巴布韦爆发严重的通货膨胀，其人均GDP只有0.1美元。此外，阿富汗人均GDP仅为800美元，根本无法维持基本的日常需要。即便排除这些现实状况较为极端的国家，国际劳工组织经济学家库恩（Stephan Kuhn）也同样指出，发展中世界的所有就业人口中，有40%仍处在极度贫穷的状态中。可见，贫困对全人类而言依然是一个严峻且普遍的问题，值得深入研究和广泛探索。

反观国内，我国政府长期致力于反贫困斗争，尤其在农村贫困问题的改善和根除上积累了丰富的实践经验。早在2015年，调查数据显示我国当年贫困人口达7000万之多。经过一年多的反贫困实践，我国2017年的政府报告显示，在2016年我国农村贫困人口减少1240万，易地扶贫搬迁人口超过240万。截至2018年末，全国农村贫困人口从2012年末的9899万人减少至1660万人，贫困发生率从2012年的10.2%下降至1.7%，可见扶贫成效斐然。但剩余的一千多万农村贫困人口，对于我国政府力争在2020年实现全部人口脱贫的战略目标而言仍旧是挑战。总的来看，"输血式"扶贫、"造血式"扶贫以及"参与式"扶贫是对我国既有贫困治理模式阶段性总结，彰显出我国贫困治理理念的进步和发展；片区扶贫、县域扶贫、精准扶贫的不断推进，则是我国贫困治理精度的提升和治理规模的深化；而从单一性扶贫要素供给向多元性扶贫项目开发的模式转变，则使我国贫困治理体系更为丰富和全面。正如李小云所言，在20世纪八九十年代，我国政府形成了一个以"开发式"扶贫为理论依据的操作体系，在21世纪前十年，我国政府又成形了一个"开发式"扶贫与保障性扶贫相衔接的制度体系，使中国农村贫困治理取得了举世公认的显著减贫成就。

但既有的反贫困实践也暴露出现有贫困治理模式所存在的缺陷和矛盾，并直指其相关理论研究层面的不足。有关贫困治理的学术研究发轫于国外，且历经狭义到广义的概念扩展和视角变化。早期对贫困内涵的界定局限于生存所需的物质资本，强调物质和收入的绝对数量。而演进的贫困内涵则把与人相关的权力、能力、公平、知识等因素纳入其中，更倾向以相对指标来定义贫困，并指出社会的客观结构和权力分配是贫困背后的根本性因素，继而建立起林林总总的贫困理论研究体系，如物质匮乏论、不平等贫困论、个人层次论、能力剥夺论、社会排斥论和结构贫困论等等。我国对贫困治理相关研究大体沿袭并发展了西方学者的理论成就，针对中国人口基数大、城乡二元化结构、区域经济发展不平衡、收入分配不公平等基本国情来开展社会主义建设过程中的贫困研究和贫困治理实践。

但现有研究成果和实践经验并未从根本上根除贫困，这主要缘于传统思维对贫困问题的认识和把握存在理论弊端，以至造成对贫困本质的误读和解决路径的偏离。传统视域下的贫困问题研究往往囿于主客对立的二元分析框架，这种二元对立体现在：或者仅就贫困者个体或家庭进行扶助，基于主观的唯智主义，将贫困归咎于个体或家庭的需求无法得到满足以及认知、行为能力存在缺陷；或者超越微观个体，基于结构主义来强调客观环境和社会结构的重要影响，将贫困归因于制度安排和机制失败的结果。即便同时关注个人主义层面个体（家庭）行为的改善和整体主义层面的社会结构的重塑，也因缺乏中观视角而忽略个体行为与社会结构间的对应关系。可见，既有实践是将贫困作为一种实体性的存在来看待并对待，而忽略其内在关联性。在此理论指导下的贫困治理实践也就必然将贫困的主体或客体当作治理的靶向目标，进而导致治理的片面性和短时化。此种分析虽然在理论层面上弥补了相关研究的缺陷，但在实践中却难以发挥有效的指导作用。为此，我们在现有理论研究与实践探索的基础上，尝试突破主客对立的二元分析框架，从新的理论视角来揭示贫困的本质及根源，进而探索贫困治理的有效方式与路径。

1.1.2 理论意义

1.立足场域视域，突破当前贫困治理研究的二元对立分析框架

在对贫困问题的传统理论研究中，研究者囿于二元对立的思维模式，惯于将贫困当做实体性研究对象，将贫困的内涵要素当做致贫的主要原因。在这一思维框架中，贫困若以物质匮乏为表象，则将其归因于物质生产的失败；贫困若以社会剥夺为表现，则将其归因于社会结构的失败；贫困若以能力匮乏为表象，则将其归因于个体发展的失败。贫困研究由此被割裂为不同研究视角下的理论之争，尤其客观结构主义和主观建构主义的对垒成为贫困理论研究的主要矛盾。本研究以布迪厄的场域为视域，对贫困治理的研究是基于关系性视角所展开的。这一视域下，贫困场域以宏观且整体的视角来审视客观的场域结构，惯习以微观视角来理解个体行动者的主观心理和行为范式，并通过场域资本的争夺和占有来搭建贫困者和场域结构间的必然关系。也就是在"主观与客观""宏观与微观""行动与结构""整体与个体"之间寻求一条超越二元对立的思维模式，打破长期锢于主、客二元对立思维中的反贫困研究，探索贫困问题的关系性本质及内涵。

2.从新视角揭示贫困根源，丰富并发展贫困治理的理论研究

目前，有关贫困根源及其治理的研究已经相当丰富，但其研究框架始终基于本体论，囿于二元对立的分析模式，将贫困根源"物质化""形式化"或"制度化"，也就是从贫困表象的实体要素中寻求答案，而不就其如何产

生并演变、如何持续并巩固的发展过程做系统性研究，这也就背离了贫困本身的历时性、发展性和共时性的动态特征，缺乏对贫困本质的进一步挖掘与揭示。本研究立足于场域视域，将贫困场域的结构、贫困者惯习、场域资本及其相关参与者等成分作系统性研究，借助"场域""惯习""资本"等理论概念来建构贫困场域中结构与惯习间的相互关联，研究它们之间相互建构与被建构的互动关系，从而揭示贫困场域的本质，继而分析当前贫困治理难于实现的根本困境。从这一角度来看，本研究超越现有贫困理论的研究范式，丰富并发展贫困问题的本质内涵，实现对贫困治理的路径重塑。

1.1.3 实践意义

1.有利于厘清中国贫困问题的深层根源

贫困是长期困扰我国经济发展、政治和谐、区域稳定的民生问题。同时，我国人口基数大、区域之间经济发展不平衡、城乡二元结构严重失衡，这些都加剧了我国贫困治理的困境和难度，使得中国贫困问题在兼具贫困普遍性特征的同时又具有自身的显著特质。因此，对于致贫问题的探究，在基于既有的物质匮乏、社会排斥、贫困文化、制度失效等因素的梳理基础上，开展场域视域下的贫困问题的关系性研究将对贫困问题本质的探索起到重要反思和厘清作用。而这一致贫根源的重新探索，既能融合我国当前区域性贫困的真实现状，又能有效揭示致贫的本源困境，从而在贫困治理的实践层面指导其策略的有效制定和转向，具有揭示贫困根源的重要现实意义。

2.有利于探寻贫困治理的有效路径

改革开放以来，我国长期开展了以政府政策扶贫为主要方式的扶贫实践，在一定程度上积累了大量的实践经验，并总结出一系列具有阶段性意义的扶贫模式。然而就实践的具体成果来看，这些反贫困实践的开展确实取得了一定规模的成效，但并未从根本上实现贫困的有效治理，而这表明既有扶贫模式在实践过程中存在弊端和缺陷，无力从根源上解决贫困问题。对此，本研究基于场域视域对贫困的本质予以新的探索，尝试探寻一条既能兼顾政府政策扶贫这一外援性扶贫方式，又能针对贫困者自身问题开展内源性扶助的内外双向路径，尤其能够有效弥合传统扶贫模式对贫困场域中主体间性关系的忽略，从根本上改变贫困者同场域结构间的双向互动关系，实现对贫困的根本性治理。

1.2 基础概念与理论

1.2.1 基础概念

1.贫困

现有研究成果对贫困的概念及内涵展开了丰富且详尽的探讨，呈现出研究视域的多元化特征。贫困的概念起源于生存视域的研究之下，朗特里和布思（1901）通过梳理人们生存所需要的项目要素，认为个人（家庭）如若缺乏生存所必须的物质资源、服务和能力，则可以将其认定为贫困。而在社会结构的视角下，欧共体委员会（Commission of the European Communities）认为"贫困应该被理解为个人、家庭和人的群体性资源（物质的、文化的和社会的）如此有限，以致他们被排除在他们所在成员国的可以接受的最低限度的生活方式之外"[1]。阿玛蒂亚·森认为贫困被理解为对贫困者权利的剥夺，而迪帕·纳拉扬（Deepa Narayan）（2001）则认为，贫困不单是缺乏维持生存的物质要素，权利和发言权的剥夺同样是导致贫困的重要因素。阿玛蒂亚·森还将贫困诉诸于可行能力的缺失，即贫困是由于人们缺乏"实现各种可能的功能性活动组合的实质自由"[2]。在文化视角下，奥斯卡·刘易斯认为贫困的本质是一种文化，即"在贫困阶层社会生活中形成的这种病态价值信仰系统的贫困文化，导致了他们不期望自身的经济繁荣与走向社会上层。长此以往，他们形成的相悖于主流社会的这种亚文化开始固化，并逐渐形成了一种生活方式"。而在制度视角下，穆罕默德·尤努斯则认为，"贫困是制度安排和机制失败的结果，是人为的。如果改变制度设计，给穷人一个平等的机会，他们就会创造一个没有贫困的世界"[3]

现有观点对贫困概念的界定显示了贫困内涵的丰富特征，但其主要立

---

[1] Atkinson, The Institution of an Official Poverty Line and Economic Policy [M]. Welfare State Program, 1993: 98.

[2] 阿玛蒂亚·森. 以自由看待发展 [M]. 任赜, 于真译. 北京: 中国人民大学出版社, 2002: 62.

[3] 尤努斯. 穷人的银行家 [M]. 吴士宏译. 北京: 三联书店, 2006: 181.

足于事物考察的实体层面，或聚焦于客观性的生存条件、或关注主观性的个体发展，并没有将贫困问题置于完整的场域空间加以思考，从而忽略了贫困的本质特征。本研究立足于场域视域，认为贫困是贫困者行动实践的结果，是由场域中的贫困惯习和场域结构间相互建构与被建构的双重互动关系所决定的，故呈现出显著的关系性特征。这种关系既涵盖贫困主体有可能实现各种功能性活动所需的关系总和，同时也包含贫困惯习同场域结构双向互动时所发生的多面向的互动关系。因此本研究将对贫困概念的界定：在贫困场域中，一方面贫困者在实践行动中积累并生成贫困惯习，通过惯习指导行动来进一步巩固所在场域结构，一方面贫困场域结构通过具体的资本分配生成社会制约性条件，在阻碍贫困者发展的同时巩固贫困惯习的积累，贫困惯习与场域结构间相互建构和被建构的双重互动关系最终导致贫困者匮乏且持续的生存状态。

2.贫困治理

本研究所运用的扶贫、反贫困、贫困治理等概念主要指通过一定政策措施或辅助手段来帮助贫困者走出匮乏的生存状态，实现个体、家庭及社区全面发展的过程。扶贫或反贫困的概念更倾向于指代政府通过相关政策的出台和落实来扶助贫困者的过程。贫困治理则是在融合现代治理理念后所倡导的贫困辅助路径。要想明确贫困治理的概念及内涵，首先要以明确治理理论的相关内容为前提。"治理"这一概念起源于公共管理领域，兴起于20世纪90年代。其主要创始人詹姆斯·罗西瑙认为，治理绝非政府统治，而是通行于规制空隙之间的那些制度安排。尤其当两个或更多规制出现重叠、冲突时，或在相互竞争的利益之间需要调解时，治理成为发挥主要作用的原则、规范、规则和决策程序。[1]格里·斯托克指出，治理的本质在于它所偏重的统治机制并不依靠政府的权威和制裁，它所要创造的结构和秩序不能从外部强加，要想发挥它的作用只有依靠多种进行统治的以及互相发生影响的行为者的互动。[2]可见治理与统治、管制存在本质上的不同：统治或管制主要依赖于政府权威，是自上而下的权利运行机制；治理则是由共同目标所构成的多元

---

[1]   詹姆斯·罗西瑙. 没有政府的治理[M]. 江西：江西人民出版社，2001.

[2]   格里·斯托克，华夏风. 作为理论的治理：五个论点[J]. 国际社会科学杂志(中文版)，1999(1).

化的主体活动，这一活动的管理者未必是政府，也不一定完全依靠国家的强制权威来实现，因此是一种自下而上的活动机制。

就贫困问题而言，政府统揽下的政策扶贫是运用地方政府的政治权威，通过发号指令、制定和实施相关扶贫政策来对基层贫困进行单向维度的管理过程，是一种管制行政。而贫困治理的开展则是以治理行政为基础，倡导政治国家与公民社会的合作、政府与非政府组织的合作、公共机构与私人机构的合作、强制与自愿的合作。[1]因此，贫困治理主张政府、企业、贫困者、社会组织等相关主体通过协作、互助等方式共同参与贫困者的扶助过程，在以扶助贫困者脱贫致富为共同目的的前提下实现参与各方的利益共赢。可见，贫困治理强调多元主体在扶贫事业中的共同参与，其权利向度的是多元化的，既包含自上而下的政府管理，也包含自下而上的社会主体参与，并且在我国贫困治理实践的开展过程中，社会组织的成分和功能愈发凸显。

3.模式

模式，亦称"范型"，一般指可以作为范本、模本、变本的式样。在社会学研究中，模式是研究自然现象或社会现象的理论图式和解释方案，同时也是一种思想体系和思维方式，如进化模式、结构功能模式、均衡模式、冲突模式等。[2]本研究中所论及的模式主要指某一类问题的方法论，即把解决某类问题的方法总结归纳到理论高度以形成模式。在这一模式的指导下，有助于人们设计更为优良的方案，对于问题的解决达到事半功倍的效果。显然，本研究主要根据贫困治理的既有实践归纳其相应模式，以便在理论探讨层面和实践指导层面发挥更具代表性和指导意义的作用。

4.社会工作

社会工作是一种不以营利为目的、助人自助的专业性社会服务工作，它视受助者为积极能动的个体，而非被动消极的客体，帮助他们满足那些仅凭个人努力无法满足的需求。其核心价值包涵两个方面：就扶助对象和扶助功能层面而言，社会工作强调"扶弱济贫"，也就是将社会中的弱势群体或被压迫的人们作为自身的扶助对象；就扶助理念和扶助目的层面而言，社会工

---

[1]　易承志.治理理论的层次分析[J].行政论坛，2009，16（06）.

[2]　杨治良.简明心理学辞典[M].上海：上海辞书出版社，2007.

作强调"助人自助",也就是通过外在的引导和矫正来实现弱势群体内在的自立自强。在这一过程中,社会工作的主要方法包括个案工作、小组工作和社区工作,通过专业方法的组织和运用为受助者提供必要的发展条件和改变措施,如恢复弱势群体的个体功能、构建社会支持网络、链接社会资源、实现社会参与等,最终使其发挥潜能以解决自己的问题。

社会工作与贫困治理间存在天然的契合性:首先,二者在价值起源上具有同源性。社会工作起源于西方社会的贫困救助,始终秉持利他主义精神同贫困治理实践共同发展。社会工作中专业的扶助理念和扶助方法正是在同贫困的长期斗争中逐渐形成并发展起来的。其次,社会工作的"增能""赋权"等理论为"关系型"贫困治理的开展,尤其为贫困者惯习的改善提供了理论支持,有助于激发贫困者的内源性动力,实现贫困治理所倡导的自我"造血"。最后,社会工作为贫困治理提供了专业的视角和方法,以"同理心""优势视角"为理论前提,尊重并接纳贫困者的缺点和不足,更有利于化解贫困者在帮扶过程中的污名化情绪,易于建立信任、合作的帮扶关系,从而对贫困惯习的改善施以有效介入。

1.2.2 基础理论

1.场域理论

长期以来,社会问题的解读中始终存在两种基本方式的对立和相争——客观主义和主观主义的二元对立:客观主义将社会当做一种可以从外部进行观察的结构,以此来揭示人类活动的一般性规律;主观主义则将社会世界的产生诉诸于行动者的能动性,认为社会是行动者主观建构的产物。在布迪厄看来,个人主观意志同社会环境的客观结构之间并不存在泾渭分明的界限。相反,社会结构并非是抽象的,而是行动者发生象征性实践的关系网络空间,它始终同行动者的惯习、行动者在资本竞争中所进行的各类实践活动紧密相连,由此布迪厄提出了具有中观意义的场域理论来解释特定群体在场域中的行为实践,在调和结构主义和建构主义矛盾的基础上证明主体行动和客体环境间存在的"双重建构"的关系问题。

场域的理论范式下主要包含场域和惯习两个核心概念。"场域"这一概念所表达的是一种抽象的空间或领域,由行动者在其行动领域内所占有的具体位置间的客观关系所建构起的网络，而非由实体存在所包围的领地范围或空间范围。进一步说，场域是一种相对独立的社会空间，这一独立性标志着某种场域具有行动者的统一关联或共性特征，以区别于其他场域的存在。在这一独立空间下，资本按照行动者所占据的不同位置进行分配，成为行动者在场域中生存的主要条件——社会制约性条件，根据行动者所处场域位置的不同，社会制约性条件既可能有利于行动者对场域资本的占有，也可能阻碍行动者在场域中的生存和发展，比如贫困者。"惯习"[1]是场域中的另一重要概念，是行动者在场域实践中的灵魂，由"实践感"所控制。它首先指代的是一种组织化的行为结果，与结构的意义相近。其次它也指一种存在方式，一种习惯性的状态，特别是一种嗜好、爱好、秉性倾向。惯习是人类在历史实践经验中积累下来的并内化于心的行为导向系统，具有历时且连续、共时又同步的双重性质，在其稳定且变化的运行过程中同时进行着"建构的结构"和"结构的建构"，布迪厄将惯习定义为"可持续可转换的倾向系统，倾向于使被结构的结构发挥具有结构能力的结构的功能，也就是说，发挥产生与组织实践与表述的原理的作用。"[2]

基于场域理论，场域中的社会制约性条件和行动者的惯习之间可以借由实践行为而相互渗透并转化，从而消解主客对立的矛盾，而行动实践的发展恰是由资本为媒介的。具体而言，资本按照场域中的独特运作逻辑，以经济资本、社会资本、文化资本和象征性资本的形态运作其中，成为沟通惯习和场域结构间双重互动作用的媒介来完成二者间的相互建构以及功能传导，而行动者的实践正是以场域为空间，围绕资本的竞争开展起来。也就是说，场域是一切问题与矛盾的诞生之地，只有基于场域视角才能窥测问题中的关系

---

[1] "惯习"一词来源于英文habitus，其在国内有多种译法，如习惯、习气、生存心态、惯习等。但"习惯"，指积久养成的生活方式，通常被当做无意识的、重复的日常行为，不带有价值选择或判断，但就habitus的内涵而言，任何实践逻辑中都包含着价值选择。"习气"，被用来表达类似的内容，一种彰显每个人风格、价值导向的禀性，但"习气"在日常使用中指代与社会主流的价值观念不相符的行为习惯，故带有污名化的意味。刘拥华在《布迪厄的终生问题》一书中将habitus翻译成习性。高宣扬在《布迪厄的社会学理论》一书中将habitus译为"生存心态"，其含义更侧重于心理层面的逻辑表达，相对忽略对现实世界的实践行为的表述，同"道德气质"类似。本研究选用"惯习"一词来表述habitus的概念，既包含着价值标准的内化，同时又体现出实践行为的外化。

[2] Bourdieu Pierre. The Logic of Practice [M]. Stanford: Stanford University Press, 1990: 53.

本质。同时由于场域结构和惯习在生成之初就紧密相连，所以他们还具有结构上的对应关系，场域结构在进行自我构建和更新的同时不断影响并内化为行动者的惯习，与此并行的是，惯习在代际传递和自我创新的同时又外化于客观的场域条件。可见社会制约性条件和惯习都是在二者的相互建构与结构的关系中建立起来的，是一种相互建构与被建构的双重互动关系。

借由场域理论的分析框架，布迪厄将传统有关制度、阶层、权利、排斥等问题的研究由实体性转向关系性，诉诸于个人同个人的、个人同集体的、行动同结构的、主体同客体之间的关系问题。换言之，行动者的能动作用只有在社会结构中才能发挥效用，社会结构在一定程度上影响了行动者实践的生成，同时行动者的能动实践又反过来作用于社会结构的生成，进而对个体能动作用生产新的限制和约束，即场域之中一切行动或实践的动力来自惯习同结构之间的双重互动和制约。

2.场域视域

在传统研究视域下，贫困及其治理研究往往囿于主客对立的二元分析框架，或者仅就贫困者个体或家庭进行研究，基于主观的唯智主义，将贫困归咎于个体需求无法得到满足以及其认知、行为能力的缺陷；或者超越微观个体，基于结构主义来强调客观环境和结构的影响，将贫困归因于制度安排和机制失败的结果。而场域理论，作为一种关系性研究视角，既可以有效规避结构主义过于强调社会环境及结构的影响力，同时也对行动者的主观因素予以探讨。故将贫困者置于贫困场域中进行关系式的剖析与探究，才能真正揭示贫困的本质，探索贫困治理的有效方法。

贫困场域显然继承了场域概念的理论属性，成为同质性贫困者聚集并发生贫困实践的抽象空间。以场域理论的分析框架为基础，贫困场域中同样存在四种资本要素的运作：其一，经济资本主要指贫困者所占有的生产资本，用以产生经济财富和收益来源，如对农村贫困者而言，其所占有的土地就是最为重要的经济资本；其二，文化资本主要指贫困者所具有的受教育程度、认知水平和劳动技能，但由于贫困地区的教育资源相对匮乏使得贫困者只能占有相对薄弱的文化资本，这成为制约贫困者生计能力发展的重要因素之一；其三，社会资本主要指贫困者在社交往来中所搭建的非正式和正式性社会支持网络，但因贫困者的自我认同程度较低，社交参与欲望淡薄，故其社会资本的获得常因遭受社会排斥而被阻断；其四，象征性资本在贫困场域中具有特殊意象，指贫困者通过政策措施的身份认证来获取资本和扶助的正当化，故贫困者的精准识别会对贫困场域中象征性资本的公平分配产生显著影响。贫困者正是在这四种基本要素的竞争中确定其在贫困场域中的具体位置，在双重互动的关系逻辑之下开展反贫困实践。由于贫困者在贫困场域中身处底层位置，所以围绕贫困者所开展的资本分配并不利于贫困者在场域的资本斗争，并且形成了制约贫困者生存和发展的社会制约性条件，具体表现为经济资本剥夺对生计贫困的加剧、文化资本匮乏对贫困文化的延续、社会资本断裂对社会排斥的生成以及政策资本寻租对权利贫困的固化。

同时，贫困惯习成为贫困场域的另一重要概念。贫困惯习显然指贫困者在长期实践积累所形成的外显和内隐的双向统一的行为模式，贫困文化是其产生的内在驱动力，贫困环境的积淀是其生产的外在根源。在贫困惯习的指引下，贫困者的贫困实践既受到来自贫困场域中社会制约性条件的影响，同时又在惯习的驱动之下完成彼此呼应的行为实践，其具体实践的逻辑表现为：在经济制约性条件下呈现短视的安全主义，在贫困文化制约下呈现盲目的经验排他，在社会排斥制约下呈现消极的社会认同，在制度缺陷制约下呈现混合式关系运作。可见贫困惯习作为贫困场域的核心结构，既吸纳了贫困场域的结构特征，又将其间接作用于贫困实践的产生，同时又通过行动结果反馈于场域结构的生成和稳定，故贫困惯习成为贫困场域治理的核心要素，是实现关系性贫困治理的桥梁所在。

基于场域理论的双重互动结构，贫困场域与贫困惯习是相互依赖且相互构建的耦合性概念。贫困惯习在实践和传递中获得，又持续不断地作用于贫困实践；贫困惯习不断被贫困场域的客观关系所形塑，又同时不断参与场域结构的生成。所以在贫困场域中，场域与惯习之间不是简单的"决定"与"被决定"的关系，而是一种通过"实践"为中介的"生成"或"建构"的动态关系。要想理解这种双重互动的关系，就必然要基于"相关性"思维，这也是布迪厄构建其理论的基础工具，从而打破极端主观主义或客观主义的狭隘理论框架，避免片面地研究贫困者的实践本身或不利于其发展的客观环境，即主客二元对立的传统思维范式。而"场域"，作为由关系性思维所建立的抽象的研究空间，其存在的基本逻辑就是实践者的惯习同场域结构之间存在双重的二元互动关系，其实践结果既是主观和客观各自历史性的积累与生成，同时也是主观和客观相互嵌入并影响共时性运作结果。因此，以场域为视域也就必然肯定了主客体间互动关系的核心价值，进而将研究焦点由主客体之上转移至主客体之间，针对实践者的惯习同场域结构间的相互构建规则展开探索，最终现实问题研究的焦点由主客二元性向主体间性的转变。[1]

1.3 研究思路与方法

1.3.1 个案情况

R村隶属J省B市F县H镇，地处J省东部高海拔山区，F县东南部，距H镇政府所在地20公里，辖两个自然屯，分别为S屯和G屯。R村常驻人口408人、164户，2016年村人均收入4300元，其中贫困人口占127人，共72户，且贫困人口的人均收入为2694元。长期以来，F县因自然条件相对恶劣、资源匮乏、经济发展极度欠缺，贫困发生率高达17%，被列为国家级贫困县。而R村作为贫困县中的贫困村，更因地处偏远而长期被排斥在经济发展项目之外，每天只有一班公交车往来于村镇，村民出行极不方便，其贫困程度可见一斑。由于R村人均收入水平常年在当地收入平均线以下，贫困人口近乎占据了总人口的三分之一，故被列入当地12个省级贫困村之一，由省民政厅领导直接包保负责。2015年以来，在精准扶贫政策的指导下R村开展了一系列扶贫实践活动，县、镇政府除依照相关扶贫政策为R村提供物质生活的扶助外，还多次开展以"促脱贫、谋发展"为主体的项目引进活动，引导R村村民积极投入生产发展之中，但部分扶贫发展项目也仅仅在实践初期取得了一定成效，无法持续长期发展，更多项目则是不了了之，浪费了很多人力物资源。R村贫困问题的顽固和难解长期困扰并制约着当地居民的生存和发展。

JD社会工作服务中心成立于2016年4月，主要以J省重点高校（J大学）为依托建立，是东北地区社工工作组织成立方式的典型代表。对于一个刚刚起步的社工机构而言，政府性服务需求和基层实践空间是其立足和发展的迫

---

[1] 李文祥,吴征阳.贫困治理的场域观与社会工作增权[J].江淮论坛,2018(3).

切需要。由于此前R村一直是J大学开展农村社会调研的实践基地，尤其在2015—2016年间多次开展关于基层乡镇贫困治理的实践调查，故H镇政府、R村委会同JD社工中心（J大学）已经建立了长期深入的合作关系。2016年9月，JD社工中心派遣相关社工人员（同时也是J大学在校学生）参加B市选拔大学生挂任乡镇（街道）副职的活动。协调沟通后，B市组织部同意将该名社工派驻F县H镇挂职副镇长，协助开展R村的贫困治理工作。在JD社工和H镇政府相关工作人员的积极筹划下，H镇政府想要创新R村贫困治理模式、引入新型合作关系的发展需求同JD社工中心渴望协助政府开展基层治理实践、积累社会服务经验的成长要求得到有效对接，达成了由JD社工中心定期派遣社工驻扎R村，协助包村、驻村干部开展R村扶贫工作的合作协议。截至2018年8月，JD社工中心先后派遣两名大学生社工到H镇政府挂职副镇长（笔者有幸成为其中之一），累积派遣社工30余人到R村定期开展驻村服务，协助开展贫困治理项目40余项，如精准扶贫建档立卡工作、农村贫困儿童服务工作、农村老年人健康讲座、蓝莓推介会筹备工作、贫困户生计发展培训项目等，极大地优化了R村扶贫工作的治理格局，开创了社会工作介入"关系型"贫困治理的新局面。

1.3.2 研究思路

本研究从考察贫困及贫困治理的相关研究入手，通过对既有研究视域的成果梳理，开展对传统贫困治理研究的总结和反思，为后续开展场域视域下的贫困及其治理研究奠定了研究基础和研究方向。本研究以R村贫困治理的相关实践为例，首先基于R村传统扶贫实践的开展，总结传统扶贫模式的实践困境，继而开展场域视域下的贫困解析，将"惯习—场域"的双重互动分析框架应用于贫困场域的具体分析之中，论证贫困的关系性本质并构建相应理论框架。基于贫困关系理论的提出以及R村当前的贫困治理实践经验，本研究提出"关系型"贫困治理模式，并在具体开展中进一步提出以社会工作介入为具体实践方法，即通过基层政府的政策扶贫实现贫困场域的外援性治理，通过社会工作的服务介入实现贫困场域的内源性治理，通过内外双重治理路径的协作、互助最终实现贫困场域正向互动关系的修复和构筑。

1.3.3 研究框架

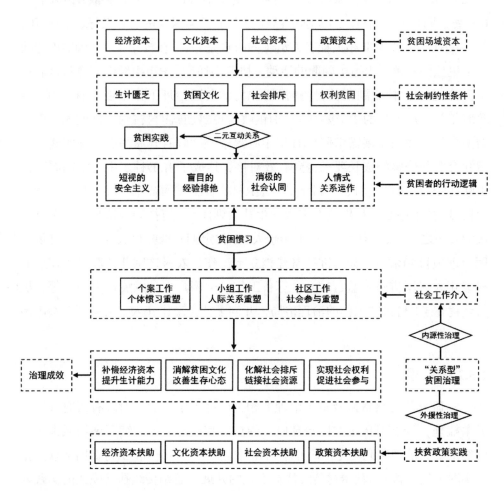

1.3.4 研究方法

1.研究属性

本研究主要采用了定性研究方法，根据社会现象或事物所具有的属性以及它们在运动中所呈现的矛盾和变化，从其内部来研究事物本质及其运行机理，具有理论演绎和逻辑推演的显著特征。通过梳理与反思贫困治理的既有研究，归纳其研究贡献与不足，进而提出贫困及其治理研究的场域视域。基于R村传统型政策扶贫的实践经验来总结既有治理的实践困境，继而以场域理论为分析框架，探讨贫困场域中结构性要素和行动主体间的双重互动关系，指明贫困者所开展的贫困实践并非是场域结构被动施压的结果，其内部暗含贫困惯习的自我生成逻辑，是场域结构同惯习之间借由场域资本的流动和转化而实现的相互建构与被建构的逻辑表象。这表明贫困的本质并非是实体性要素，而是关系性存在。在关系性贫困的理论推演基础上，以现有R村贫困治理的实践经验为依据，提出"关系型"贫困治理的实践构型。由于社会工作的理念及方法同"关系型"贫困治理的内在要求存在诸多契合，故社会工作通过介入"关系型"贫困治理可以在发挥自身专业优势、实现贫困者内源性治理的同时来弥补政府的政策扶贫这一外援性治理路径的不足，最终实现场域中关系性贫困的根本治理。

2.分析方法

案例分析方法，又称为典型分析方法或个案分析方法，是对有代表性的事物或现象进行深入而周密地调查和研究，从而获得总体性认识的一种科学分析方法。本研究对案例分析法的运用主要包含两个层次：

其一，本研究整体上以东北R村为研究案例。J省F县是我国前百名贫困县之一，而R村此前又是F县H镇的典型贫困村，具备我国偏远、贫困农村的典型特征。2015年以来，在精准扶贫政策的指导下R村开展了一系列贫困治理实践，中途几经转折后形成了社会工作介入之下的"关系型"贫困治理的特色模式，最终取得贫困治理的显著成果。本研究正是对其在2015—2018四年间所开展的贫困治理实践进行深入调查和探讨，以挖掘贫困治理的困境根源和治理路径。具体以2015—2016年所开展的扶贫实践作为传统型贫困治理模式的经验代表，以此为基础来总结、提炼传统型贫困治理模式的实践困境；以2017—2018年所开展的社会工作介入"关系型"贫困治理的实践模式作为创新型贫困治理模式的经验代表，以此为经验来构筑"关系型"贫困治理的特色模式。通过对R村前后两个阶段贫困治理工作的模式总结和经验对比来深入探讨基层贫困治理的模式转型和路径转向。R村所开展的社会工作介入"关系型"贫困治理的经验模式并非一个典型个案，其运作过程中所涉及的地域条件、场域特征、行动策略、主体间关系等在很大程度上可以代表整个东北甚至更广大地区的贫困治理的状态，因此具有一定代表意义和推广价值。

其二，本研究在第六章具体呈现社会工作介入R村"关系型"贫困治理的实证经验部分，具体运用了案例分析方法。社会工作的三大实践方法（个案工作、小组工作、社区工作）本身具有极强的实践性和操作性，为生动描述和展现社会工作介入贫困治理的方法和过程，本研究专门选取了具有代表性的实践案例来分别展现社会工作三大方法的实践操作，案例包括：①个案工作介入之下，村民李刚[1]由贫困无助到自强自助的蜕变案例；②小组工作介入之下，村民张凤兰由残疾、自闭到组织、带领村民脱贫致富的创业案例；③社区工作介入之下，R村整合各方资源，联合开展村域旅游项目的发展案例。通过以上案例的分析来生动而详实地展现社会工作团队如何介入R村当地的关系性贫困治理，实现对贫困者在个体惯习层面、人际关系层面和社会权利层面的有效干预，进而促进贫困场域中"关系型"贫困治理的模式构建和转向。

3.信息收集

本研究所采用的信息收集方法主要包括文献分析法、实地调研法、问卷调查法和访谈法，并且在研究开展的不同阶段，根据调查对象的基本特征和调研开展的实际条件分别运用了不同的信息收集方法。

（1）文献分析法。本研究对于文献分析法的运用包含两部分。首先，国内外学者对于贫困治理所展开的研究极为广泛，可以为相关研究提供丰富的文献材料和深刻的经验反思。因此，本研究在研究开展的初期阶段主要采用了文献分析法，通过研读相关著作、报告、论文、文件等来梳理国内外贫困治理研究的发展脉络和研究进程，同时厘清我国贫困治理的模式演进和政策变迁，从而有利于奠定相关研究基础，为构筑本研究的理论分析框架提供有益线索。其次，在R村实地调研过程中，调研团队在当地政府的帮助下了解并掌握了丰富、详实的地方志，对于了解当地的历史发展、风俗文化、资源环境、人文特征无疑是巨大帮助。同时，调研团队还通过回顾当地的政策文件、会议记录、数据统计等资料详细了解R村近几年来的贫困治理开展，为本研究积累了宝贵的实证材料。

（2）实地调研法。实地调研是"一种在自然情境下直接观察社会现象

---

[1]　为符合学术规范和学术伦理，本文此后所涉及人名均为化名。

的社会研究方法"[1]，调查者通过直接进入、私人关系或政府渠道进入调查地点，对研究对象直接开展观察和介入。实地调研的主要目的是通过调查者亲自在实地开展观察、问卷、访谈、参与等方式来获取第一手资料，从而提高调查结果的真实性和可靠性。通过实地调研，调查者易于直观了解调查对象的口头表述、神态、动作，从而全面地把握调查对象的情感、观念、感受等，以便挖掘隐藏信息和深层次缘由。不仅如此，调查者通过介入实地项目的开展还可以更为全面地掌握研究对象的变化过程、把握变化本质、提炼理论内涵、总结经验收获。

本研究的实地调研主要分为两个阶段。第一阶段于2015年8月—2016年8月展开。其间调研团队多次来到R村开展实地调查，运用问卷调查和访谈的方式获取第一手资料，结合镇政府所提供的数据和材料对R村的基本状况有了初步把握，同时还对R村近两年来的贫困治理实践进行系统性梳理，总结主要特征，分析致贫因素。第二阶段于2016年9月—2018年9展开。调研团队成员通过B市选拔大学生挂任乡镇（街道）副职的活动介入H镇政府，通过对接H镇政府扶助R村脱贫致富的服务需求，促成了H镇政府同JD社会工作服务中心间的协作互助关系。通过派遣社会工作者定期驻扎当地，协助包村干部开展R村的贫困治理工作，调研团队对R村的介入性实地调研得以正式开展。调研过程中，社会工作者同当地干部和村民建立了良好的信任关系，不仅深入实地观察贫困治理的具体开展、随时同相关人员开展深入访谈，还亲身介入了"关系型"贫困治理的实践过程，为贫困问题的深层次探讨和贫困治理的模式构建积累了宝贵的实证经验和研究素材。

（3）问卷调查法。本研究于第一阶段主要针对R村居民采用了问卷调查方法，内容包括基本家庭信息、扶贫工作开展和相关政策的知晓度。根据H镇政府提供的相关数据，2016年R村常住人口408人、164户，其中贫困人口占127人、共72户，可见贫困人口约占总人口的1/3。为保证样本容量符合总体属性的分布，较为全面地表现总体特征，本研究在问卷调查过程中采取了配额抽样的方法。首先按照正常人口和贫困人口的比例配额，确定调查对象中的贫困者占样本的1/3。其次本研究为保证样本信息的丰富性，降低对同一

---

[1] 艾尔·巴比. 社会研究方法 [M]. 丘泽奇译. 北京: 华夏出版社, 2002.

家庭内多个成员开展问卷调查的可能性而采取家庭配额，尽可能保证每一个调查对象分属于不同家庭。根据以上要求，调研团队在R村总共发放问卷100份，回收95份，有效问卷87份。

（4）访谈法。本研究主要采用了两种访谈方法：调研第一阶段配合问卷调查采用半结构式访谈，即调查前期需要根据研究问题设计访谈提纲，确保其具备结构式访谈的严谨性和标准性，同时在访谈过程中又不拘泥于提纲，可以调控访谈程序和用语的自由度，给受访者留有较大空间来表达自己的想法和意见；调研第二阶段，也就是社会工作者的正式介入和参与阶段，主要采用非结构式访谈，既不采用固定的访谈提纲，也不需要依照固定的访问程序，而是社会工作者在日常参与扶贫工作和提供服务的过程中随时展开访谈，鼓励受访者自由地表达自己的观点。可见，半结构式访谈在配合问卷调查的过程中应答率高、具有结构性特征，可以进行对比和量化分析。而非结构式访谈则更适合日常走访，灵活性强，适于挖掘信息，积累生动案例。

基于以上两种访谈方法的开展，本研究主要以R村村民、基层扶贫工作者（相关政府工作人员、村干部）和驻村社会工作者为访谈对象，主要原因在于：首先，R村村民是贫困实践的生成主体，若想探究贫困根源及破解路径必须追本溯源，了解村民的内在行动逻辑和真实生活需求，尤其R村贫困者和脱贫者的真实经历更有助于我们破解R村的困境根源，构建长效型治理模式。其次，基层扶贫工作者是扶贫场域中传递扶贫资源、落实扶贫政策的核心主体，特别是镇扶贫办工作者、村两委负责人、包村干部、驻村干部等直接影响了扶贫资源在R村的分配和应用。对其进行访谈，有助于我们了解基层贫困治理的权利格局和资源分配，把握政策执行者的行动逻辑，从而探究贫困治理制度层面的缺失和不足，为完善贫困治理模式提供有益参考。最后，驻村社会工作者是R村开展"关系型"贫困治理的重要参与者。作为观察者和亲历者，驻村社工拥有同R村村民及相关扶贫干部间的丰富的交流经验，对于探索社会工作介入基层贫困治理的路径选择和助力"关系型"贫困治理的方式、方法具有重要意义。需要说明的是，本研究访谈对象的标识以"姓名—身份—访谈时间"的形式呈现，如"刘明—特派扶贫书记—20160820"即表示2016年8月20日对特派扶贫书记刘明的访谈或原话引用。

1.4 主要观点、拟创新之处及不足

1.4.1 主要观点

1.贫困本质的关系性重塑

传统视域对贫困及其治理的界定与思考主要基于实体性的考查方式，将作为主体的贫困者与作为客体的环境割裂开来，将致贫因素实体化，局限于个体认知行为和社会环境结构的分离式建构中。要么将贫困定义成客观生存所需的物质资本的匮乏，要么将贫困演化成主体生产发展所需的能力和权利的缺失，即便同时给予二者同等的关注，也依然没能协调二者间的相互制约关系。事实上，贫困产生于贫困惯习同场域结构间的双向互构关系中，是一种建构与被建构的二重关系，并非单纯缺乏物质、文化、经济、社会、能力等要素。在个体层面，尽管扶贫政策赋予了贫困者用以抵御贫困的资源和技能，以达至个体的饱腹和发展，但未曾改变的场域结构依然会通过互构关系来制约其资源和能力的功能发挥，进而维持原生的、消极的贫困场域关系状态；在结构层面，尽管政府一再通过政策调整来实现资本分配的公正和制度环境的改善，但未曾改善的贫困惯习依然会通过贫困场域的互构关系来制约经济、政治、文化等条件对贫困者发挥应有的积极作用，最终停留于本来的场域状态。在这种双向制约的互构关系中，贫困无法单独依附于贫困者主体或场域结构而独立存在，而是通过贫困者的实践活动深深根植于贫困场域的双重关系中，是一种关系性存在。因此，贫困的本质是关系性贫困，这显然是对贫困概念既有内涵的超越与重塑。

2.关系性贫困在具体资本运作中的演绎

资本是行动者在场域中的实践对象，同时也是惯习与场域结构间发生互动关系的具体媒介，行动者在场域中的实践本质就是在惯习指引下对场域资本的争夺与占有。显然贫困者在贫困场域中的资本竞争以失败告终，但依然无法否定其竞争的本质是场域中资本流通与转化的具体过程，符合贫困惯习同场域结构间的双重互构关系，这也进一步揭示了贫困者的非理性实践自有其存在的逻辑依据，而非单纯归咎于主体认知不足或缺乏志向。一方面，场

域资本的分配构建起贫困者生存的具体环境——社会制约性条件，如经济资本匮乏、贫困文化传递、社会排斥阻隔和政策落实不规范等。另一方面，贫困惯习在贫困者的历史实践中得以积累，如短视的安全主义倾向、盲目的经验排他、消极的社会认同和"人情式"关系运作。这表明，贫困者的实践逻辑在根本上遵循了"惯习—场域"间的双重互动关系，并在具体资本的运作中发生互构：生计匮乏与短视行为的互构、贫困文化与盲目排他的互构、社会排斥与消极认同的互构，政策寻租与"人情"关系的互构。具体资本运作中的互构关系再次说明了关系性贫困对于贫困实践的生成作用，成为改善贫困者实践，实现贫困治理的关键。

3.贫困治理困境在关系性贫困中的解析

基于场域视域下关系性贫困的提出，传统贫困治理模式的困境得以进一步明晰和揭示。既然贫困的本质是场域中贫困惯习同场域结构间的消极的、双重互构关系，那么传统贫困治理实践的失效之处就在于缺乏针对关系性贫困这一双重结构及关系的破解和重建。关系性贫困存在以贫困惯习为代表的贫困者和以生存环境为代表的场域结构这一对双重主体，因此在治理过程中就需要针对其主体特征逐一破解。传统治理模式是以政策扶贫为主要内容的外援性扶贫，也就是主要针对贫困者的客观生存所需、经济生产关系、生存机会等外援要素予以改善，恰好对应了关系性贫困中的场域结构主体。同时，传统性扶贫模式由于缺乏改善贫困者生存心态的内源性治理功能而欠缺对贫困惯习治理的针对性措施，进而缺乏对整个贫困场域关系结构的介入和干预，导致关系型贫困治理结构的断裂。此外，贫困场域双重互构关系的发生主要依附于贫困场域中经济资本、文化资本、社会资本和政策资本的流动与运作，尤其多元资本间还存在相互转化、相互制约的可能，更加剧了关系性贫困的复杂性，显然传统性贫困治理因治理要素的单一而无法应对。综上所述，传统贫困治理模式的困境主要表现为内源性治理功能的欠缺、关系型治理结构的断裂，以及多元性治理要素的缺失。由此，贫困治理的路径和模式需要从实体性治理向关系型治理转变。

4."关系型"贫困治理模式的提出

传统型贫困治理模式是以政府为主导的扶贫实践模式，主要针对贫困的实体性要素开展贫困治理，属于外援性治理模式。由于忽略了贫困主体的内源性治理和关系型治理结构的建立，其结果必然导致扶贫目标的片面化和扶贫效果的短时化。基于关系性贫困理论的提出，贫困治理的实践开展必然要同时兼顾贫困惯习的主体性治理、贫困场域的结构性治理以及场域要素的多元性治理。首先在客观需求上满足贫困者生存发展所需的必然资源、协调相对公平正义的社会环境、促进贫困者有效的社会参与；在主观上建构贫困者生存所需的能力和权利、提高自主发展的生产技能、改善消极认知和行为习惯；在资源运用上调动经济、文化、社会、政策等综合要素，提高贫困者对各种资源的掌握和运用，进而服务于自身成长和发展。总之，需要在传统贫困治理模式的基础之上增加内源性贫困治理功能，构建贫困治理的关系型模式，修复和改善存在于主体之间、群体之间、社区之间的资源链接关系，实现以关系性贫困为核心的有效治理，而这一治理模式的提出显然具备"关系型"特征，得以超越以往扶贫实践的外援性治理模式，是基于贫困的关系性本质所开展的路径探索。

5.社会工作方法对"关系型"贫困治理模式的构建

由于贫困场域在"场域—惯习"的双重互动结构下具有相对自发且稳定的运作机制，因此贫困治理无法单纯依靠场域中的主体自发而独立地完成，而需通过外部组织或力量来予以整体性的干预，这也再一次说明主、客分离式的治理路径无法实现贫困场域的根本改善。因此，贫困场域治理的关键在于针对其整体关系性特征开展介入性治理，即通过个体同个体之间、个体同群体之间、个体同组织之间的关系链接来改变贫困场域中的资本分布和流动倾向，从而使贫困者重新掌握资本和权利，具备自我发展与改善的实践基础。鉴于社会工作具有助人自助、关系链接、赋权增能等实效，其介入"关系型"贫困治理成为贫困治理路径转向的策略选择。在介入过程中，社会工作得以协同传统扶贫治理，不单独作用于贫困个体或场域环境，而是针对贫困惯习同场域结构间的互动关系来展开关系性治理，也就是以个案工作方法介入贫困个体的惯习治理、以小组工作方法介入贫困群体的关系治理、以社区工作方法介入贫困社区的参与治理，以此来消解贫困场域的资本断裂、贫困文化、社会排斥和权利缺失等消极关系，实现"关系型"贫困治理对贫困场域的关系重构。

1.4.2 创新之处

1.理论视域创新

通过对既有研究成果的回顾与梳理，本研究发现既有研究主要从贫困问题的内涵界定、贫困标准的测度、致贫根源的探索和反贫困理论框架的构建四个方面来阐述对贫困治理问题的探究。以早期的物质匮乏论为开端，既有研究主要集中于六大视域的研究，具体包括生存视域、剥夺视域、能力视域、文化视域、制度视域和综合视域。但总结发现，传统视域下的贫困治理研究存在固有缺陷和矛盾，即囿于主客二元对立的分析框架，单方面强调贫困主体或环境的决定性作用而忽视其内在的关系性制约，以致于贫困研究片面化。本研究以场域视域为研究视角，就贫困主体的惯习和场域结构间的二元互动关系展开研究，在厘清贫困根源的同时提出贫困的本质是关系性贫困，这在一定程度上超越了传统研究视域的二元对立框架，实现了贫困治理研究的视域创新。

2.贫困理论创新

基于对贫困治理的理论考察和实证调研，研究发现导致贫困问题的根本原因并非贫困者的主体性要素或环境结构的客观性要素，而是包含以上实体性要素在内的关系要素。本研究认为，贫困者在贫困场域中所呈现的贫困状态和实践倾向是场域结构同贫困惯习在双重互通过程中的显性表达。通过场域资本的竞争，贫困者一方面在其惯习的指导下失去资本，进而加固自身在场域中的底层位置，同时也固化了场域的阶层和权利结构；另一方面，场域在接受贫困实践形塑的同时也影响了贫困者的内在认知和行为逻辑，使其在贫困行动的层面不断地重蹈覆辙，而这正是关系性贫困的理论内涵。因此本研究基于场域理论的分析框架，提出贫困的本质源于关系性贫困这超越了传统主客二元对立对于理论思维的固化，将贫困问题的核心焦点由实体性转向主体间性，进而实现贫困理论的创新。

3.贫困治理模式创新

传统扶贫模式来自既有理论研究的实践演化，因此也必然呈现出主客二元对立的实践困境，缺乏对关系性贫困的关注和治理，导致扶贫效果的阶段化和碎片化。以关系性贫困理论为基础，本研究提出以"关系型"治理为核心的治理路径，在兼顾场域客观结构和贫困者主体性治理的同时，重点实践对二者间关系的改善和链接。在具体实践操作层面提出以社会工作的关系性方法介入贫困治理的具体操作，即以个案工作介入贫困个体的惯习改善、以小组工作修复贫困者的资源链接、以社区工作实现贫困者的权利参与，并且经过实地操作证明其贫困治理模式建构的可行性和有效性，实现了传统扶贫模式向"关系型"贫困治理模式的转化。这一理论成果和实践操作创新了中国贫困治理的实践模式，为今后的贫困治理工作指明了方向。

1.4.3 可进一步讨论与提升之处

基于对关系性贫困的理论探讨和治贫路径的斟酌、反思，本研究可能存在以下不足之处：首先，就理论层面而言，有关贫困治理的既有研究成果已相当丰富，但以场域视域为基础理论来构建关系性贫困的分析框架尚属首次。由于缺乏相关研究佐证和理论实践支持，本研究所构建的关系性贫困理论是否具有普遍的解释力和实践的指导力还有待考察，需要在今后的学习与工作中进一步深入探索和完善。其次，在实践操作层面，本研究提出了社会工作方法介入之下的"关系型"贫困治理模式，并且在具体实践操作中取得了显著成效，证明其模式建构的可行性和有效性。但贫困治理不仅在内容上呈现复杂性、系统性、关系性等特征，还在时效上具有稳定性、持续性和长效性等功能要求，故本研究所提出的"关系型"贫困治理路径能否在广泛的实践操作层面发挥其长效、普遍和稳定的治理功能还有待实践的长期检验。

第二章 贫困治理的研究视域述评

在对贫困问题的探索进程中，国内外研究者对贫困的认知与揭示会随着经济、社会、文化等要素的变化而发生相应改变。就贫困研究的逻辑演进而言，其起源于对贫困的认知，包括对贫困概念的界定、贫困内涵的扩展以及贫困程度的测度等；之后深入到对致贫因素的探索，呈现出由单因素的静态分析框架向多维要素的动态分析框架的演进特征；而贫困理论研究的终极目的则是通过基础理论的不断探索来指导贫困治理的有效实践，并根据实践效果的真实反馈来不断反思、改良和创新贫困治理路径。就贫困研究的类型学而言，主要呈现多种视角的划分，如依据贫困状态的表象，可划分为长期贫困、暂时贫困和自愿贫困[1]；依据贫困的成因，可划分为阶层性贫困、区域性贫困和制度性贫困[2]；依据贫困的治理维度，可划分为宏观的条件制约型贫困和微观的能力约束型贫困[3]；依据贫困的历史演化，可划分为整体性贫困、边缘化贫困和冲击型贫困[4]。这些差异性的认知反应出特定历史阶段对于贫困本质的差异性认识，既在纵向深度上剖析出贫困问题的复杂机理，也在横向广度上呈现出贫困研究的丰富内涵，进而积累成视角各异的类型学研究，深刻并细化人们对于贫困的认知。

而贫困治理研究的核心内容始终围绕致贫要素的探索和治理路径的创新来展开，并充分融合进不同学科的研究范畴和理论探索中。就贫困研究的学科分类而言，不同学科均从不同视角展开对贫困治理的理论探索：经济学主要基于贫困者客观生存的物质需求、社会生产的资源分配、区域发展的经济

[1] 九十年代末中国城市贫困的增加及其原因 [EB/OL]. http: //bbs. pinggu. org/thread-19966-1-1. html.

[2] 康晓光. 中国贫困与反贫困理论 [M]. 南宁: 广西人民出版社, 1995: 8.

[3] 吴国宝. 对中国扶贫战略的简评 [J]. 中国农村经济, 1996 (08).

[4] 蔡昉. 科学发展观与增长可持续性 [M]. 北京: 社会科学文献出版社. 2006: 123.

水平等方面来研究贫困；社会学主要基于由社会结构或阶层分化所引发的社会排斥、贫困剥夺等问题来研究贫困；人类学主要从区域性民族特征、民族学、文化传递等方面来开展特定族群的贫困研究；心理学主要从理性行为、策略选择、文化心理等方面来开展贫困群体的行为心理研究；管理学主要从贫困治理的政策制定与落实、扶贫政策的有效性和持续性、扶贫资源的传递与管理等方面来开展反贫困的政策研究。这些来自经济学、社会学、人类学、心理学、管理学等诸多学科的理论，依据其核心观点和价值理念，可归结为生存视域、剥夺视域、能力视域、文化视域、制度视域、综合视域这六个理论视域。

2.1 国外研究

国外学者对贫困治理的研究早已有之。从早先以物质资源匮乏为主要内容的生存视域，到以社会要素为主要探究对象的剥夺视域、能力视域和文化视域，再到当前备受关注的制度视域和综合视域，可见国外学者对贫困治理研究所呈现出的异彩分呈的变化性和包容力。直至目前，国外学者对贫困治理的相关理论研究依旧占有核心话语权，其长期、深入的理论探索和丰富的实践经验值得研究者们长期跟踪、反复品味。

2.1.1 生存视域下的贫困治理研究

生存视域，基于人类生存、生活和发展所必须的物质、能力、机会和权利等要素就贫困问题开展研究，是一种客观性研究视域。最早的生存视域研究基于物质匮乏说，即人们最初所认识的贫困状态，其以满足贫困者的最低生理需求为标准，因关注贫困者所占有的物质、收入、消费等项目的绝对数量而具有显著的物质特性。缪斯特伯格（Munsterberg）曾指出，"贫困指缺乏生存所必需的条件，一个人不能通过某种方式获得维持生存必需品就被认为是贫困"[1]。

最早关于生存贫困的界定可上溯至19世纪末，英国经济学家西勃海

---

[1]　E. Munsterberg. The Problem of Poverty [J]. The American Journal of Sociology, 1904, 10 (3).

姆·朗特里（1895）在其研究著作——《贫困：关于乡村生活的研究》一书中首次以最低生活支出的形式来定义贫困线，即"总收入水平不足以获得仅仅维持身体正常功能所需的最低生活必需品"[1]，这一收入涵盖了食品、住房、衣着等其他必需项目。之后，朗特里和布思（1901）又将人们生存所需的项目进一步扩展，认为个人（家庭）如若缺乏生存所必须的物质资源、服务和能力，则可以将其认定为贫困。以上研究主要基于贫困者对生存要素的积累，因此又将其称之为绝对贫困或生存贫困。美国学者戴维·波普诺（David Popenoe）也同样强调基本的物质需求会对生存产生决定性影响，因而"贫困指在物质资源方面处于匮乏或遭受剥夺的一种状况，其典型特征是不能满足基本生活需要。对于那些体验过贫困的人来说，它纯粹是个人感受———种腹中空空的感觉，一种从自己的孩子眼中看到饥饿的感觉"[2]。

马克思认为人们的需求和满足来源于社会，通过社会衡量我们需求与满足的程度在本质上是相对的。故20世纪60年代起，基于对绝对贫困的前期研究，外国学者进一步提出生存视域下的相对贫困概念，即由生存需求的个体量化转向群体间以收入和消费为核心的对比量化，并进一步丰富了贫困概念的内涵。梅尔通（Robert K. Merton）和尼斯贝特（Robert A. Nisbet）率先提出了相对贫困的概念，具体指个人（家庭）的收入低于社会平均水平的收入时的生存状况。史密斯（Smith）和汤森（Townsend）（1965）认为政府所提供的生存救济品只能缓解绝对贫困，由于相对贫困的存在，最贫困的人始终无法逃离贫困的位置。因此，贫困只能是相对意义上的贫困，指社会中一部分人的收入始终远远低于社会平均收入水平。[3]美国学者劳埃德·雷诺兹（Lloyd Reynolds）聚焦于收入问题，认为"所谓贫困问题，是说在美国有许多家庭，没有足够的收入可以使之有起码的生活水平"[4]，即后来称之为"收入贫困"。比约恩·希勒罗德（Bjorn Hallerod）和丹尼尔·拉森（Daniel Larsson）着眼于消费水平，认为贫困是由于获取经济资源不足，而

[1] B. S. Rowntree. Poverty and Progress: A Second Social Survey of York [J]. Longman, 1941.

[2] 戴维. 社会学 [M]. 李强等译. 北京: 中国人民大学出版社, 1999: 77.

[3] P. Townsend. Poverty in United Kingdom: A Survey of Household Resources and Standards of Living [J]. Economic Journal, 1980, 90 (360).

[4] 劳埃德·雷诺兹. 微观经济学 [M]. 马宾译. 北京: 商务印书馆, 1982: 992.

处于一种无法接受的低水平的商品和服务的消费状态。[1]英国学者奥本海默（Carey Oppenheim）同样以消费水平为切入点，认为贫困是指物质上的、社会上的和情感上的匮乏，意味着在食物、保暖和衣着方面的开支要少于平均水平。[2]世界银行（1985）在其发展报告中，将人均每天1美元的绝对收入标准确定为贫困线，是迄今为止进行贫困国际比较的最重要的尺度之一。

随着人们对贫困概念的界定由浅入深，其内涵也得到了充分外延和扩展。基于生存视域，Fiegehen 和Lansley[3]、Stitt 和 Grant[4] 等学者主张扩充最低生存所需的生理项目。卡恩（Khan）基于朗特里的绝对贫困研究，将最低生活所需项目扩展至食物、住房、教育、引用水等七项内容。伦维克（Renwick）和贝格曼（Bergmann）则认为贫困者所需的基本生活项目应包含食物、住房、儿童照护、健康护理等七项内容。[5]汤森（Townsend）（1979）在其著作《英国的贫困：家庭财产和生活标准的测量》一书中将参加社会活动、获取生活和社交资源纳入贫困内涵，并提出介于绝对贫困和相对贫困之间的基本贫困。[6]国际组织认同了以上研究思路的扩展，联合国开发计划署（UNDP）（1997）通过研究认为，"除缺乏物质福利的必需品外，贫困还意味着不能得到对于人类发展来说最基本的机会和选择：过上一种长期、健康、有创造性的生活，达到体面的生活标准，有尊严，满足自尊并受到他人的尊重以及得到人们在生活中重要的东西。"[7]世界银行在《世界发展报告》（2001）中予以进一步扩充，将贫困者所具有的无助性、脆弱性等特征纳入其中，即"贫困不仅仅指收入低微和人力发展不足，它还包括人对外

[1] Bjorn, Daniel. Poverty, Welfare Problems and Social Exclusion [J]. International Journal of Social WelFare, 2010, 17 (1).

[2] C. Oppenheim, H. Lisa, CPA Group. Poverty the Facts [J]. Child Poverty Action Group, 1993.

[3] P. Rice, G. C. Fiegehen, P. S. Lansley, et al., Poverty and Progress in Britain 1953-73 [J]. Economic Journal, 1978, 88 (349).

[4] S. Stitt, D. Grant. Poverty: Rowntree Revisited [J]. Nutrition & Health, 1994, 9 (4).

[5] T. J. Renwick, B. R. Bergmann. A Budget-Based Definition of Poverty: With an Application to Single-Parent Families [J]. Journal of Human Resources, 2010, 28 (1).

[6] P. Townsend Poverty in the United Kingdom : A Survey of Household Resources and Standards of Living [J]. Economic Journal, 1980, 90 (360).

[7] 联合国开发计划署. 1997年人类发展报告 [R]. 中国财政经济出版, 1999: 22.

部冲击的脆弱性，包括缺少发言权、权利和被社会排斥在外"[1]。以上定义较为全面地反应了贫困者的生存样态。

外国学者除在微观层面立足于生存视域开展贫困研究之外，也在宏观经济的层面着眼于贫困问题的成因和改善。最早的贫困理论——人口陷阱论，见于英国经济学家马尔萨斯的著作《人口论》（1798）中，其认为呈几何级数增长的人口，同算术级数增长的资源间的矛盾是造成贫困的主要原因，因此主张通过节育来调节人口增长速度，使之匹配有限的生产能力，让人们能够获取生存所需的必要资源，从而缓解贫困问题。哈维·莱本斯坦（Harvey Leeibenstein）同样关注宏观性经济增长同生存贫困间的关系问题，其在著作《经济落后和经济增长》（1957）中指出，人口数量是决定经济发展态势的内在要素，只有当经济发展水平超越贫困者最低生活水平的限度时，社会整体才能实现经济效益的真正增长。因此，人口的快速增长是制约发展中国家摆脱贫困的必然因素，政府必须要在减缓人口增长方面付出一定努力。庇古在其著作《福利经济学》（1920）中提出，个体（家庭）任何收入的增多都会使满足感增加，而将富人的部分收入转移给贫困者会使社会整体的满足感增大。因此，庇古主张国家通过施行福利政策来调节资本分配，通过补充贫困者的生存所需来实现社会福利的最大化。与此相反，古典政治经济学则认为，贫困是个体行为选择和自由市场调节的必然结果。弗里德曼在其著作《资本主义与自由》一书中反对国家通过福利政策来干预市场，认为投资不足导致了经济的停滞增长，进而引发普遍贫困的问题，并主张通过增加贫困者的就业率来摆脱贫困。

2.1.2 剥夺视域下的贫困治理研究

剥夺视域，基于社会结构下的群体分层与权利分化，探讨贫困问题的结构性成因，是一种客观性研究视域。贫困剥夺常见于社会学的研究分析之中，其内容主要集中于社会剥夺、社会排斥、权利剥夺等研究视角。贫困的社会排斥研究起源于社会剥夺。最初的社会剥夺概念由英国学者Townsen等人提出，主要指贫困者在物质层面遭受的剥夺，即被社会上大多数人认可的或

---

[1] 世界银行. 世界发展报告［R］. 中国财政经济出版社, 2001: 28.

风俗习惯所习惯性认识的，人们应该享有的食物、基本设施、服务与活动的缺乏与不足之状况。法国学者勒内·勒努瓦（Renl Lenoir）（1974）在其论著——《Les Exclus，un Francais sur Dix（被排斥的群体：法国的十分之一人口）》一书中最早使用了社会排斥的概念。它是指对公民资格的否认，或是由于政治、经济、文化、制度、关系等原因，公民被剥夺了部分或全部参与社会的权利而被排斥在主流社会之外的过程。具体指那些被排除于劳动市场之外的，持续处于贫困状态，无法分享经济增长成果的人，如老年人和残障者、身心障碍者、青少年犯罪者、反社会者等。

社会排斥理论主张：社会权利模式的失败直接导致了贫困者的社会排斥，即便被赋予资源或权利，也会因其自身所遭遇的社会排斥而无从发挥。在这一视域的理论演进中，欧共体委员会（Commission of the European Communities）对贫困概念的界定较为全面，认为"贫困应该被理解为个人、家庭和人的群体资源（物质的、文化的和社会的）如此有限，以致他们被排除在他们所在的成员国的可以接受的最低限度的生活方式之外。"[1]大卫·柏尔纳（David Byrne）则直接将贫困归因为社会排斥，主张"排斥是社会作为整体而犯的过错，是贫困的直接原因之一"[2]。比尔查德（Burchardt）（1999）对社会排斥研究更加精确，认为社会排斥是那些有意愿，但不能参与其所在社会中的公民正常活动的个体。可见社会排斥是一个动态的过程，并有其必要的界定条件。伦敦政治经济学院认为，首先被排斥者必须身居社会当中，其次要具有参与社会的意愿，最后是由于某些不可控制的原因致使其无法参与到正常的公民活动中。

基于社会排斥视角的理论探究，外国学者逐步意识到单纯基于社会结构或阶层的分化并不能完全阐释致贫机理，致贫的核心要素不仅与不公正的社会结构相关，并同隐藏于结构之后的权利模式直接相连。诺贝尔经济学家阿玛蒂亚·森在其著作《贫困与饥荒》一书中首次使用权利分析框架探究饥荒问题。在森看来，权利的剥夺是导致饥荒型贫困的主要原因，"要理解饥饿，必须首先理解权利体系，应把饥饿放在权利体系中研究。饥饿是交换权

---

[1] Atkinson, The Institution of an Official Poverty Line and Economic Policy [M]. Welfare State Program, 1993: 98.

[2] Byrne. Social Exclusion [M]. Open University Press, 2005.

利的函数，不是食品供给的函数。虽然由于食物短缺引起饥荒，但饥荒的直接原因还是个人交换权利的下降"[1]。同样基于权利剥夺的视角，迪帕·纳拉扬（Deepa Narayan）（2001）认为，贫困不单是缺乏维持生存的物质要素，权利和发言权的剥夺同样是导致贫困的重要因素，换言之，"穷人被生活所压垮，不是由于某一个方面被剥夺而引起的，而是多个方面被剥夺而造成的"[2]。联合国开发计划署（United Nations Development Program）对以上研究视角予以认可，认同贫困的生产是由于人类生存所需的物质福利、机遇和权利遭受剥夺，而非单纯的收入问题。并以此为依据，构建出以寿命剥夺、知识剥夺和生活水平剥夺为量化指标的"人类贫困指数"[3]。

此外，英国学者奥本海姆还从机会剥夺的视角研究贫困问题。在其著作《贫困的真相》（1901）一书中，贫困指"物质上、社会上和情感上的匮乏，它意味着在食物、保暖和衣着方面的开支少于平均水平。……贫困夺去了人们建立未来大厦——你的生存机会的工具。它悄悄地夺去了人们享受生命不受侵害、有体面的教育、有安全的住宅和长时间的退休生活的机会"[4]。可见，剥夺贫困是贫困研究的重要视域之一，其涵盖物质、文化、机会、制度、权利等多方维度，是一种多元性的研究视角。

2.1.3 能力视域下的贫困治理研究

随着贫困研究的不断外延，贫困的理论研究也呈现出多维度视角的扩展。人们不再局限于对客观需求、环境或结构的探讨，而是将研究对象转向贫困者本身，基于对人本主义的价值认可来探求贫困者自身摆脱贫困何以可能，即贫困研究实现了从客观的结构性视角向主观的能力视角的转变。立足能力视域，增强外源性人力资源投资和建构内源性可行能力成为能力贫困研究的两个主要方面。

诺贝尔奖获得者西奥多·W·舒尔茨（Thodore W. Schults）在其"人力资本投资"（1960）的演说中率先提出人力资本概念，并认为人力也是一种

---

[1] Sen. Development as Freedom [M]. Knopf, 1999: 75.

[2] 迪帕·纳拉扬等. 穷人的呼声 [M]. 姚莉等译. 北京: 中国人民大学出版社, 2003: 36.

[3] 郭熙保, 罗知. 论贫困概念的演进 [J]. 江西社会科学, 2005 (11).

[4] C. Oppenheim, H. Lisa, CPA Group. Poverty the Facts [J]. Child Poverty Action Group, 1993.

资本，可以通过投资形成。他把个人和社会为了获得收益而在劳动力的教育培训等方面所做的各种投入统称为人力资本投资。根据这一理论，个人之间、群体之间的收入差距在很大程度上是由于在人力资本投资上的差异造成的，贫困的主要根源就在于人力资本投资的不足。因此，解决贫困问题的关键在于提高贫困者的人力资本投入水平。

另一视角以阿玛蒂亚·森（Amartya Sen）的可行能力为代表。在森看来，贫困者表面经济贫困、资源匮乏，其实是由于自身的可行性自由被破坏，导致其无法凭借自身能力来改变生存状态、抵御社会风险、抓住经济机会和获取经济收益。森在其著作——《以自由看待发展》（2002）一书中，将这种以自由意志所驱动的生存状态称为"可行能力"（Capability），即一个人"有可能实现的、各种可能的功能性活动的组合。可行能力因此是一种自由，是实现各种可能的功能性活动组合的实质自由（或者用日常语言说，就是实现各种不同生活方式的自由）"[1]。这种能力不仅可以使人们保持基本的生存状态，并且能够分享教育、医疗、公共服务等社会发展的成就，当然还包括亚当·斯密所强调的参与社交活动的机会和尊严。因此，贫困的实质是可行能力的绝对贫困，而贫困治理的关键在于提升或构建贫困者的可行能力，而非单纯的物质给予。

基于森的可行能力理论的提出，哈特利·迪安（Hartley Dean）对此作出进一步阐释，其认为"我们对商品的需要是相对的，它完全取决于我们身处的社会和经济环境。但是，我们对能力的需要——对作为人类社会一员而发挥适当作用的自由的需要——则是绝对的"[2]。此外，早在九十年代，世界银行就将森的"能力贫困"说纳入《世界发展报告》（1990）中，将其界定为"缺少达到最低生活水准的能力"[3]。多亚（Doyal）和高夫（Gough）[4]、班塞勒尔（Bansil）[5]、努斯鲍姆（Nussbaum）等人也基于能力视域开展贫困研究，除肯定贫困者的基本能力缺失是导致贫困的核心因素外，还将基本能力

[1] 阿玛蒂亚·森. 以自由看待发展 [M]. 任赜, 于真译. 北京: 中国人民大学出版社, 2002: 62.

[2] 王小林. 贫困概念的演进 [M]. 社会科学文献出版社, 2012: 22-42.

[3] 世界银行. 世界发展报告 [R]. 北京: 中国财政经济出版社, 1990: 19.

[4] Doyal Len, I. Gough. A Theory of Human Need [M]. Macmillan, 1991.

[5] P. C. Bancil. Poverty Mapping in Rajasthan [J]. Poverty Mapping in Rajasthan, 2006.

的内涵进一步扩展，包含健康、认知、娱乐、尊重等内容。

2.1.4 文化视域下的贫困治理研究

与贫困研究的能力视域相对，文化视域超越了贫困者个体能力在实践层面的外化，而是通过剖析文化与观念、环境与行动间的相互制约关系，来探索贫困者内在的心理机制。对此，迪帕·纳拉扬（Deepa Narayan）等人通过研究认为，"贫穷从来不因仅仅缺乏某一样东西而产生，它来自于穷人们所体验和定义的许多相关因素的共同作用。一个人的社会地位和所处的地理位置是造成贫困的最直接的因素"[1]。艾尔泽·厄延（Else Oyen）主张，"贫困是经济、政治、社会和符号的登记格局的一部分，穷人就处在这格局的底部。贫困状态在人口中持续的时间越长，这种格局就越稳定"[2]。班费尔德（Edward Banfield）也持有相同的观点，认为"穷人基本不能依靠自己的力量去利用机会摆脱贫困之命运，因为他们早已内化了那些与大社会格格不入的一整套价值观念"[3]。

以上研究笼统地指出，来自客观环境的某些要素可能对贫困者凭借自身能力来摆脱贫困造成困境，甚至会对其后代产生持续性制约。直至贫困文化的提出，将贫困者的行为能力追溯至个体认知层面，指出长期的贫困状态可以导致并形成一套固化的文化体系。贫困文化理论是由美国人类学家奥斯卡·刘易斯于1959年提出的，他认为"在贫困阶层社会生活中形成的这种病态价值信仰系统的贫困文化，导致了他们不期望自身的经济繁荣与走向社会上层。长此以往，他们形成的相悖于主流社会的这种亚文化开始固化，并逐渐形成了一种生活方式"[4]。也就是说，贫困文化是一种非物质形态的贫困，内化于贫困者的认知，作为一种亚文化形态对贫困者产生消极的心理影响，从而外显于实践。因此，文化扶贫的核心在于打破贫困文化的固有体系，对贫困者固有的消极观念和行为进行重构，从贫困者的实践源头治理贫困问题。

[1] 迪帕·纳拉扬. 谁倾听我们的声音 [M]. 付岩梅译. 北京: 中国人民大学出版社, 2003.

[2] 艾尔泽. 减少贫困的政治 [J]. 张大川译. 国际社会科学杂志, 2007 (11).

[3] 周怡. 贫困研究: 结构解释与文化解释的对垒 [J]. 社会学研究, 2002 (3).

[4] 奥斯卡·刘易斯. 贫穷文化: 墨西哥五个家庭一日生活的实录 [M]. 台北: 巨流图书公司, 2004: 107-127.

此后，外国学者在对贫困文化的长期观察与研究过程中发现，贫困文化不仅会对某一代人产生特定性影响，还具有代际传递的特征。斯莫尔（Small）、哈丁（Harding）和拉蒙特（Lamont）（2010）在研究中发现，由于贫困文化存在传递性，贫困环境中成长的下一代会自然而然地习得其家庭和环境中的贫困文化，从而实现贫困文化的代际传递。克拉克（Clark）、安布罗西奥（Ambrosio）和吉斯兰迪（Ghislandi）（2015）在研究中发现，即便逃离了贫困状态，贫困者仍然会受到过去的贫困经验的影响，如短视的趋利主义、忽视教育问题、缺乏进取精神等，而这些行为一方面会影响贫困者的主观幸福感，另一方面则巩固了贫困文化的延续。布劳（Blau）和邓肯（Duncan）（1967）以其"地位获得模型"为贫困文化的代际传递提供了可以量化的分析框架。在这一框架分析下，父母的受教育水平和所从事的职业，对子女的教育和职业选择具有显著性影响，关乎子女在今后发展中所能取得的社会地位，可见贫困文化的代际传递直接影响着社会阶层结构的流动及变迁。

2.1.5 制度视域下的贫困治理研究

制度视域，以对现行制度的反思和批判为主要内容，将贫困归因于不恰当的制度安排，是当代贫困研究的重要视域之一。在这一视域中，贫困者本就是处于社会底层的相对弱势群体，由于制度安排的不合理使其在资本和权利方面遭受严重剥夺，因此不具备获取资本和机遇的基本条件。尽管在市场经济快速发展的条件下，利益的蛋糕可以越做越大，但社会整体利益的扩大并不意味着贫困者利益的必然增加，甚至可能伴随阶层的分化导致贫富差距的加剧，即富者越富，穷者越穷的"马太效应"。因此，改良甚至改变不合理的制度安排，为贫困者制定有利的政策措施成为治理贫困的核心主张。

早期的制度贫困论见于马克思的剥削理论，其断言，"现今的一切贫困灾难，完全是由已不适合于时间条件的社会制度造成的；用建立新社会制度的办法来彻底铲除这一切贫困的手段已经具备"[1]。冈纳·缪尔达尔（Karl Gunnar Myrdal）在其著作——《世界贫困的挑战：世界反贫困大纲》

---

[1]　马克思, 恩格斯. 马克思恩格斯选集: 第一卷 [M]. 北京: 人民出版社, 1972: 217.

（1972）一书中否认了经济要素在致贫中的绝对作用，认为贫困是经济、文化和政治要素共同作用的结果。穆罕默德·尤努斯认为，"贫困是制度安排和机制失败的结果，是人为的。如果改变制度设计，给穷人一个平等的机会，他们就会创造一个没有贫困的世界"。[1]经济学家安格斯·迪顿认为国家能力缺失是贫困的主要原因，"在有德政的国家，贫困问题完全可以依靠本地力量解决，而几乎无须外部援助；在无德政的国家，外部援助则可能让事情变得更坏。通过非政府组织提供援助也不是一个好的解决方案，因为当地的政权照样可以像盘剥当地人民一样将这些非政府组织榨干"[2]。

因此，制度贫困视域下的治理路径必然将方法诉诸于政治制度的安排和改良。美国经济学家托达罗（（Michacl P.Todaro）反对自由主义经济的论调，通过提出"循环积累因果关系"理论，认为由收入分配失衡所引发的贫困问题，并非是市场经济自然发展过程中的必然结果，而是与其相应的政治制度安排存在一定联系，因此消除贫困必须依靠制度层面的措施解决。世界银行扶贫组织的著名专家迪帕·纳拉扬则主张，"从穷人的现实出发、投资于穷人的组织能力、变革社会规范、支持那些能够带领穷人们发展的领导者"[3]。可见，制度视域的贫困治理必须立足于公平视角，促进社会结构和权力关系朝有利于贫困者自身发展的方向构建，从而缓解贫富差距的进一步拉大，为贫困者创建有利的防御壁垒。

2.1.6 综合视域下的贫困治理研究

早期的贫困研究基于单维视域下的本体论，众多学者渴望在某一单维视角下窥探贫困的真相。但随着贫困视域研究的深入，人们不得不承认贫困是一个具有广泛内涵、多维要素、综合且复杂的问题。因此，在贫困问题的当代研究中，多维分析框架和动态演变过程成为贫困研究的显著特征，而这一跨越学科分类、融合定性与定量研究方法的新视角成为贫困研究的综合视域。

可持续生计分析框架是贫困的综合视域研究中具有代表性意义的分析框

---

[1]　尤努斯. 穷人的银行家 [M]. 吴士宏译. 北京: 三联书店, 2006: 181.

[2]　安格斯·迪顿. 逃离不平等 [M]. 崔传刚译. 北京: 中信出版社, 2014: 269.

[3]　迪帕·纳拉扬. 谁倾听我们的声音 [M]. 付岩梅译. 北京: 中国人民大学出版社, 2003.

架之一。1992年，英国国际发展部（DFID）提出"生计"概念，从贫困者的微观层面对其进行主观能力与客观条件的综合性分析。90年代后期，基于外国的研究机构（如英国Sussex大学的发展研究所（IDS））、以及各类非政府组织（如世界银行（World Bank）、英国国际发展署（DFID））的不懈探索，可持续生计分析框架应运而生，并发展成为贫困干预和治理的重要分析方法。可持续生计分析框架秉持对多维致贫因素的兼顾和融合，基于对既有贫困理论研究的理解，认为贫困者（家庭）的禀赋资源是其开展一系列策略选择的根本原因，而贫困者的生计资本由自然资本、物质资本、金融资本、社会资本、人力资本等要素构成。[1]因此要想改善贫困者的生存状态必须立足于对其现有资本的应用，也就是以积极的态度去审视贫困者拥有的资本，而非消极地将关注点停留在贫困者的缺失层面。可持续生计分析框强调以多维视角看待贫困者，发挥其自身优势摆脱贫困，为贫困治理提供了以人为核心的，包含经济、社会、政治、制度等综合性视角的研究视域。夏普（Sharp，2003）基于可持续生计分析框架提出"主观经验赋权法"[2]的数据处理技术，该方法体系完整，操作性强，成为目前开展贫困农户生计资本量化研究的主要方法。

脆弱性，主要指贫困者面临风险时的脆弱程度，包含受到的冲击和抵御冲击以及从冲击的影响中回复的能力。世界银行（2000）将脆弱性的概念纳入贫困内涵之中，使之成为以综合性视域分析贫困问题的又一主要框架。德尔康（Dercon，2001）在其研究中明确地将脆弱性和贫困联系起来。他所建立的贫困解析框架包含资产、收入和福利三个维度[3]，如果被研究者在这三个层面表现脆弱，就意味其容易遭受风险攻击，进而陷入贫困。贫困的脆弱性分析框架综合了生存、资本和权利三个视域来解读贫困问题，在一定程度上拓宽了贫困研究的综合视域以及研究方法，并且在贫困群体的评估方面具

[1] R. Chambers, G. R. Conway. Sustainable Rural Livelihoods: Practical Concepts for the 21st Century
　　[J]. IDS Discussion Paper, 1992 (296).

[2] K. Sharp. Measuring Destitution: Integrating Qualitative and Quantitative Approaches in the Analy-
　　sis of Survey Data [R]. Brighton, UK: Institute of Development Studies, 2003.

[3] Stefan Dercon, . Vulnerability to Poverty: A Framework for Policy Analysis [J], DFID Working Pa-
　　per, 2001.

有前瞻性，使预防贫困成为可能。此外，皮克斯（Spicker）建立了以物质需要（material need）、经济状况（economic circumstances）、社会关系（social relationships）和道德理念（moral concept）为研究维度的综合分析框架[1]。对于近几年来兴起的贫困综合性研究视域，以及与其相伴而生的多维贫困测量框架，特尔兹（Terzi）指出，学者们在研究贫困的多维测度过程中，只关注了致贫要素或测量指标的多维性和加总性，而未能充分考虑维度内部指标和临界点的分布。

2.2 国内研究

改革开放以来，我国的贫困治理取得了显著成就，备受世界瞩目，联合国开发计划署的一份报告就曾指出："世界上没有任何国家能像中国一样在扶贫工作中取得如此巨大的成功"，可见我国对于贫困问题的探索有其独到见解。但就其研究的总体发展而言，早期国内学者对于贫困治理的理论探索主要沿袭了国外学者在贫困治理领域的既有理论成果和实践经验，在此基础上结合中国社会的阶段性特征，如城乡二元化经济结构、混合所有制经济等，及在结合中国本土国情以及中国当前贫困样态的基础之上，探寻本土贫困治理理论的延伸和创新。

2.2.1 生存视域下的贫困治理研究

中国语境下，生存视域的贫困治理研究主要聚焦于解决贫困人口的绝对贫困问题，即温饱和生计发展。其内涵界定主要承袭了国外学者的观点，将物质层面的稀缺作为贫困者最直接且普遍的客观生活状态。对此，汪三贵（1994）认为，贫困是缺乏生活资料，缺少劳动力再生产的物质条件，或者因收入低下而仅能维持相当低的生活水平。[2]王小林（2012）认为，贫困"即个人或家庭没有足够的收入满足其基本需要"[3]。中国国家统计局（1990）则将贫困定义为"物质生活困难，即一个人或一个家庭的生活水平达不到一种

---

[1]　P. Spicker. The Idea of Poverty [J] . 2007.

[2]　汪三贵. 贫困问题与经济发展政策 [M]. 北京: 农村读物出版社, 1994.

[3]　王小林. 贫困概念的演进 [M]. 北京: 社会科学文献出版社, 2012: 22-42.

社会可接受的最低标准，他们缺乏某些必要的生活资料和服务，生活处于困难境地"[1]。

不仅如此，国内对于贫困内涵的延伸，同样经历了从单纯的物质性稀缺到收入、消费、机会、资本、权利等要素的扩展。张宏兴（1991）将贫困的内涵概括为三点：其一，低于一个客观确定的绝对最小值为贫困；其二，低于社会中的其他一些人为贫困；其三，自我感觉生活需要不足者为贫困。康晓光（1995）认为，贫困是一种由于人长期不能合法地获得基本的物质生活条件和参与基本的社会活动的机会，以至于不能维持一种个人生理和社会文化可以接受的生活水准的生存状态。基于绝对贫困的基本内涵，王朝明、申晓梅（2005）认为绝对贫困不止于此，深度贫困相对于绝对贫困而言不仅拥有绝对贫困的基本属性，还表现出比其更为深刻的底线，可以被标识为个人或家庭不能满足最基本的生存需要而生命延续受到威胁的状态。[2]

在贫困的测度方面，杨叶（1991）基于绝对贫困的定义，利用营养法和基本需求法来测度贫困。曲圣洁（1995）选取收入、支出、福利等十三个指标来建立量化体系，得出其指标指数和派生指数，以此进行贫困程度的综合性测量。研究表明，摄取营养的程度以及健康指标是测度贫困的关键因素，而收入与分配基尼指数可以更好地衡量贫困程度。汪三贵和殷浩栋（2013）以资产和收入作为主要维度，将贫困具体划分为结构性贫困（收入贫困＋资产贫困）、偶然性贫困（收入贫困＋资产非贫困）、偶然性非贫困（资产贫困＋收入非贫困）、结构性非贫困（收入非贫困＋资产非贫困），但因资产的概念太过广泛而无法在现实研究中具体操作。

生存视角下，贫困研究除立足于贫困个体的生存需求外，还同宏观性经济要素密切相连，尤其与资源分布、区域发展、产业结构等息息相关。姜德华等（1989）在其著作《中国的贫困地区类型及开发》一书中，结合贫困地区的自然、社会、民族、经济等要素，对中国本土的区域性贫困进行分析并提出系统性划分。其指出，区域性的资源滥用是导致山区贫困的根本原因，因此要通过引进现代科学技术，对自然资源的开发和利用进行合理的指导，

---

[1]　中国城镇居民贫困问题研究课题组. 中国农村贫困标准课题组研究报告［R］. 国家统计局，1990.

[2]　王朝明，申晓梅. 中国21世纪城市反贫困战略研究［M］. 北京：中国经济出版社，2005：6.

最终实现贫困山区的经济发展。陈锋正（2007）认为生产资料贫困是导致中国目前贫困现状的根本原因，而生产力发展落后、区域间发展不协调、自然资源的分配不均衡则加剧了贫困治理的难度。农民因缺乏生产资料而处于半失业状态，进而流向城市，但依然无法摆脱贫困的实现。于开红（2017）认为一般性生存贫困的根本原因是生态贫困，具体包括人们无法满足其基本的生态资源需求而深陷贫困、生存贫困者因生态退化而更加贫困、脱贫人口因生态问题而重返生存贫困。可见，生态贫困是生态资源缺乏和物质返贫的复杂结合体，生态贫困的治理必须以生产力的发展和生态环境的恢复为基础，正确认识人与自然的和谐关系，加强中央对社会、经济和生态的全面统筹，鼓励社会组织参与生态贫困治理。

2.2.2 剥夺视域下的贫困治理研究

贫困治理研究中的剥夺视域是从客观性结构视角来审视社会群体间的分层或分化问题。其以生存状态的差异为表象，实则是权利分化所引发的社会结构冲突。中国社会的结构变迁为剥夺视域下的贫困研究提供了丰富且充分的阐释背景。改革开放以来城乡二元间的藩篱并没有因经济的突飞猛进而消弭，反而加剧了城乡间的贫困差异，为农村贫困的加剧埋下伏笔。而在城市内部，由于社会保障体制欠佳，其边缘性群体无法有效融入主流社会中，遭受排斥的他们不得不身陷贫困而无法摆脱。正是在此背景下，剥夺视域的研究成果一方面继承了国外既有的理论框架，如社会剥夺、社会排斥、权利剥夺，并加以深入研究。一方面又充分结合了中国社会的本土结构特征，将改革开放、企业改制等标志性要素纳入贫困治理的研究范围。

在剥夺视域下贫困治理的早期研究中，贫困者的机会剥夺具有一定代表意义。童星、林闽钢（1994）认为，"贫困是经济、社会、文化落后的总称，是因低收入造成的缺乏生活必需的基本物质和服务以及没有发展的机会和手段这样一种生活状况"[1]。康晓光（1995）认为，贫困作为一种生存状态，指人由于不能合法地获得基本的物质生活条件和参与基本的社会活动的

---

[1] 童星, 林闽钢. 我国的农村贫困标准线研究[J]. 中国社会科学, 1994（3）.

机会，以至于不能维持一种个人生理和社会文化可以接受的生活水准。[1]之后，郑宝华、张兰英（2004）在总结前人研究的基础上认为，贫困是一种伴随人类社会发生、发展的社会经济现象。由于人不能合法地获得基本的物质生活条件以及参与社会活动的机会，以至于无法维持其生理和社会文化在被认可的生活状态。贫困不单表现为收入剥夺，同时也是机会、能力，甚至权利的剥夺。[2]此外，胡鞍钢、李春波（2012）又将知识贫困纳入剥夺视域，认为教育机会的剥夺是我国当前贫困发展的新趋势，只有不断地发展教育、倡导公平教育、构建共享教育模式才能更好地解决贫困问题。

剥夺视域中贫困治理研究的另一观点以社会排斥为代表。其以社会结构、社会环境和相关制度的设立为依据，着重探究贫困成因的客观性和外部性。杨团（2002）对社会排斥进行细致阐述，认为从现象描述的角度而言，社会排斥包含角色排斥、行动排斥和结果排斥。从社会系统失效的角度而言，社会排斥又可具体分为地位排斥和能力剥夺等。代利凤（2008）基于社会排斥角度定义贫困内涵，认为是社会排斥造成了贫困，同时贫困又进一步加强了贫困者遭遇社会排斥的可能。[3]黄洪（2015）在其著作《"无穷"的盼望——香港贫穷问题探析》一书中指出，"一方面贫穷引致生活的匮乏，亦带来精神的压力与紧张，容易导致贫穷人士自我孤立；另一方面，社会排斥又进一步令那些贫穷的弱势社群与主流社会越来越疏离，缺乏人际交往，导致人际网络的解体，使其脱贫更加无望，贫穷状况不断持续。"[4]刘明月（2016）在致贫要素的实地调查中发现，社会保障制度和就业市场的排斥是贫困家庭致贫的制度性原因。因此，政府应规范社会保障制度建设，加强城市贫困人口的就业机会和福利供给，完善低保配套政策和医疗保险体系，为城市贫困家庭解除后顾之忧。相对于城市贫困群体，沈春梅、杨雪英（2016）则对农村贫困群体的社会排斥现象加以探究，认为农村贫困人口遭遇排斥不仅说明其收入不足，更说明其社会连接的断裂。因此，贫困应理解为社会分化过程中所产生的社会排斥的延续。为消除由社会排斥所引发的贫

[1] 康晓光.中国贫困与反贫困理论［M］.南宁：广西人民出版社，1995：3.

[2] 郑宝华，张兰英.中国农村反贫困词汇释义［M］.北京：中国发展出版社，2004：10.

[3] 杨团.社会政策研究范式的演化及其启示［J］.中国社会科学，2002（4）.

[4] 黄洪."无穷"的盼望——香港贫穷问题探析［M］.香港：中华书局出版有限公司，2015：60.

困问题，政府应加强落实政策权利的平等分配，继续建立并完善社会保障体系，通过增强文化、教育领域的政策性支持来消除落后的贫困观念。

此外，从权利剥夺的视域探讨贫困治理，是近些年学界较为热衷的话题。继阿马蒂亚·森明确提出"权利剥夺"的分析方法后，其思想一直统摄着相关领域的贫困治理研究。关信平（1999）在研究城市贫困问题时认为，贫困是在特定的设计背景下，部分社会成员由于缺乏必要的资源而在一定程度上被剥夺了正常获得生活资料和参与经济和社会活动的权利，并使他们的生活持续性低于社会的常规生活标准。刘晓靖（2011）详细介绍并分析了森的理论框架后指出，权利剥夺的视角使我们更为深刻地理解了贫困的性质和原因，对贫困治理具有非常重要的理论及实践意义。

2.2.3 能力视域下的贫困治理研究

从能力视域看待贫困治理问题是立足于贫困个体层面，强调其主观能动性的重要视域之一。其反映出人们不再局限于客观需求或环境，而是从主观层面强调个人生存、生产及创造能力的重要性。在这一视域下，强调人口素质发展和可行能力建设是较为重要的两种分析路径。王卓（2004）指出贫困本质上就是一个人或家庭缺少能力满足其需求时所处的状态。[1] 王小强、白南风（1986）在《富饶的贫困》一书中首次提出人口素质是导致贫困的本质原因。在相对富饶的自然资源和普遍性贫困的现实冲突中，"人口素质差"成为制约产业发展、经济进步的主要因素。进而，其对人口素质进行量化研究，从改变取向、新经验、公共事物参与、效率感、见识、创业冲动、风险承受、计划性等八个方面予以系统性测量。祝梅娟（2003）认为贫困是由于贫困者自身在体力、智力与能力上存在断点，缺乏可持续发展能力，无法依靠自身的努力改变处境。[2]苗英振、蒋径舟（2013）以社会资本的投入为切入点，认为贫困治理的主要路径包括物质贫困和精神贫困治理，而补偿贫困者物质资本的缺乏只能短期缓解物质贫困，只有通过人力资本投资才能达到物质贫困与精神贫困双重治理的目的。鉴于我国在既有贫困治理的过程中偏重

---

[1]　王卓.中国贫困人口研究［M］.成都：四川科学技术出版社，2004：3.

[2]　祝梅娟.贫困线测算方法的最优选择［J］.经济问题探索，2003（06）.

物质贫困治理，而忽视对人力资本的投资，因此应加强社会资本的投入与使用，构建物质资本、人力资本及社会资本投资的联动投资机制来改善贫困。

　　能力视域下贫困治理的另一研究路径是以阿玛蒂亚·森的可行能力为基本研究框架和核心概念，基于本土情境来对可行能力展开进一步的演绎和发展，以此探讨贫困者可行能力的缺失与重建问题。就概念而言，虞崇胜、余扬（2016）认为，"所谓可行能力，是一种预存能力，即能够自由从事创造性活动的能力。人们一旦拥有了这种能力，就能够从根本上消除贫困和落后的根源，实行社会公平和可持续发展。从一定意义上讲，贫困说到底是可行能力的贫困，提升可行能力就是消除落后和贫困"[1]。秦国伟（2010）运用可行能力理论来探究社会弱势群体，提出以相对性和绝对性的结合，即能力贫困与社会机会的结合来看待并改善弱势群体的贫困问题。[2]方劲（2011）同样以可行能力理论为贫困研究的基本框架，认为知识资源缺乏、健康卫生状况较差、获取信息能力较低、自主发展意识不强等是现阶段农村人口收入能力丧失并陷入贫困的重要因素。因此在农村贫困治理的过程中，应在加强收入援助的同时提高贫困者可行能力的建设，充分发展贫困地区内外双向的动力机制。[3]高帅（2015）认为，贫困状态在长期的演绎变化过程中呈现出多维贫困、动态贫困的时代特征，而能力剥夺是多维贫困的根源。因此，要在扶贫过程中加强贫困的多维考察，建力精准扶贫机制，提高扶贫的针对性和有效性。[4]杨帆、章晓懿（2016）结合拉美地区精准扶贫实践的经验和教训，从贫困者个体和家庭的能力视角出发，在其个体发展、因地因户施策、政策瞄准效果评估和专业扶贫队伍建设等四方面提出建议来加强对贫困人口的可行能力建议，对于我国贫困治理的路径改善极具借鉴意义。[5]

---

[1]　虞崇胜，余扬.提升可行能力：精准扶贫的政治哲学基础分析[J].行政论坛，2016（1）.

[2]　秦国伟.社会性弱势群体能力贫困及治理——基于阿玛蒂亚·森"可行能力"视角的分析[J].理论界，2010（04）.

[3]　方劲.可行能力视野下的新阶段农村贫困及其政策调整[J].经济体制改革，2011（01）.

[4]　高帅.社会地位、收入与多维贫困的动态演变——基于能力剥夺视角的分析[J].上海财经大学学报，2015，17（3）.

[5]　杨帆，章晓懿.可行能力方法视阈下的精准扶贫：国际实践及对本土政策的启示[J].上海交通大学学报（哲学社会科学版），2016，24（06）.

社会事实使得中国的贫困问题日益凸显，其制度性要素在社会结构、文化创造和社会适应等诸多方面产生消极作用。陆汉文、岜晓宇（2006）深入探究了中国农村地区的贫困的问题，并认为市场化的推进和城乡分割式权利体系的延续是造成农村贫困的根本原因。冯招容（2003）认为我国转型时期的一系列特惠政策有失偏颇，如强制性的政策制度变迁、先富带动后富的经济调整政策等，而这些引发社会结构变迁的政策要素恰好导致了社会性贫困者的困境遭遇。[1]党春艳（2013）则认为，中国在转型期内存在个体和社会间的相互建构，且充满差异与冲突。如产业结构调整所引发的个体依附单位的核心关系消解、社会保障制度建立所带来的个体同国家间关系的变迁等。而这些制度性要素所带来的最直观的结果就是部分城市人口的贫困问题。对此，要进一步发挥政府在贫困治理中的主体性作用，提升贫困者个体发展的能力，并鼓励社会组织在贫困治理过程中的有效参与。[2]

由于我国将消除绝对贫困作为现阶段扶贫政策的核心目标，因此微观层面上探索制度视域下的贫困治理则以反思我国近阶段扶贫政策的制定、实施和效果为主要内容，从而为贫困治理的政策制定提出有效意见与建议。就贫困治理的整体方向来讲，林卡（2006）运用历史和制度相结合的分析方法，认为当前中国社会的贫困类型正由长期威胁人们正常生活和生产的绝对贫困向内涵多样化的相对贫困转变，因此政府所实施的贫困战略也由救济式扶贫向能力型扶贫转变。林闽钢和陶鹏（2008）通过梳理和总结中国贫困治理各个阶段的经验和特征，指明中国贫困治理的未来发展方向，即加强社会资本的引入，推进立法建设，完善扶贫政策的制定与落实，加强社会组织的参与。[3]郭佩霞和邓晓丽（2014）通过梳理中国贫困治理的制度变迁后指出，贫困问题是嵌构于社会制度、经济制度和政治制度中的复杂的社会经济现象，须创新贫困治理的体制机制，从而提高扶贫效率。[4]

就贫困治理政策在具体设立和实施过程中存在的困境和问题来看，史喜军、李贺（2003）认为在反贫困中，由于贫困群体以及政府部门之间存在利

[1] 冯招容. 保护弱势群体利益的政策调整 [J]. 科学社会主义, 2003 (01).

[2] 党春艳. 转型期我国城市贫困问题研究 [D]. 华中师范大学, 2013.

[3] 林闽钢, 陶鹏. 中国贫困治理三十年回顾与前瞻 [J]. 甘肃行政学院学报, 2008 (6).

[4] 郭佩霞, 邓晓丽. 中国贫困治理历程、特征与路径创新——基于制度变迁视角 [J]. 贵州社会科学, 2014 (3).

益和权利博弈，故影响贫困治理政策的有效实施，政府需要积极应对，调整扶贫政策的执行情况。[1]陆汉文、岂晓宇（2006）认为政府应加强对中国农村贫困问题的介入治理，并创新治理方式以激发贫困农村成长与变革的主体性动力。[2]杨龙和汪三贵（2015）指出在贫困治理当中，建档立卡是较为有效的扶贫资源分配方式，并且其分配要倾斜于多维贫困群体，通过建档立卡实现精准扶贫，保证扶贫到户。[3]郭文山（2017）认为，中国城市贫困的治理过程中存在治理体制的碎片化、资源分配的不平衡以及参与贫困治理的主体较为单一等问题。对此需要加强立法，确立贫困治理的刚性制度框架，建立健全保障制度，确保城市贫困人口的基本生活得以保障。[4]

2.2.6 综合视域下的贫困治理研究

伴随国内学者对贫困治理研究的不断深入，致贫要素的内涵也日臻丰富和完善。早期研究致力于相对独立的致贫要素探索，如物质贫困、文化贫困、知识贫困、精神贫困、权利贫困等。而后人们发现，贫困的成因并非单一变量，而是多元要素的共同作用，同样贫困治理也并非单一的路径探索，而是多管齐下的系统性关系整合。由此，我国学者在近年来相继展开对贫困治理的多元化、多维性的综合视域探究。早在20世纪九十年代，罗必良（1991）就已提出贫困研究不仅要突破经济要素缺乏的经济学桎梏，还应从更为广阔的社会学视野、历史学分析、环境关系等方面做出详细刻画。之后部分学者从贫困测度、贫困成因分析、贫困治理框架等角度建立综合性研究框架，其包含物质、文化、精神、能力等重要维度，使得贫困治理的综合性研究得以有效开展。郭建宇、吴国宝（2012）在调整贫困测度的多维指标时提出，建立多维度的测量指标应按需考虑区域性差异、致贫要素和区域文化，注重扶贫政策制定的针对性。何晓琦（2004）通过对长期贫困的研究认

[1] 史喜军，李贺.反贫困进程中的信号传递博弈模型[J].市场周刊.财经论坛，2003（09）.

[2] 陆汉文，岂晓宇.当代中国农村的贫困问题与反贫困工作——基于城乡关系与制度变迁过程的分析[J].江汉论坛，2006（10）.

[3] 杨龙，汪三贵.贫困地区农户的多维贫困测量与分解——基于2010年中国农村贫困监测的农户数据[J].人口学刊2015（2）.

[4] 郭文山.城市贫困治理研究——基于发展型社会政策视角[J].科教文汇（中旬刊），2017（11）.

为，贫困是基于动态贫困的一种分类。长期贫困主要指个体经历五年及五年以上的能力剥夺，具有教育资源缺乏、资产拥有匮乏和脆弱性等特征。单一要素都无法完整且系统地表明贫困的综合性成因，必须将其视为诸多因素所运行的综合系统，即由"陷阱—隔离—均衡"所构成的一个低层次、低效率、无序、稳定型的区域经济社会运转体系。

近些年来，我国贫困治理的综合性视域研究相对成熟，学者相继建立较为全面且完善的综合性分析框架。唐丽霞、李小云、左停（2010）将可持续生计、脆弱性、社会排斥等单一理论整合为"可持续生计-脆弱性-社会排斥"三维的贫困分析框架，以便有效分析贫困问题。分析框架以贫困者的禀赋资产和所处环境结构为出发点，分析其所遭受的制度及结构排斥，进而预测贫困者的风险遭遇以及应对风险的策略性选择。此框架能够有效分析贫困者的贫困状态和致贫原因，可以对其自身有清晰、全面的了解，从而为其提供有效的脱离贫困陷阱的扶持措施和手段。[1]

朱晓、段成荣（2016）融合了时间贫困、收入贫困和风险社会等概念，提出以"生存 + 发展 + 风险"为核心维度的贫困测量与治理框架。具体而言，其用贫困者的收入水平来评估其生存状态、用劳作时间来衡量其发展程度、用所享受的社会保险待遇来衡量其风险等级。通过此三种维度的综合性评估来确定贫困者所属的贫困类型和等级：如果贫困者只有收入低于规定的贫困线，那么其属于"一维剥夺贫困"；如果贫困者不仅收入低下，同时劳动时间长或者缺乏社会保险，那么其属于"二维剥夺贫困"；如果贫困者收入低下的同时，劳动时间长且缺乏社会保险，那么其属于"三维剥夺贫困"。根据这一综合性分析指标，其贫困治理路径显然也立足于三维分析框架，将地区或群体的差异化策略同贫困的综合性治理相结合，如政府应致力于户籍改革、加强公共服务均等化的推行，加强贫困家庭子女的教育资源供给、阻隔贫困文化的代际传递，积极借鉴国外贫困治理的成功经验、促进我国贫困治理路径的优化和改革。[2]

韩克庆、唐钧（2018）在课题《城乡困难家庭社会政策支持系统建设》

[1] 唐丽霞, 李小云, 左停. 社会排斥、脆弱性和可持续生计: 贫困的三种分析框架及比较 [J]. 贵州社会科学, 2010（12）.

[2] 朱晓, 段成荣. "生存-发展-风险"视角下离土又离乡农民工贫困状况研究 [J]. 人口研究, 2016, 40（3）.

中对既有贫困治理研究的相关理论成果加以梳理、分析，归纳总结出贫困的四大类型，即以经济学为视角的"匮乏说"、以发展学为视角的"能力说"、以社会学为视角的"剥夺说"和以阶层为视角的"地位说"，然后以这四种视角为维度建立贫困治理的多维分析模型，以"雷达图"的形式进行贫困者的贫困状态描述，并比较其优势和劣势。研究表明，中国农村人口的贫困程度高于城市人口，应在物质、能力、权利等多方面加强对农村的贫困治理。[1]

张明皓、豆书龙（2018）以统合贫困者行动和结构的研究视角来建立综合性分析模型，认为导致贫困的时空原因是由于贫困群体同时具备群体性贫困和个体性贫困的双重福利缺失状态。同时，导致贫困的生成性原因，是由于贫困者为维持其生存状态的均衡而在时间和空间上存在贫困特征的双向积累。以上二者作为中介条件，导致贫困者在结构上的自我固化和行动上的弱势发展，而长期陷入经济性贫困陷阱。因此，要想从根本上治理贫困，就要充分发挥精准扶贫的超常规功能，即超时空强制和超市场强制，在将贫困场域抽离深度贫困区域并伴有政府供给生产资料与公共服务的同时，实现其生存场域内结构和市场的再生。[2]

2.3 研究评价

基于以上有关贫困治理的研究视域综述，足见贫困是一个动态的、历史的和发展的概念。正如康晓光所说，贫困的内涵和界定标准都会随着社会经济的发展发生相应的变化，并反映特定民族对于社会福利的基本人权的规范性认识。[3]一方面国外研究早开先河，其理论研究的成熟度领先于国内研究，为我国贫困治理研究提供可资借鉴的丰富的理论素材；另一方面长期实践所积累的反贫困经验十分丰富，为改革开放后我国正式开展贫困治理实践提供了经典范本。显然贫困治理的既有研究成果在推动相关领域的研究进展和实践操作层面做出了巨大贡献。同时伴随时代的发展，既有研究也显露出相关

[1] 韩克庆，唐钧. 贫困概念的界定及评估的思路 [J]. 江苏社会科学，2018（2）.

[2] 张明皓，豆书龙. 深度贫困的再生逻辑及综合性治理 [J]. 中国行政理，2018（04）.

[3] 康晓光. 中国贫困与反贫困理论 [M]. 南宁：广西人民出版社，1995：8-9.

研究的不足之处，这无疑为贫困治理的后续研究留有开拓空间并指明前行方向。

2.3.1 相关研究的理论贡献

　　贫困问题的研究视角主要经历了由物质贫困的表象特征向社会结构、文化传递、权利分配、能力建构、制度完善等多元视域的扩展过程，这也是人类把握贫困内涵及其本质的认知与深化过程。尤其在综合视域的贫困研究成果中，以生存、剥夺、文化、能力、制度等为影响因素构建综合性分析框架，既分别体现出不同研究视域对贫困问题的独到理解，又在统一的逻辑基础上表现出贫困治理研究本身的复杂性和包容力，即实现贫困治理需要多种学科的支持与交叉，足见不同视域下的理论研究均对贫困治理做出了相应贡献。

　　1.生存视域研究

　　生存视域下的贫困治理研究是学术界对贫困问题的初探，尤以西勃海姆·朗特里提出的以最低生活支出来确定贫困线这一经典概念为代表。就当时而言，英国劳资冲突频发，如何维持并改善贫困者，尤其是贫困工人的生存状态是亟待缓解的主要矛盾。因此，生存视域研究以维持贫困者生存所需的最低物质条件为核心，具有显著的外部性特征，是一种客观主义的研究视角。而后，这一视域研究又相继提出了绝对贫困和相对贫困的界定和度量，带有浓厚的经济学色彩。可见，贫困的本质在此视域下呈现物质特征，是贫困治理最基础的层面。但生存视域所提出的研究维度和测量方法也存在一定争议：一方面，生存视域下贫困的测度内容相对狭隘，主要以收入、支出等经济指标为主，无法实现权利、尊严、文化等抽象要素的量化研究；另一方面，无论以贫困者的生理需求，还是以其收入、支出来判定贫困状况，这一判定过程始终无法规避研究者的主观判断，故不具有客观的公正性。但不可否认，生存视域下的贫困研究对贫困治理的具体实践产生了最为重要的影响。直至目前，每人每天生活支出水平、人均年收入、居民可支配收入等经济指标依然是各国政府和世界组织判定贫困的主要参考标准，而宏观层面的经济态势、就业变化等因素也是分析贫困发生的重要考量要素。

　　2.剥夺视域研究

　　剥夺视域下的贫困治理研究历经了由社会剥夺到社会排斥、再到权利剥夺的层次演化。贫困剥夺的相关研究首先继承了生存视域研究的部分理论成果，将生存所需的物质剥夺作为贫困治理的研究基础。而后转向从社会结构、社会分层、阶级分化等视角来研究贫困问题，并将治理途径诉诸于加强贫困群体的社会融合、化解社会排斥、促进权利的公平分配、弱势群体的赋权等层面，而这些以社会结构为视域的研究最终指向了权利剥夺的贫困本质。同生存视域的研究内容相比，剥夺视域的贫困治理研究已不再局限于微观个体的客观需求，而将研究视野拓展至社会支持、社会参与、社会权利等层面，实现了人们对于社会结构的批判性理解。这一视域对厘清中国贫困问题的根源尤为重要，特别是由城乡二元结构、经济体制改革等结构性因素所带来的贫困与冲突，都能在这一视域的研究中得以更为深刻的理解。

3.能力视域研究

与客观性的生存视域和剥夺视域不同，能力视域将贫困根源聚焦于贫困者本身，认为是贫困者自身生存和发展的能力不足导致了贫困的生存状态，带有显著的个人主观色彩。在众多理论研究中，森的可行能力理论是对权利剥夺论的进一步讨论和深化，认为贫困的本质是对贫困者自由意志的剥夺，这在一定程度上超越了权利剥夺的认知范畴，将致贫提升至贫困者的意识形态。因此，贫困的本质在能力视域下演化为能力和权利，其实体性隐含于贫困者所能实现的各种功能性活动之中，即贫困者的主体性。故可行能力理论明确提出将重建贫困者的个体自由作为贫困治理的核心目的，一方面有利于以个体平等自由的发展来平衡和协调社会整体的公平和正义，另一方面对贫困者主体能动性的关注也可唤醒贫困者的自我发展意识，催生积极主动的生存心态。就我国贫困治理实践而言，通过科技下乡、教育扶贫、就业培训等方式来提高农村贫困者的劳动能力，其本质就是对贫困者可行能力的重建，这在一定程度上回应了能力视域研究的理论要求。

4.文化视域研究

文化视域下的贫困治理研究以贫困者的行为理性和策略选择为研究对象，认为贫困文化不仅形塑了贫困者的人格和特点，还将这种消极的自我认知和行为倾向传递给后代，使其难以摆脱贫困的状态。同能力视域的研究相比，文化视域的贫困研究更倾向于探讨贫困者的生存心态和认知行为，是更为隐蔽的主体性要素。贫困文化理论本身强调贫困者应自我负责，而这一主张遭致了部分学者的质疑，如贫困者同其他人之间是否真正存在如此巨大的文化差异，贫困文化未能有效揭示贫困实践的起点等。但文化视域下的贫困治理研究并没有停留在对贫困文化的价值批判或道德谴责的层面，而是在识别这一文化根源的基础上，融入行为矫正、优势视角、社会支持等心理学方法，进一步完善贫困治理的路径。由于贫困文化形成与传递直接同贫困者的受教育程度有关，因此文化视域下贫困的实体性是借由贫困者所能分享的教育成果和享受的教育条件来体现的，而改善相应的教育条件也自然成为文化视域治理下的具体目标。

5.制度视域研究

制度视域下，研究者认为贫困产生的主要原因是由于现行制度未能有效调节经济、政治、社会同人本主义发展间的多重矛盾，导致部分群体被排斥于现代性生产关系之外，因此需要对既有的贫困治理实践予以反思，重建和改良现行贫困治理模式以促其有效发展。显然，在此视域下制度层面的缺陷成为造成贫困或延续贫困的主要原因，对现行制度的批判性理解主要集中在反思和改良现行的各类政策措施方面，包括国家的政治制度、经济制度、反贫困政策、社会保障制度等。就我国而言，针对贫困治理的制度性研究成为贫困治理研究的重要组成部分。改革开放至今，我国的反贫困实践取得了巨大成就，主要历经救济式扶贫、开发式扶贫、参与式扶贫等阶段，而精准扶贫成为当前"造血"式扶贫理念下的主要开展模式，这些制度性探索既是对贫困治理理论研究的实践回应，同时也是检验贫困治理研究理论成果的唯一标准。

6.综合视域研究

综合视域下的贫困治理研究是对多种研究视域的综合和扩展。其相关研究认为导致贫困的要素不是单一的，而是多种要素共同作用的复杂结果，因此有必要建立起综合维度的分析框架。可见，综合视域的提出是人们对于贫困本质的进一步挖掘，在理论层面回应了贫困治理的时代需求。虽然在单一研究视域下已出现了多维度贫困的结构划分，如社会排斥就具体划分为政治、经济、文化、制度、关系的五种维度，但这种概念性的解构主要存在于某一学科或研究视角之下。综合视域不仅深化了单一视角的研究深度，还在学科层面超越了单一视域的研究范围，包含了贫困者生存、生活、发展所需的物质资本、社会权利、社会参与、可行能力、风险防范等方方面面，融合了经济学、政治学、社会学、心理学等诸多学科的理论知识，这显然是贫困内涵由单维要素向多维要素的丰富与转变过程，这种转变同步引起了贫困实体性本质的更新与扩展，使得建立多元要素的综合性分析框架成为当代贫困治理研究的主流方式。

2.3.2 相关研究的不足之处

综合以上评述，不同理论视域下的贫困治理研究为人们长期认识、分析并解决贫困提供了丰富的理论经验，反映了特定时代或研究阶段人们对于贫困本质的理解和把握，也促进了贫困治理实践的丰富和完善。事实上，多视域下的贫困治理研究主要围绕两个核心命题展开：其一是在理论层面揭示贫困问题的内涵和本质，其二是指导贫困治理实践中的政策改良和模式构建。此二者间，贫困本质的探索和把握决定了贫困治理实践的内容和目标，具体实践的治理成效则检验了理论判定的准确性和有效性。在肯定既有研究的积极意义的同时，也必须看到其困境和不足之处。

1.贫困根源的探究囿于内源和外源要素的分离

如果将满足贫困者的最低生存需求、强调收入的绝对数量、考察贫困者所属群体的阶层结构等研究角度归为贫困治理研究的客观性视角，那么立足于贫困者个体能力的发展、贫困者文化与观念的代际传递等研究视角则可归为贫困治理研究的主观性视角。可见，以生存视域、剥夺视域等为代表的客观性研究，认为致贫根源存在于贫困者的外源性要素之中，因此强调只有优化社会结构和实现社会成员的公平发展才能实现致贫要素的外援性治理。而以文化视域和能力视域为代表的主体性研究，认为致贫根源存在于贫困者的内源性要素中，因此强调只有发展贫困者的个体能力、改变其认知心态才能实现致贫要素的内源性治理。这一致贫要素的揭示过程也一定程度上影响了贫困治理的实践开展。比如早期的政策扶贫就是针对外源性致贫要素所开展的外援性治理模式，但其忽视了贫困者主体性的实现和发展。近些年来，内源性治理模式的开展虽然在现实操作中兼顾了外源性要素的治理，但却没能有效把握贫困主体的内源要素同外源要素间相互制约、相互转化的关系特征，存在贫困主体与客观生存环境间的二元割裂。对此，要探索并揭示贫困及其治理的根源要素，不仅需要研究者理性的逻辑推演和深入的主观建构，更需要贫困者能够把握感性经验，就长期实践经历进行分析和总结。因此，当我们追求以更为精准的概念来还原贫困的本质面貌时，不仅要以综合性的研究视域来融会既有研究的理论成果，还应借助更为包容的理论框架来实现贫困者主体与生存环境间的对接和统一，而这恰好给本研究所提出的场域视域研究留下探索和发展的空间，以期在理论研究层面进一步挖掘贫困的本质及内涵，为破解贫困治理困境指明方向。

2.贫困治理的实践开展滞后于理论发展

贫困治理研究还呈现出理论同实践的脱节，即长期以来的贫困治理实践滞后于贫困理论的发展。关于贫困内涵界定、致贫机理探索、贫困治理路径等问题，研究者早已在理论层面予以充分、详尽的论述，但相关实践层面却长期停留于贫困治理的初级研究阶段。如在学理层面，贫困的内涵已由单纯的物质性贫困扩展为机会、能力、权利、文化等多维贫困，但在贫困治理实践中依然采用收入、支出等客观描述物质资本的经济指标作为贫困的判定标准，其他维度的致贫要素难以得到有效落实。不仅如此，学理层面认为贫困治理不仅要关注贫困者生存、生产等物质资料的补偿，更要提升贫困者的内在主体性和可行能力。但这一理论需求映射到现实场域中却难以充分落实，目前主要集中表现在对贫困者进行物质扶助和生产技能培训，而如何提升其主体意识、纠正贫困文化制约下的认知行为则鲜有回应。可见贫困治理的理论研究同实践操作间存在一定张力，如何根据理论研究适时调整贫困治理的内容和方向，采取全面、有效的介入或辅助措施以实现贫困主体及其生存环境间的双重治理是当前贫困治理研究亟待解决的问题。而本研究则尝试在场域视域的研究之下，通过探寻新的治理方法和模式来对这一问题予以回应，以期在贫困治理的实践层面寻求治理路径的突破和创新。

第三章　R村贫困治理的传统实践及其困境

　　基于历时性视角对我国贫困治理的模式变迁进行系统性梳理的同时，具体描绘现实生活中某一贫困村庄的扶贫实践开展无疑是对贫困治理问题更为深入的挖掘和剖析。R村作为一个贫困县域中的贫困村落，具有我国贫困地区的典型文化特征，是我国基层贫困村庄的典型代表。在长期贫困治理实践中，R村所开展的扶贫实践为我们描绘了生动的扶贫景象，如立足生存视域所开展的"输血式"扶贫、立足综合视域所开展的"造血式"扶贫，以及近年来在精准扶贫的政策倡导下所具体实践的生存物质帮扶和生计发展帮扶。这一波澜壮阔的扶贫图景具体呈现出我国贫困村庄难于治理的困境表现，主要为外援性扶助依赖、自主运营能力不足和发展需求对接失效。这无疑为我们探寻致贫机理的根源要素、揭示传统扶贫模式的实践困境提供了丰富的研究素材，为后续开展更为深入的贫困治理研究奠定了经验基础。

3.1 R村基本概况

　　R村隶属J省B市F县H镇，地处J省东部高海拔山区，F县东南部，距H镇政府所在地20公里，辖两个自然屯，分别为S屯和G屯。R村常住人口408人、164户，2016年村人均收入4300元，其中贫困人口占127人，共72户，且贫困人口的人均收入为2694元 。长期以来，F县因自然条件相对恶劣、资源匮乏、经济发展极度欠缺，贫困发生率高达17%，被列为国家级贫困县。而R村作为贫困县中的贫困村，更因地处偏远而长期被排斥在经济发展项目之外，每天只有一班公交车往来于村镇，村民出行极不方便，其贫困程度可见一斑。由于R村人均收入水平常年在当地收入平均线以下，贫困人口近乎占据了总人口的三分之一，故被列入当地12个省级贫困村之一，由省民政厅领导直接包保负责。精准扶贫政策推行以来，县、镇政府除依照相关扶贫政策为R村提供物质生活的扶助外，还多次开展以"促脱贫、谋发展"为主体的项目引进活动，引导R村村民积极投入生产发展之中，但部分扶贫发展项目也仅仅在实践初期取得了一定成效，无法持续长期发展，更多项目则不了了之，浪费了很多人力物资源。R村贫困问题的顽固和难解长期困扰并制约着当地居民的生存和发展。

2016年8月，为探寻这一村庄的贫困根源，调研团队深入R村开展实践调查，通过问卷调查和深入访谈等方式具体了解R村的基本概况，如人口结构、劳动力特征、资源状态、近几年所开展的扶贫实践等相关信息。调研发现，R村具有我国贫困村寨的典型特征：人口受教育程度较低、整体人力资本状态较差、耕种资源相对匮乏、生计生产项目单一。尤其在冬季，冬闲文化显著，村民几乎没有任何收入来源，更缺乏生产创收的主观能动性，可见R村确实不具备自主脱贫的内源型动力和外源型支持。[1]

3.1.1 人力资本概况

在一般性劳动力资源结构的研究中，主要依据劳动力人口年龄及其具备的劳动能力对劳动者进行结构划分，通常将15～24岁人口定义为低龄劳动力，将25～44岁人口定义为中龄劳动力，将45～64岁人口定义为高龄劳动力。在这一分组框架下，15岁以下和64岁以上人口因其年龄过低或过高而不作为劳动力资源进行考量。忽略性别因素，这一划分显然同国家规定的法定退休年龄相吻合，更符合城镇劳动力资源的结构特征。但在农村地区，农业生产的自由性、自主性和自发性在很大程度上扩展了劳动者的生产时间。低龄的孩子很早就加入家庭农业或工业生产的活动之中，从事相对简单的生产劳动；而成年劳动者在真正丧失劳动能力之前都会始终忙碌于农业生产活动之中。特别在农村地区青壮年劳动力长期外流的背景下，60～74岁的劳动者甚至成为贫困农村农业生产的核心劳动力。因此在考察R村人力资本的结构状态时，为更加符合农村农业生产的现实状况，本研究将劳动力类型划分为六个阶段：0～14岁为低龄非劳动力、15～29岁为低龄劳动力、30～44岁为中龄

---

[1] 资料来源：2016年本研究团队赴R村实地调查资料.

劳动力、45～59岁为中高龄劳动力、60～74岁为高龄劳动力、75岁及以上为
高龄非劳动力。

　　通过对R村常驻居民进行基本信息普查后发现（如表3-1所示），R村
0～14岁的低龄非劳动力人口占比为7.3%、15～29岁的低龄劳动力占比为
5.2%、30～44岁的中龄劳动力占比为18.6%、45～59岁的中高龄劳动力占比
为27.4%、60～74岁的高龄劳动力占比为29.3%、75岁及以上的高龄非劳动力
占比为12.2%，而R村中的贫困人口也主要集中在高龄非劳动力这部分人群之
中。总体而言，R村劳动力呈现显著的老龄化特征，其中高龄人口占总人口的
40%以上，而中高龄和高龄劳动者占总劳动力人口的一半以上。但考虑到农村
农业生产的老龄化趋势，R村的人力资本结构依然具备开展生计发展的潜力。

表3-1　R村常住居民年龄、劳动力类型统计

年龄阶段	劳动力类型	人口比例（%）
0-14岁	低龄非劳动力	7.3
15--29岁	低龄劳动力	5.2
30--44岁	中龄劳动力	18.6
45—59岁	中高龄劳动力	27.4
60-74岁	高龄劳动力	29.3
75岁及以上	高龄非劳动力	12.2

　　从受教育程度来看（如表3-2所示），在被抽取的调查对象中，17.1%的
居民没有受教育经历，23.6%的居民接受过小学教育，33.7%的居民接受过初
中教育，15.3%的居民接受过高中教育，5.7%的居民接受过职高或中专教育，
4.6%的居民接受过大专教育。可见，R村居民的整体受教育程度偏低，较难从
事技术含量较高的生计发展项目，主要以农业和养殖业为主要生计手段。

表3-2　R村常住居民的受教育程度统计

受教育程度	人口比例（%）
无受教育经历	17.1
受过小学教育	23.6
受过初中教育	33.7
受过高中教育	15.3
受过职高、中专教育	5.7
受过大专教育	4.6

结合R村居民的劳动力结构来看（如表3-3所示），虽然R村居民的整体受教育水平偏低，但小学及以下受教育水平的村民主要集中在中高龄劳动力之中，而中龄劳动力和低龄劳动力的受教育水平显著上升，其中近68%中龄劳动者具有初高中及以上学历，而44.6%的低领劳动者已具备高中及以上学历。虽然当前R村仍以中高龄、高龄劳动者为生计生产的核心力量，但就长远发展而言其已具备梯队式的发展结构，低龄及中龄劳动者具备巨大的生产发展潜力，适合开展长期型脱贫发展项目。

表3-3　R村常住居民中主要劳动力的受教育情况

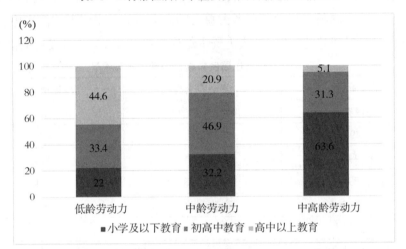

从就业类型来看（如表3-4所示），R村常驻居民主要为职业为务农、家务、打零工、建筑装修等。其中务农占53%、家务占14%（以女性为主）、打零工占10%、自营职业占8%、企业员工4占%、建筑装修占5%、其他职业占6%，可见R村居民的就业状态是不充分的，除农业生产外，从事打零工和家务劳动的居民占比较高，劳动力存在剩余，为开展新的脱贫发展项目留下空间。

从就业地点来看，被抽取的调查对象显示，R村大部分居民仍然从事农业生产，约占总人口的67%。在从事农业生产的居民中，76%的农户拥有集体承包的土地，9.3%的农户（包含自己有地的农户）租赁了他人的土地来耕种。在租地的农户中，自己已有承包地、同时又租赁别人土地耕种的约占65%；自己没有承包地但向别人租赁土地的约占35%。此外，既没有承包地同时也不向别人租赁土地的农户占总户数的20.7%。这表明，R村完全脱离农业生产的居民占20%左右，初见规模。但不论从事何种职业，这些人口的工作地点依然在R村内部，约占总人口的80%，少数在B市工作，绝少有人去B市之外工作。[1]

表3-4　R村常住居民的就业状况统计

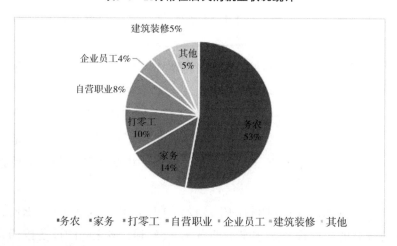

3.1.2 生计发展概况

在土地类型及资源应用方面，R村以旱田耕种为主，拥有果林以及荒地的农户十分稀少，而山林的拥有较为集中，在33户拥有自留山林的农户中，拥有20亩以上的占到了15户。调查数据显示，R村农户户均承包地为3.58亩，属于耕地较少的资源类型。54.8%的农户没有承包地或者承包地少于5亩，而在租赁他人土地的农户中，绝大部分租赁的面积在10亩以下，更有超过一半的农户其租赁不足5亩，很难形成规模化的农业生产，可见其农业并不发达。[2]不仅如此，就当地亩产水平而言，其产量仅够农户自家消费和喂养牲口，无法成为额外的可支配收入的来源，因此超越农耕收入来获取额外收益显得极为迫切。

在种植作物类型方面，经对119户拥有耕地的农户进行详细调查后发现：18户农户（约占调查总数的15%）没有种植任何粮食作物；25户种植大豆，

---

[1]　资料来源: 2016年本研究团队赴R村实地调查资料.

[2]　资料来源: 2016年本研究团队赴R村实地调查资料.

其种植面积最高的只有6亩；19户种植蔬菜，其种植面积最高的也仅为6亩，并且有13户的种植不到一亩，仅供家庭消耗；2户种植水果，分别为1亩和10亩；1户养殖木耳，其面积仅为0.1亩；另有两户种植人参，分别为4亩和60亩。[1]可见，目前R村以自给自足的农产品种植为主，主要粮食作物为玉米，主要经济作物为大豆、蔬菜、木耳以及人参，缺乏新型经济作物和养殖项目。

在畜牧养殖方面，R村牲畜和家禽养殖均不发达。农户养殖最为普遍的动物是狗、鸡和鹅，从平均养殖规模来看，鸡、鸭、狗依次位列前三。也就是说，R村户均养狗1.09条，其功能主要是看家护院或宠物娱乐。其次是养鸡和养猪，但绝大部分农户养鸡和养猪也主要是为了自家食用，而不是作为经济项目。大牲口养殖量不高，如牛、马、驴等，山蜂等林间养殖项目亦不发达。[2]

此外，调查团队还针对R村的生产设备予以调查。数据显示，R村拥有率和使用率最高的生产设备是水泵，拥有率在5%到10%之间的设备按拥有率从高到低的顺序排列依次为小拖拉机、粉碎机、铡草机和农用三轮车。[3]可见由于R村户均耕地面积较少，其农业生产活动的规模也相对较小，从而制约了各种大型农业耕种机械的使用。

3.2 R村贫困治理的传统模式

李小云评价说，中国的贫困治理，尤其是中国对农村地区的贫困治理取得了举世瞩目的成就。早在20世纪末，中国就在广大农村地区形成了以开发式扶贫为核心的实践体系。而在21世纪头十年，政府又在开发式扶贫的基础之上结合保障性制度形成了更为全面的扶贫体系。就贫困治理的整体过程来看，以政府政策扶贫为主要方式的扶贫模式时刻发生着阶段性的、创新性的改变。就概念而言，广义的扶贫模式指的是围绕政府已经确立的扶贫战略所开展的一系列扶贫行动，也就是从扶贫政策的传递与执行的纵向层面来理

---

[1] 资料来源：2016年本研究团队赴R村实地调查资料.

[2] 资料来源：2016年本研究团队赴R村实地调查资料.

[3] 资料来源：2016年本研究团队赴R村实地调查资料.

解扶贫的内涵，具体包括扶贫政策的制定、扶贫资源的传递、对贫困者的扶助过程以及扶贫效果的评估等基本环节。而狭义上的扶贫模式则是在横向层面上将扶贫这一整体性活动拆解为不同环节、不同阶段，分别来概括其执行方法的具体模式，如扶贫资源的传递环节包含以工代赈、财政补贴、贴息贷款等模式，贫困者的具体扶助环节可包含产业扶贫、项目扶贫、异地扶贫等模式。而在扶贫模式的整体发展过程中，始终贯穿着贫困治理研究视域的变化和贫困概念与内涵的丰富。具体而言，我国所开展的既有扶贫模式可大致分为两个阶段：前者是以生存视域为导向的"输血式"扶贫模式；后者是以前者为基础并融入剥夺视域、能力视域、文化视域、制度视域等研究导向的"造血式"扶贫模式。而R村传统性贫困治理模式的开展正是在这一变迁背景下逐步开展的。

3.2.1 生存视域下的扶贫"输血"

"输血式"扶贫是我国政府在早期贫困治理过程中针对农村贫困人口所采取的主要扶贫方式。其核心主张在于：扶贫主体直接向扶贫客体提供生产和生活所需要的粮食、衣物等物资或现金，以帮助贫困人口渡过难关。[1]在贫困治理的具体落实过程中，"输血式"扶贫首先为贫困者提供维持其基本生存所需的物质资料，如食品、衣物、农业生产资料等。其次，为贫困者提供得以开展生计发展的资金支持，如小额扶贫贷款、基础建设性扶贫贷款。最后，为贫困者提供相关政策性支持，如农业生产补贴、农村低保金、农村医疗保障、农村危房改造补贴等，即通过政策措施赋予贫困者获取一定支持和服务的合法身份和相关权利。可见，"输血式"扶贫主要立足于生存视域，以对贫困者的物质救助为主要内容，其本质是政府基于人们生存所需的客观性需要，对贫困者提供直接性物质补偿，以维持其温饱状态。直至目前，在我国某些欠发达地区或贫困乡镇，"输血式"扶贫依然占据政策扶贫的主体地位。

"八七扶贫攻坚计划"实施之前，我国的贫困治理模式一直处于"输血式"扶贫阶段，R村作为东北贫困村落之一显然处于"输血式"扶贫模式的

---

[1] 吴国宝,汪同三,李小云.中国式扶贫:战略调整正当其时[J].人民论坛.2010(01).

辐射范围之中。虽然于短期内取得了显著成效，极大缓解了当地贫困人口的物质匮乏，但"输血式"扶贫作为一种传统扶贫方式必然有其不足之处：一方面"输血式"扶贫以物质性补偿为主，只能在短期内缓解贫困者的生存困境，无法从根源上消除贫困；另一方面"输血式"扶贫以政府执行为主体，始终将贫困者置于被动救助的位置，而忽略其主观能动性的激发和调动，甚至出现"养懒汉"，"等、要、靠"，"越扶越贫"等问题。可见"输血式"扶贫主要基于人们对于贫困的早期理解，即物质匮乏是贫困的主要成因，并对此予以相对单一的治理方式，其治理模式也趋于片面化，致使相应的治理成效也不具有脱贫致富的长期意义。

3.2.2 综合视域下的扶贫"造血"

相比于单纯为贫困者补偿物质资料的"输血式"扶贫，"造血式"扶贫模式显然以提升贫困者的主体能动性为目的，在物质扶助的基础上实现贫困者我自发展能力的全面提升，正所谓"授人以鱼，不如授人以渔"。"造血式"扶贫指的是"扶贫主体通过投入一定的扶贫要素（资源）扶持贫困地区和农户改善生产和生活条件、发展生产、提高教育和文化科技水平，以促使贫困地区和农户生产自救，逐步走上脱贫致富道路的扶贫行为方式。"[1]可见"造血式"扶贫不仅基于生存视域来确保贫困者生存的物质需求，还融入了能力视域、剥夺视域、文化视域、制度视域等相关要素，具有一定发展意义。具体而言，"造血式"扶贫通过开展技能培训来实现贫困者个体能力的增长，通过组织生产项目来实现贫困者生产关系的嵌入，通过加强农村教育资本输入来提高贫困者及其后代的文化素质，通过完善扶贫政策来实现贫困者脱贫与发展的权益。总之，"造血式"扶贫以发展主义为核心理念，在贫困地区选取适合的产业进行项目开发，围绕该项目对贫困地区的劳动者进行科技培训，在企业引领项目的同时建立业主承包或专业合作模式，以此从贫困地区的整体层面来改善生产方式和劳动技能，带动增强贫困者个体的生存与发展能力。对R村等相似贫困村庄而言，"造血式"扶贫模式的构建主要基于专项要素扶贫和经济产业扶贫两条路径：

---

[1] 赵昌文, 郭晓鸣. 贫困地区扶贫模式: 比较与选择 [J]. 中国农村观察, 2000 (06).

　　就专项要素扶贫而言，政府对于贫困者各项要素的补偿主要通过政策治理来制定专项扶贫政策，以项目扶贫的方式具体落实到贫困地区，具体开展内容包括教育扶贫、卫生扶贫、科技扶贫等。其一，教育扶贫以"扶贫先扶智，治贫必治愚"为理论导向，认为知识贫困阻碍了贫困者认知程度的提高和劳动技能的进步，尤其贫困文化具有代际专递的效果，故加强贫困地区的基础教育、阻断代际贫困是从源头遏制贫困的主要方式。一方面，教育扶贫从物质建设层面改善贫困地区的教育环境，如修缮校舍、改造危房、提高对贫困家庭受教育子女的资金补贴、增加贫困地区教师的工资待遇等。另一方面，教育扶贫通过知识传授提高贫困者的道德思想意识，教授其先进的科学技术文化来实现劳动生产力的提高，从而提高可行能力并实现脱贫。其二，卫生扶贫主要致力于解决贫困者因病致贫的问题，同时预防因病返贫。通过卫生扶贫，贫困地区的卫生院所条件得以改善，医疗设备日渐完善，医生得以接受正规的培训，而贫困者则在卫生知识的普及与宣传中学会自我健康管理。其三，科技扶贫主要以贫困地区的人员培训为主要内容：政府通过科技下乡等手段向农村地区的传统劳动者传授先进的种植和养殖技术，以提高其农业生产产量；向技能型劳动者提供科技培训，以增加其劳动竞争力。不仅如此，科技扶贫还包括向贫困者进行普法宣传、权益维护、政策咨询等内容，以提升贫困者自我维权的能力。而贫困者之所以生活困顿，是由于某一要素的缺失阻碍了其生计能力的健康发展。因此，专门补偿贫困群体所缺失的某项要素自然成为贫困治理的重要路径之一。汪三贵就具体指出，"通过针对性的扶贫政策直接作用于贫困人口，在当前阶段显得尤为重要。"[1]

　　就经济产业扶贫而言，其治理模式从区域整体性治理的角度来全方位补偿缺失要素，进而实现元多要素的贫困治理。经济产业扶贫是我国在新一轮扶贫开发战略中实施的重要手段，其主要策略是以政府为主导，集中资源力量办大事。经济产业扶贫是通过招商引资，以贫困地区的现有资源为依托，建设贫困地区产业，加快经济发展。其主要内容包括：边境商贸开发、房地产开发、矿产开采、水能发电、旅游资源开发、特色农副产品和民族手工艺品加工等。并在产业发展的同时完善贫困村落的基础设施建设，通过在贫困

[1]　同春芬, 张浩. "互联网+" 精准扶贫: 贫困治理的新模式 [J]. 世界农业, 2016 (08).

村内修建道路、建设人畜饮水和农业灌溉沟渠、兴建沼气、推广种植、养殖项目等基础设施来推动整个贫困村的社会建设和经济发展。R村在"造血式"贫困治理模式的开展阶段就主要以传统性农副产品生产来实现相关经济产业的组织和建设。但产业扶贫的主要弊端在于以利益为导向的企业同贫困者间存在张力,当企业遭遇市场风险时,弱势的贫困者往往成为最大的损失者,而政府在现有政策下难以把控。

当前来看,"造血式"扶贫仍然是我国贫困治理的主要方式,"扶勤不扶懒,造血不输血"已成为各级政府在具体落实贫困治理政策过程中所达成的共识。虽然就理论层面而言,"造血式"扶贫以区域性产业发展为核心,可以为贫困者打造稳定的生产环境,提供先进的技术支持,从而带领贫困者走上道脱贫致富之路。但"造血式"扶贫的实际执行效果却不尽如人意。首先,"造血式"扶贫以"发展主义(开发主义)"为理论依据,而"发展主义"最主要的特征就是以物为本,片面强调经济增长,这就导致"造血式"扶贫在具体落实过程中带有计划经济特征,而忽略贫困者的主体性地位。其次,就"造血式"扶贫的规模而言属于区域式扶贫,这种以区域资源的总体规模来制定扶贫方案的措施很容易忽视贫困者个体间的差异,以至于真正的贫困原因并没有被关注,个体所具备的优势资本也难以发挥。不仅如此,由于"造血式"扶贫具有一定规模性且成效显著,故政府在贫困治理过程中往往因过度追求政绩而对扶贫项目缺乏足够的理性思考,导致短期、盲目、无效的治理行为以及区域资源的浪费。最后,"造血式"扶贫虽然在扶助手段上超越了单纯补偿物质资本的"输血式"扶贫,但其本质依然以增加贫困者的物质要素为目的,忽视了贫困者主体性的发展,这显然是对贫困治理主客体的对立和分裂。

继"造血式"扶贫模式之后,以"参与式发展"为核心理念的"参与型"扶贫模式逐渐崭露头角。我国所采用的"参与式"扶贫是对现有"造血式"扶贫模式的升级和改良,更加注重贫困者对于整个贫困治理项目的参与和监督,充分结合贫困地区的资源现状,避免不合时宜地对开发项目进行生搬硬套。具体而言,"参与式"扶贫是指政府通过投入一定数量的资金,以贫困村为平台,为贫困农户创造表达意愿的机会,赋予贫困农户知情权和监督权,并激发他们的参与意愿,发动群众参与扶贫项目的决策、实施和监督过程，从而提高贫困农户自主脱贫、自我能力，从根本上解决贫困问题。[1]
其本质目的在于，在政府主导外源型贫困治理的过程中不能忽略当地贫困者
的主体性发展，通过为贫困者提供更多的参与机会和利益表达途径来提升贫
困者主人翁地位以及自我发展的意识，从而提高贫困治理参与者的生计发展
能力，促进贫困治理的效率和有效性的提升。甘肃等地在"八七扶贫攻坚计
划"实施后期探索出一条能够融合当地扶贫项目治理和地方百姓参与的管理
方式，即"参与式"扶贫。其主要特点就是以村为治理单位，由政府提供相
应的政策支持和技术引导，让贫困者从始至终参与扶贫项目的选取和具体实
施过程，并且随时进行监督和管理，这在实践中取得了显著成效。

　　但"参与式"扶贫同样存在不可避免的问题。首先，"参与式"扶贫紧
密依托于政府的政策引导，其执行效果与政府政策挂钩，这就必然导致"假
扶贫"、"扶假贫"的问题出现。近年来，随着政府加大扶贫力度，巨额的
资金补贴涌向农村贫困地区，贪污、挪用、冒领扶贫资金的现象层出不穷。
如何真正实现普通参与者对扶贫项目各项环节的监督和管理还有待商榷。其
次，在实际走访调研中发现，"参与式"扶贫的收益人群非常有限。贫困者
实际参与产业项目承包的前提是参与资金的部分自筹，这就使得没有资金筹
措能力的贫困者被排斥在扶贫项目的参与之外，而这些被排斥者往往是生存
在最底线的贫困者。可见，"参与式"扶贫在一定程度上提高了贫困者的参
与标准，能否真正惠及全部的贫困人口，其政府的扶持力度还有待增加。最
后，"参与式"扶贫在理论层面上仍然存在主、客分离的本质问题。虽然
"参与式"扶贫较既有扶贫模式的最大改善在于建构了贫困者参与其中并表
达自身利益诉求的机制，但其模式本身依然聚焦于生产资源的利用和生产技
术的提升，使得"开发式"扶贫忽略其参与者个性发展的缺点暴露无遗。对
贫困者而言，参与扶贫项目的管理和监督只是在政策层面增加利益获得的机
会和合法性，但其内在的贫困文化、愚昧认知、非理性决策等贫困惯习依然
没有得到改善。因此，"参与式"扶贫虽然取得了显著的扶贫成就，被世界
各国所推崇，但并没有从本质上改善贫困治理模式的内在矛盾，无法实现贫
困的根本性治理。正如舒尔茨所言，人的能力没有与物质资本齐头并进，而

---

[1]　李兴江, 陈怀叶. 参与式扶贫模式的运行机制及绩效评价[J]. 开发研究, 2008, 135(2).

变成经济增长的制约因素。

3.3 R村贫困治理的实践开展

基于"输血式"扶贫和"造血式"扶贫的长期实践，"精准扶贫"成为近年来我国贫困治理的核心模式，其在本质上延续了"造血式"扶贫模式的发展内涵，是一种综合视域下的扶贫模式。自2013年习近平总书记在湖南湘西考察过程中提出"精准扶贫"的重要思想以来，"实事求是、因地制宜、分类指导、精准扶贫"的指导方针就被列入我国贫困治理政策的顶层设计之中。在这一政策指引下，我国贫困治理规模由县域治理转为村级治理和户级治理，并同时确定贫困村14.8万个。这一机制的转变，一方面体现出我国扶贫政策在贫困治理的具体过程中不断提高瞄准精度，不断细化贫困单元，[1]另一方面则是加大贫困治理的覆盖广度，减少对贫困者的排查疏漏。

就扶助理念而言，精准扶贫是对既有扶贫实践的反思和改良，相比于"粗放式"扶贫模式，精准扶贫强调要精准识别区域间贫困环境的不同以及贫困个体的致贫原因，通过预先设立科学、有效的扶贫方式来开展对扶贫对象的精准帮扶和精准管理。就扶助形式而言，精准扶贫作为融合科层制和项目制的贫困治理形式，以国家资源再分配的分级运作模式推进贫困治理的单元下移，目的是以精细化的治理干预来实现中国农村绝对贫困的根除。[2]贫困户治理是精准扶贫的基本着力点，通过现有扶贫制度下的"建档立卡"，基层政府能够广泛且详细地掌握贫困者个人的致贫要素、人口特征和扶贫需求，从而对其进行科学合理的资源整合和分配，并时刻监督扶贫效果。可见，精准扶贫对既有贫困治理模式最大的超越在于，其在为贫困者补偿物质需求的同时充分考虑其个体发展需求的内在性和主体性，使得精准扶贫成为根除农村贫困，促其结构发展的深刻实践。在这一背景下，R村作为F县贫困村落的典型代表，成为当地政府加大力度实施精准扶贫的重点对象。自调研团队深入R村开展实地调研的两年时间里，R村已开展了内容丰富的扶贫实

---

[1] 唐丽霞, 罗江月, 李小云. 精准扶贫机制实施的政策和实践困境 [J]. 贵州社会科学, 2015 (05).

[2] 王宇, 李博, 左停. 精准扶贫的理论导向与实践逻辑——基于精细社会理论的视角 [J]. 贵州社会科学, 2016 (5).

践，主要包含生存物质帮扶和生计发展帮扶两个方面。

3.3.1 生存物质帮扶

虽然目前在讨论贫困治理这一问题时，"衣食住行"已不再是扶贫关注的首要问题，人们更注重贫困治理的发展性、长效性和持续性。但事实上，就我国当前的贫困状态而言，解决贫困的首要环节依然是优先解决贫困人口的基本生存问题，尤其是偏远贫困农村地区的道路不通、水电不便等问题。R村也是如此。由于地理位置偏远，R村每天只有一班公交车来往于镇上，村民出行极其不变。不仅如此，由于基础建设落后，R村甚至没有一条完整的柏油马路，主要以土路为主。春秋两季风大，尘土飞扬；夏季炎热多雨，泥泞难行。邻村村民因此将R村戏称为"泥沟村"。针对这一情况，2015年H镇政府为R村专门出资修缮基建，就主要通行区域进行道路建设，总计2.5公里，极大改善了村民的出行条件。

不仅如此，饮水问题也常年困扰着R村人的生活。少部分村民由于居住位置偏僻，依然常年以井水为主要水源。大部分村民生活虽然以自来水为主，但由于水管年久失修而问题频发，自来水时常浑浊不清，需要静置、沉淀之后才能引用，夏季和冬季更是经常发生水管爆裂的情况。

以前一到夏天我这日子就过得胆战心惊的，不为别的，就怕下雨，指不定什么时候这水管就爆了。当时这村里的路还不好走，都是土路，一下雨全是泥，不穿靴子都没法出门，别的村子管我们叫'泥沟村'，深一脚浅一脚的，人家修理工都不爱来修。你看院子里那几口大缸，都是以前用来装水的，没事儿就赶紧存上，生怕停水。以前这水也不太干净，多存几天还能沉淀沉淀，那缸底全是一层砂子。（LHM-R村村民-20160820）

对此，H镇政府从镇财政拨款为全村更换了自来水管道，并逐户检查、维修饮水设施，确保R村居民饮水问题的妥善解决。此外，对于R村危房的修缮H镇政府也落实了相关的扶助政策，村中低保户、五保户、贫困户和困难户可以申请危房改造补贴，由政府雇佣人力帮助贫困者完成危房改造或迁移。政府工作人员还通过入户普查为贫困村民建档立卡，深入了解其贫困根源，积极办理和落实相关扶助政策。总之，以上措施在村内基础建设和村民生存扶助两方面发挥了显著作用，保障了R村居民的基本生存权利，为后续的生计发展打下坚实基础。

3.3.2 生计发展帮扶

当人们最基本的生存需求得以满足之后，发展的愿望便随之而来。在完善基础设施建设和生存物质帮扶的基础上，R村贫困治理最为核心的问题就是如何带领村民开展生计发展以实现脱贫致富。在2015—2016年间，R村以专项要素扶贫和整村推进扶贫等方式陆续开展了一系列扶贫发展项目，如小额贷款、光伏发电、药材种植等项目。这些项目确实在一定程度上促进了R村的生计发展，但截至调研团队首次入村调查，这些项目只在实施的前期内取得了显著成效，而后则难以为继，甚至无法继续开展，这一困境不仅困惑了当地政府和村民，同时也是调研团队长久深思的问题。

1.小额贷款项目

经济资本是实现生计发展的基础性要素，是项目得以开展和扩展的必要条件。贫困者的生计发展难于开展的主要原因就是受制于自身经济资本的缺乏。为弥补这一要素，J省根据《国务院扶贫办、财政部、人民银行、银监会、保监会关于创新发展扶贫小额信贷的指导意见》（国开办发〔2014〕78号）的要求在全省各地充分落实了扶贫小额贷款政策，对于已建档立卡的贫困户可提供一定数额的扶贫产品，即"5万元以下、3年期以内、免担保免抵押、基准利率放贷、财政贴息、县建风险补偿金"。对于已经脱贫的建档立卡贫困户，在脱贫攻坚期内保持扶贫小额信贷支持政策不变，力度不减。这一政策无疑成为鼓励贫困者投身生计发展、创业发展的强心剂，得到了R村居民的广泛好评。

"家里穷，我一直想干点儿啥，总种地也不是那么回事儿，赚不了几个钱。孩子眼瞅要上大学了，要花好多钱，不能让孩子念不起书是不是。之前村里也有一些扶贫项目，但都需要自己家拿不少钱，我也没钱，也没处借，就只能看着别人赚钱，真眼红啊。后来镇里来人通知，说能小额贷款了，还免担保免抵押，三年以内五万。这好事儿啊，我看他们都说种蓝莓赚钱，我也想贷点儿钱，整几亩地，跟着赚点儿。"（SJG-贫困户-20160820）

不仅如此，中国银行还在扶贫小额贷款政策的基础之上提出扶贫再贷款政策，加大了贫困户贷款的优惠力度，减低其生计发展的融资成本。而农业银行则在精准扶贫的政策基础上推出建档立卡贫困户生产经营贷款、户用光伏小额扶贫贷款、易地搬迁小额扶贫贷款、补缴社保小额扶贫贷款等优惠项目。就参与规模而言，60多户村民成功获得了小额贷款的支持，站全部农户总数的39%。就贷款额度来看，约三分之一的农村选择了五千元到一万元不等的小额款项，而一半以上农户选择了一万到五万的大额款项。不仅如此，政府还以财政支持为后盾，为R村村民提供创业资金支持，鼓励其创业脱贫。R村72户贫困户中有近三分之一都申请了小额贷款以投资各类生产发展项目，可以说R村诸多扶贫项目都是在以上金融政策的实施下得以顺利起航的。但一段时间过后，许多项目的运行似乎进入瓶颈状态，大部分产业由于资金流动不畅而被迫停止，这背后的原因耐人寻味。

2.集体种植项目

R村四面环山，具有丰富的山林资源，适逢恰当的节气，种类繁多的山野菜和药材便成为R村居民争相采摘的山珍以供出售。春天挖婆婆丁、荠荠菜，夏天采蓝莓、桑葚、野山菌，秋天打榛子、松子等，城里人口中的珍馐便成为R村人谋生的重要手段。但短暂的丰收并不足以支撑起R村的生计，于是人工种植、大面积生产自然成为农民谋生的首要选择。2015年R村正式由J省民政厅负责包保，开始实施产业化生产项目（如表3-5所示）：县财政投资130万元，为R村开展蓝莓种植项目556亩；民政厅投资10万元，为R村中的8户贫困户发展养蜂120箱；民政厅投资2万元，为R村5户贫困户发展香瓜种植20亩；县移民办投资16万元，为R村19户发展大果榛子种植50亩；另有12户申报了种植和养殖类产业项目；此外还有部分村民自发投入了药材种植的项目。

表3-5　2015年R村生计发展项目统计

项目	规模	出资方	资金（万元）	惠及贫困户数	惠及人数	预计增收（元）
蓝莓种植	556亩	F县财政	130	25	48	1000
大果榛子	50亩	F县移民办	16	19	35	2000
香瓜种植	20亩	J省民政厅	2	5	13	10000
养蜂	120箱	J省民政厅	10	8	11	5000

一时间R村居民的脱贫热情迅速高涨，各类生计发展项目全面展开，部分短期项目在当年就实现了预期收入，极大鼓舞了R村居民的奋斗热情，甚至部分村民在不到一年的时间里就实现了脱贫。但好景不长，当如火如荼的生产热情逐渐淡退，随之而来的是后续发展的无法持续。一方面，R村居民必须面对来自市场竞争的严峻考验。在传统扶贫模式中，贫困地区的生产作物经常以高价自销到规定的包保企业或地区，虽然表面上也实现了扶贫生产的创收，但这种"强买强卖"的销售方式无异于给贫困地区绑定了依附对象，不仅让扶助者深受其害，同时贫困者也无法实现真正意义上的自立自强。对R村而言，建立起规模性生产只是脱贫的一小步，更艰难的环节在于谋划自己的产品如何在残酷的市场竞争中存活下去。以浆果为例，蓝莓作为F县广泛种植的浆果品种深受市场欢迎，企业主要以浆果为原料将其加工成蓝莓汁、蓝莓糕、蓝莓干果等食用产品进行销售。而R村居民并没有相关的销售经验，仅把蓝莓作为直接食用的水果进行出售，极大缩小了产品的销售范围。不仅如此，R村的蓝莓还时常遭受周边村落的价格打压，卖不出好价钱，这也严重打击了R村居民的生产积极性。遭受同样打击的还有种植药材的贫困户。

"之前我是看其他村的人种药材挺挣钱，我才跟着种的。T市离咱们这很近，不是有挺多药厂么，每年都会有人来收，去年价钱卖的就不错。但不知道为啥，今年就是卖的不好，可能是种的人太多了吧，把价钱压下来了。哎，明年可不种了，赔不起，还是种点儿别吧，但我也没想好再种点儿啥。"（WJC-R村村民-20160822）

另一方面，R村村民急功近利的心态也反映出了深刻的自身问题。任何生计发展都不是一蹴而就的，短期得利的喜悦过后，需要投入更多的耐心和细心，稳扎稳打地继续发展生产。而R村村民在产品竞争失利或生产热情淡退之后又回到了原本消沉、低落的状态，许多生计项目因此不了了之。更为讽刺的是，部分已经脱贫的村民很快又重新回归了贫困的状态，这一脱贫率和返贫率双高的现象引起了调研团队的深刻反思。

3.光伏发电项目

科技的进步不仅改变了普通民众的生活，也带动了扶贫事业的发展。2013年以来，为有效落实国家所倡导的精准扶贫政策，实现科技成果同扶贫项目的有效对接，合肥市率先推出了以光伏发电为核心内容的光伏扶贫。就技术内容而言，光伏扶贫主要是在贫困户的住房屋顶或农业大棚上面铺设太阳能电池板，通过分布式太阳能发电技术将每一个贫困户改造成微型的太阳能电站。这样一来，贫困者不仅可以借助太阳能电池板来发电自用，还可以将剩余的电量卖给国家电网实现创收。这一项目一经推出便不断在全国各地的贫困区域落地实行，其技能减排的优质特点和易于操作的技术使其成为各地区扶贫项目的重点工程之一，真正实现了贫困者的长期发展和巨大收益。

F县作为J省的主要贫困大县，长期以来一直是各类扶贫发展项目的重要试点区域。2016年3月，在J省民政厅的牵头带领之下，J省工商联小微企业商会在F县H镇正式开展小微企业助力精准扶贫工作，并派遣两位知名企业家分别出任R村和邻村S村的"荣誉村长"，希望借此能将扶贫资源带进山村，带领村民实现脱贫致富。对此，J省民政厅下派到R村的扶贫书记表示：

"F县是我们省的国家级贫困县，R村又是移民村，村里的基础设施建设非常落后，自然条件差，土地贫瘠，村民的生活条件十分艰苦。小微企业商会在了解了我们村的情况之后，特别支持我们的脱贫攻坚工作，尤其还把J省SH通信集团的董事长高总派给我们当荣誉村主任，村民都特别期待高总能带来不一样的项目资源。"（LK-特派扶贫书记-20160820）

J省SH通信集团是J省政府的重点招商引资企业，主要以通信管道工程施工和光缆建设项目等为专业领域。了解到R村的贫困状态后，SH企业负责人多次来到R村慰问帮扶，为贫困户捐助米面油、种子、化肥，帮助村委会建网站、送电脑、配备手机，还给部分贫困户提供就业岗位。此外，SH集团还帮助R村制定了"长中短"相结合的光伏扶贫计划，免费在20户贫困村民的住房屋顶铺设了太阳能电池板，尝试落实光伏发电项目。

可以说SH集团以企业助力扶贫的方式促进了R村贫困面貌的改变。尤其是每年80~100万的资金帮扶极大缓解了R村居民的生活困境。但这些物质层面的帮扶却无法从根本上改变R村贫困落后的面貌。特别是光伏发电项目，由于对屋顶面积具有硬性要求，同时还要具备通透的光照环境，而R村的山区地貌显然不利于光照的自然采集，甚至会对光伏组件造成致命的损害。因此在试行3个月后，光伏发电项目不得不以失败告终。这一扶贫案例的失败，也不禁让人深刻思考扶贫项目在选择与落地时应该基于更精准的考量，无论是当地的人文背景还是自然环境，都是影响扶贫成败的重要因素。

3.4 R村贫困治理的现实困境

通过调研团队的深入调查、走访，R村在精准扶贫实施以来的扶贫战略可以基本概括为两个方面，一是注重贫困者物质资本的补偿以缓解其生存困境，二是聚焦于产业技能的培训以投入生计发展。事实上，这些扶贫内容依然以传统性扶贫方式展开，并没有特别针对贫困的个体特征予以治理，也没有考虑到贫困者心态因素的影响。故在此过程中，R村村民虽然能够实现暂时性脱贫和繁荣，但短期之后却表现出显著的外援性扶助依赖、自主运营能力不足和发展需求对接失效的实践困境。

3.4.1 外援性扶助依赖

现实生活中，R村村民的生活状态基本处于社会的边缘层次。由于R村地处高海拔山区，地理位置相对偏僻，因而不具有地理交通优势。同时R村居民的受教育水平相对较低，调查数据显示其大多数居民为初中及以下学历，与发达地区同等水平的村落相比，其人口素质存在很大差距。这就使得村民在生计发展的过程中严重受到自身素质的制约，缺乏必要的知识储备和执行能力来设计、经营、管理项目的发展，同时也难以获得机会参与产业发展的决策。为实现人口劳动技能的提升，当地政府同"人力资源和社会保障局服务中心"、"农业广播电视学校"等机构联合成立农业技能培训会、创业培训推介会、科技扶贫下乡等技能扶助型项目来为R村的劳动者进行技能培训和产业升级，还邀请专家来提供专业性的咨询服务。

由于当地人口长期深受传统观念的影响和贫困惯习的制约，其很难在认知层面予以改观。虽然部分劳动者的生计能力在政府的培训过程中得到显著提升，并实现了短期脱贫，但却在贫困治理的长期过程中严重缺乏主观能动性和积极的理性行为，无法实现自主性的长效发展。

2015年和2016年，我们村根据县里的政策扶助了一大批贫困户，帮他们种蓝莓、种水果、养蜂。有些家干得真是好，全家一起上阵，搞得有声有色，不到一年就脱贫了。但有些人真是提起来就生气。前一天村里刚发了补助金，我寻思第二天挨家挨户走走，看看大伙儿都领了没有，还有什么需要的。结果一看，有几个人刚拿到钱就跑麻将桌上去了，玩的真是高兴，我当时就想把这些扶贫津贴都收回来。还有一些人是政府给补贴了树苗和种子的，让大伙儿自食其力，开个头就好了，结果不到半天树苗就被卖掉了，这样扶贫还有什么意义呢。人的觉悟和观念上不去是真不行。（WWP-村支书-20160823）

以上情况说明，政府仅在劳动技能层面予以扶助是远远不够的，贫困惯习在长期传递与固化之下其最根本的影响就是阻断贫困者接受外界的先进文化，拒绝主动改变境况，且强烈依赖政府的长期扶助。他们常常只考虑眼前的利益获取，忽略长期的生计发展。因此，贫困治理想取得根本性的转变，必须针对贫困惯习进行介入性治理，加大培训力度的同时注重心态结构的矫正，提高贫困者对贫困本质的认识、对事物的观察和理解力、以及对专业性生产工作的创新能力。

3.4.2 自主运营能力不足

经济资本是进行生计发展的首要条件，但R村普遍不足的经济收入导致其无法进行生计项目的大规模投产，以至于被匮乏的经济状态长期制约。为补充R村村民的发展资源和动力，政府同当地信贷企业实行政策合作，引导其向村民提供小额贷款。根据R村产业的发展状况和农民多层次信贷需求，信贷企业开展了以种植业为主要内容的小额信用贷款，并且以农户小额信贷贷款、农户联保贷款为着力点，推动农村信贷企业发放农户小额贷款，推出单纯农户贷款、联保贷款、农户特色产业组织、农牧业安全工程等诸多贷款产品。以上政策为R村的贫困治理提供了显著动力，各类发展项目如火如荼地展开，且收效显著。但一段时间之后，许多项目的运行却面临困境，一些由于资金流动不畅而被迫停止，一些则是由于残酷的市场竞争濒临倒闭。

事实上，R村所开展的贫困治理模式主要是以政府为核心来贯彻、执行的。虽然在项目初期阶段，政府对贫困者给予技能培训、政策支持、小额贷款等多方面扶助，但当产业项目进行到一定规模后必然要面临市场化趋势来独立运转。例如在蓝莓种植方面，为取得长效性发展，应尽快与食品加工厂建立稳定的业务往来，将蓝莓作为一种食品加工原料进行规模型出售，而非仅仅停留于贩卖水果的层面。同时在药材种植方面，村民应当具有规避市场风险和考察市场的意识，能提前了解和把握各种药材的价位波动，了解周边的种植类型和规模，进而调节自己的种植方案。但村民长期以来一直依托于政府帮扶而不具备充分的社会关系来实现项目后期的独立运作，以至于遭受市场风险，影响产业发展。

不仅如此，在R村居民的融资过程中，部分村民表示曾遭受银行的质疑，不被予以信任，同时还有部分村民对于贷款一无所知。可见，R村居民在政策实施的整个过程中，都在不同环节遭遇过社会排斥，进而影响自身生计项目的发展。因此政府在贫困治理过程中仅仅关注贫困者的个体扶助显然是不够的，而是要聚焦于社会关系的修复，发展资源链接。此外，还应该充分借助社会力量，促进贫困治理的多方参与，进而整合资源优势，形成政府帮扶、社会助力的协调局面。

3.4.3 发展需求对接失效

除固化的贫困惯习和断裂的社会关系制约了R村居民可持续发展的生计项目外，政府所选取的项目产业能否真正对接居民的真实愿景，或符合当地资源优势，也是决定这一扶贫产业项目能否成功的关键。尽管大部分R村居民获取了政府的政策支援，增长了生产技能，但也仅能维持短期内的效益增加，无法摆脱脱贫率和返贫率接替性双高的现象。可见，一方面贫困惯习和社会排斥阻碍了扶贫产业的长效运转，另一方面也说明政府的治理策略始终围绕传统型经济模式，不具备显著的竞争力，并且未能形成以特色资源为依托的项目产业。调查发现，R村地处高海拔山区，自然风光优美、生存环境良好，且具有深厚的历史底蕴，曾是几次重要战役的发生地，许多英雄故事在此地流传，尤其是杨靖宇将军的英雄事迹广为流传。调查显示，R村31.3%的居民认为该村发展的重点应放在旅游业上，19.1%的居民赞同扶植林业和特产种植业，12.2%的居民认为应该进行水电道路等基础设施建设。[1]可见在R村居民看来，眼前所见都是发展旅游产业的丰富资源，但遗憾的是政府始终未能将R村的旅游项目带动发展起来。

---

[1]　资料来源：2016年本研究团队赴R村实地调查资料.

　　这一问题的症结就在于政府未能有效判断资源状况并决策产业项目，同时贫困者也因缺乏应有的诉求途径而无法获得表达自己需求与意愿的渠道。对此应加强贫困者政治层面的权利关系链接，使其充分参与当地扶贫项目的各项实施环节，真正实现对扶贫活动的"参与"。就R村而言，政府应充分听取村民意见和建议，依据当地的自然环境和风景特色，有目的、有步骤地开发旅游产业资源：首先，加大政府的投资力度或招商引资，开发当地特色景点；其次，加强基础设施建设，修整道路，改善交通环境；最后，带领村民充分融入经济产业链，如在景区售卖农村土产品、开设商店、小吃店、农家乐、大型饭店等门店，提供吃、住、玩一体的全方位的服务。此外，还要充分开发历史资源，系统性整理当地的历史文化遗产，为红色旅游开发打下基础。总之，只有尽快完善贫困者的权利表达路径，才能使其有效参与贫困治理的具体过程中，充分发挥主体性作用，实现长效脱贫。

事创新型生产的积极性不高，排斥同他人合作，比较重视眼前利益。这显然同现代化生产关系所要求的团队合作意识、勇于创新、勤劳奋进等人才要求相违背。但贫困文化的形成与固化又何尝不是村民对生存环境的自适应。只不过人类社会历经长期发展之后，受到来自自然环境的直接制约作用越发微小，而现代社会的生产方式使得各方价值观念和文化特征向社会的主流价值观念靠拢。但R村由于长期被孤立在先进的社会生活之外，以至于其心态结构始终被贫困文化裹挟于相对落后的生活状态，而缺乏对进步和创新的向往。

4.1.2 社会排斥对资源运作的阻碍

贫困状态下，社会排斥指的是贫困者因自身不具备资本积累的优势而无法参与正常的社会交往，进而被正式及非正式的社会支持网络排斥在社会边缘的现象。社会排斥不以经济排斥为主要内容，而是广泛地出现在经济、政治、社会、文化等各种资本领域。具体来讲，经济排斥指贫困者个体、家庭以及所在地区被排斥在社会普遍认可的获取经济收益的路径和方法以外，无法参与到正常的生活、生产以及交换等经济活动中；文化排斥指由于贫困者秉持贫困文化而不具备社会普遍认可的价值观念和行为方式而无法融入社会主流的文化体系当中；社会关系排斥指贫困者的非正式和正式的社会支持网络断裂，无法参与正常社会交往活动，以致其资源交流的渠道受限；政治排斥指贫困个体或群体被排斥出政治项目的决策和参与过程，缺乏表达自身需求的权利和渠道。

可见，不论物质性的生产资源或发展性的关系资源都存在于贫困者所处的人际交往和组织关系中。贫困者因其自身在社会结构中所处的边缘位置而限制了其自身所能调动的资源和运作的权利。这种关系的断裂不仅限制了贫困者自身生计能力的发展，还导致贫困者无法进一步地链接更广泛的社会资源，其自身也将长期陷于遭受排斥的困境。R村居民的生活状态就存在着显著的社会排斥，这一排斥既存在于群体外部，也发生在群体内部。在调研走访过程中发现，当地政府和外村居民普遍对R村存在消极评价。

基层乡镇工作难就难在跟老百姓打交道难，你不知道他究竟怎么想的。明明是为他好，但他心里就是有自己的小九九。R村常年以来一直是我们县政府扶贫工作的"老大难"，不仅贫困人口众多，居民的劳作积极性更是难以调动。去年政府给R村拨专款搞危房改造，居民个人只需要出一两千元就可以得到政府上万元的资金补贴。我们镇里带人挨家挨户地检查、劝说，结果R村的几个贫困户眼看房子就要倒了，就是不同意危房改造。你可能觉得他们是太穷了，掏不起钱。其实不是，他们就是在等要靠，等房子真的倒塌之后政府就得免费为他们修房子，自己一分钱都不用出。房子倒了是小事，要是真伤到人可怎么办，但他们自己就是不在乎。（SXC-H镇副书记/扶贫干部-20160825）

大家都不愿意跟R村的人打交道，村子那么穷谁愿跟他们往来。一旦挂上边儿，还得帮衬着他们。之前有人给我外甥女介绍对象，我一听是R村的就不同意了，什么都发展不起来，这以后吃什么、喝什么。（YYH-S村村民-20160822）

正因如此，R村居民同外界交往甚少，深刻的自卑感和孤僻感让他们只能在同质的贫困者间寻求心理慰藉，而这种自我封闭无疑加剧了R村的贫困程度。就情感而言，社会排斥让R村人封闭于贫困的村落内而无法感受外界的关怀，这也就进一步强化了他们自我保护的心态意识，凡事以眼前利益和自我利益优先。就生计发展而言，社会排斥阻隔了R村同外界资源的交换，导致他们无法得到外界的有效指导而困于落后的发展模式却无法超越。可见，R村居民因缺乏有效的社会交往关系而无法实现资本的获取渠道和转换方式，以至于难以突破社会排斥而持续发展。

4.1.3 权力贫困对利益公平的掣肘

在贫困治理过程中，各类扶贫政策也可看做一种相对特殊的资源。具有一定的身份象征。与经过一定累积而自然转换为名誉与声望不同，政策资本的作用是通过对贫困者状态的考察和生存状态的认定而使其身份正当化的一种强制性手段。通过这一身份认可，贫困者便具备了获得政府相应的扶助支持和优惠待遇的机会和资格。但乡土社会中，正规性制度建立相对落后，人情式关系运作掺杂其中，这使得贫困者身份的认定以及扶贫资源的分配都存在一定程度的非公平性。

之前按照省里文件的指示我们镇总共上报了3338人，共1703户的贫困人口，但昨天下来的文件认为这个贫困人口的规模太大了，让我们缩减到70%。

今天大家回到各个乡镇的任务就是把每个人负责的村的贫困人口按照比例降下来再报一次。尤其要求各个村的干部把好关，先把他们家那些个七大姑八大姨撤下来。（WWX-H镇镇长-20170829）

以上是H镇镇长在某次扶贫工作安排会议上的工作安排，可见在基层贫困治理中，亲情、宗族、乡党仍然是决定乡土社会资源分配的重要因素。正如费孝通提出的"差序格局"概念所描绘的，"以'己'为中心，像石子一般投入水中，和别人所联系成的社会关系，不像团体中的分子一般大家立在一个平面上，而是像水的波纹一般，一圈圈推出去，愈推愈远，也愈推愈薄"[1]。因此距离中心越近，其关系性越强，越容易实现人情交往以达成目的。可见乡土社会中，人情关系往往占据更大优势，贫困者之所以没有获得应有的扶助，很大程度上是由于其"关系"相对较弱，无法参与到政策运转的核心过程。而这种"人情"兼"制度"的"混合式"关系运作严重制约了农村场域中贫困治理过程的公平性和透明性，减弱了扶贫的实际效率。

农村场域的社会关系以宗法群体为本位，R村亦不例外。在R村的社会关系中，血缘占有核心地位，其次是地缘或业缘关系。R村居民间的相互交往是经过充分选择的，显然血亲之间的交往是首选，其次是根据对方所具备的工具性意义的强弱来建立关系，这一过程带有充分的目的性，与西方情感式交往截然不同。因此结交村干部和政府工作人员成为R村居民乐此不疲的社交活动，而这一交往过程中也往往充斥了"人情回馈"、"礼物报答"等功利成分。R村居民如果想被评定为贫困户来获取政府扶持，那就一定要"攀附"村干部，通过"人情"关系的运作来实现其目的。因此，R村居民中得以获取政府扶助或是能够承包扶贫项目的人都是以村干部为核心，依据其关系的强弱而水波式分散开来。这一结果使得真正贫困的居民根本无法享受扶贫待遇，而相对富裕者却在不停占有扶贫资源，进而加大群体内部的贫富差距。可见，正规性制度的缺乏以及有效权利的缺失都加剧了R村的贫困态势，如何建立贫困者表达诉求的渠道，如何实现扶贫资源的公平分配是实现R村贫困治理的当务之急。

---

[1] 费孝通. 乡土中国［M］. 上海：上海人民出版社，2007：26.

4.2 场域视域的引入

对于R村贫困治理困境的根源分析虽然在一定程度上揭示了贫困的一般性成因，但仅将贫困这一现实问题分别诉诸于贫困文化、社会排斥、权利贫困等理论要素无异于对贫困问题的撕裂，同时也暴露出传统视域下贫困治理的研究困境，其背后必然有更为本质的困境实质。就传统研究视域而言，其研究往往囿于主客对立的二元分析框架，或者仅就贫困者个体或家庭进行研究，基于主观的唯智主义，将贫困归咎于个体需求无法得到满足以及其认知、行为能力的缺陷，如贫困陷阱理论、贫困文化理论；或者超越微观个体，基于结构主义来强调客观环境和结构的影响，将贫困归因于制度安排和机制失败的结果，如社会排斥理论、权利贫困理论。其实，"社会现实不仅存在于个体之间、也存在于个体之外，既存在于心理中、也存在于事物中。在社会学研究中必须坚持社会现实的两重性"[1]。因此，单纯囿于主客对立而展开的贫困问题研究无异于是对贫困现实完整性的撕裂。而场域，作为社会研究的基本分析单位，是以关系论为理论视角，洞察并解释行动者在特定场域中的行为方式和策略选择。[2]这种理论视域"既可以抑制结构主义过于强调社会环境和社会结构的稳定性和不变性，也可以弥补对行动者自身心态等主动性因素的忽略。"[3]因此，将贫困者置于贫困场域中进行关系式的剖析与探究，才能真正揭示贫困的本质，探索贫困治理的有效方法。

4.2.1 场域理论

长期以来，社会问题的解读中始终存在两种基本方式的对立和相争——客观主义和主观主义的二元对立。客观方式基于结构主义，将社会当作一种可以从外部观察的客观结构，试图揭示人类活动的一般结构和规律[4]。如涂尔

[1] 戴维·斯沃茨. 文化与权力——布尔迪厄的社会学 [M]. 陶东风译. 上海：上海译文出版社，2006：111.

[2] 李文祥，吴征阳. 贫困治理的场域观与社会工作增权 [J]. 江淮论坛，2018（3）.

[3] 杨威，刘宇. 中国当代家风构建的新范式探究——基于"场域—惯习"论的架构分析 [J]. 观察与思考，2017（1）.

[4] 瑞泽尔. 后现代社会理论 [M]. 谢立中译. 北京：华夏出版社，2003：40.

干在《自杀论》一书中所秉持的结构主义立场、索绪尔对语言（langue）和言语（parole）的区分研究、克劳德·列维——斯特劳斯对社会现象所隐藏的沟通系统的研究等，都严格奉行结构主义逻辑，赋予社会、群体、个体以象征性的系统或模式，从而顺理成章地解释其行为背后的深层原理。在贫困问题的研究中，社会排斥、社会断裂等理论都是以客观方式，用结构主义来拆解贫困问题，试图寻找致贫的根本要因。但客观的结构主义有其先天弱点，我们言之成理的结构性原理并非通过肉眼的真实观察得来，而是社会事实所呈现出的浅层规律，经过思维的梳理、归纳、总结和推演后主观建构出的深层原则。可以说，这些依据客观事实而建构起的理论规则一定是符合研究者的主观逻辑的，但却未必符合其真实的生成性原则。比如在贫困治理早期，人们普遍观察认为缺乏必要的经济要素是导致贫困的主要原因，因而衍生出一系列经济学视角下的典型扶贫方法，小额贷款就是其中之一。但据世界银行扶贫协商小组的统计数据显示，全世界范围内小额贷款的成功率不到10%，能够自负盈亏者甚至不到1%，可见缺乏经济要素并非贫困的根源所在。正如布迪厄所言，"由于它未能考虑这些规律生成方面的原则，所以就容易从模式滑向现实"[1]。

主观主义与客观主义相对，后者将社会视作静态的结构来观察，主观主义则将社会世界的产生诉诸于行动者的能动性，认为"社会世界就是行动者有组织、有目的、有意图、有筹划的产物，也就是'建构'的社会产物"[2]，因而主观主义也被称作建构主义。这一视角同萨特的存在主义、胡塞尔的现象学以及韦伯的理解社会学密不可分，都将人的意图和行动作为社会产生和运动的源动力，在社会世界的本体论问题上同社会物理学划清界限。在贫困问题研究中，主观主义论断主要围绕内源型发展理论，认为贫困群体遭遇贫困的主要原因在于自身权利、能力、能动性等建构性要素的缺乏，其中尤以阿玛蒂亚·森的可行能力理论为代表。森认为，贫困者表面经济贫困、资源匮乏，其实是由于自身的可行性自由被破坏，被剥夺了改变其生存状态、抵御社会风险、抓住经济机会和获取经济收益的能力。[3]可见，相对于客观主义

[1] 皮埃尔·布迪厄，华康德. 实践与反思[M]. 李猛，李康译. 北京：中央编译出版社，1998：8.

[2] 刘拥华. 布迪厄的终生问题[M]. 北京：三联书店，2009：56.

[3] 李文祥，田野. 社会工作介入贫困群体的可行能力建设研究[J]. 社会科学，2018（12）.

僵化的结构性缺陷，主观主义世界中更具有活生生的人的踪迹。虽然主观主义意识到贫困者本身才是贫困治理的关键，但亦有其局限性。从根本上讲，主观主义视客观世界为行动者意图的产物，将主观行动作为社会世界产生的根源，但却无法超越主观行动来进一步反思主观行动的产生规则或所遭受的客观条件限制，以至于无法把握主体行动的根本原理。在以往大量的反贫困实践中，尽管政府给予贫困者充足的资源配置和环境条件，但贫困者也未必能够走出自身困境，实现美好生活。[1]其主要原因就在于贫困者长期处于原生困境之下，匮乏的客观条件使其缺乏积极的主体能动性，长此以往形成了消极心态，而治理者恰好在关注贫困主体的同时忽略了客观条件对其产生的结构性影响。可见单纯以主观主义或客观主义作为考察社会事实的基本方式都是片面且割裂的。

无论主观的建构主义，还是客观的结构主义，都是将社会世界分割成主观和客观并对立起来加以看待，无法正确阐释和把握社会事实的根本原理。因为单纯地描述研究对象的客观规则，针对的只是其抽象性质，并没有反馈出客观环境对主体内部的建构性影响。而夸大主体的能动性，也只是将主体与环境分割开来，忽视了客观环境本身也是由主体行为外化而成。在布迪厄看来，个人主观意志同社会环境的客观结构之间并不存在泾渭分明的界限。相反，社会结构并非是抽象的，而是行动者发生象征性实践的关系网络空间，它始终同行动者的惯习、行动者在资本竞争中所进行的各类实践活动紧密相连，这也是布迪厄进行社会研究的基本出发点，即将社会世界看成是行动者及其社会结构复杂交错而成有机生命体。[2]"为了超越这些二元对立，布迪厄将那些构成表面截然对立的范式所依凭的'世界假设'，转变成了一种旨在重新把握设计世界双重现实本质的分析方式中的一系列环节。由此产生的社会实践理论综合了结构主义和建构主义两种途径。"[3]因此布迪厄提出了具有中观意义的"场域"概念，来解释特定群体的实践动力和行为逻辑，以证明主体行动和客体环境间存在的"双重转化"关系。[4]

[1] 李文祥, 田野. 社会工作介入贫困群体的可行能力建设研究[J]. 社会科学, 2018(12).

[2] 李文祥, 吴征阳. 贫困治理的场域观与社会工作增权[J]. 江淮论坛, 2018(3).

[3] 皮埃尔·布迪厄, 华康德. 实践与反思[M]. 李猛, 李康译. 北京: 中央编译出版社, 1998: 11.

[4] 李文祥, 吴征阳. 贫困治理的场域观与社会工作增权[J]. 江淮论坛, 2018(3).

在场域理论中，"场域"是象征性实践得以存在的关系空间，用以表征并划分社会权利结构和关系网络。"惯习"依托场域而存在，是指导实践发生并同时被环境结构所建构的性情倾向系统，用来代替行动者的主观心理和行为模式。[1]同客观主义相比，场域结构不是静止的，而是身处行动者之外的生命意志和思想，并时刻限制和影响行动者自身；同主观主义相比，惯习是超越个体行为和意志而存在的，是相似客观条件之下的群体所共有的、凝结的、具有象征意义的行为倾向系统，同场域一同进行着主观的自我构建和客观的被动生成。"场域"同"惯习"所表达的即是人同社会交错而成的双重结构，一方面各自向对方施展各种影响，另一方面又深受对方的制约，使两者之间发生共时的双向互动与制约，而此间的双向建构关系则是通过行动者持续不断地竞争和占有场域资本得以实现的。[2]由此，"场域"视域实现了行动者与环境的主客二元性向主体间性的转变，达成了微观行为与宏观结构在中观层面的统合。

在传统性贫困研究中，贫困治理的困境分别表现为贫困文化对贫困者生存心态的挟持、社会排斥对贫困者资源运作的阻碍、权利贫困对贫困者公平利益的掣肘。这是从三种不同维度对贫困问题所做出的分别阐释，如文化、资本、权利等，也就是在对贫困问题进行分裂式剖析的同时又想要对各种致贫要素进行综合性的统摄。而场域视域，作为一种关系性研究框架，其本身就是对于经济、文化、资本、权利等多元要素的归纳和统一。而贫困场域和贫困惯习作为场域视域中探究贫困问题的核心概念，其相互作用方式则是贯穿整个场域资本作用和实践生成的核心动力。

4.2.2 贫困场域

"场域"，作为布迪厄理论系统的基础概念之一，是存在于主观世界和客观世界之间的，连接此岸和彼岸的重要抽象空间。场域指的是在某一社会空间中，由特定的行动者之间的相互关系网络所表现的各种社会力量和因素的综合体，如围绕权力关系而展开的政治场域，或围绕利益关系而展开的经

---

[1] 李文祥，吴征阳. 贫困治理的场域观与社会工作增权［J］. 江淮论坛，2018（3）.

[2] 李文祥，吴征阳. 贫困治理的场域观与社会工作增权［J］. 江淮论坛，2018（3）.

济场域。而R村作为集合了贫困者、扶贫者、各类原生资本以及扶贫资源的综合空间就可视为一个完整的贫困场域单位。对具体开展的实际活动而言，贫困场域并非实体化的、人类活动的地理空间，而是各种客观位置的关系网络，包容着各种力及其相互作用关系，既是实际活动开展之初其起始力间的相互关系，也是实际活动完成之末其结果力间的相互关系。因此，多面向的社会关系网络是场域的基本要素，它既呈现出一般性场域的结构和规律，又表现出与众不同的独立特征，即"不是固定不变的架构或形式，而是历史的和现实的、实际的和可能的、有形的和无形的、固定下来的和正在发生的，以及物质性的和精神性的各种要素的结合"[1]。在布迪厄看来，场域始终都是集体或个体的行动者运用其手中所掌握的资本进行相互比较、交换和竞争的斗争场所，通过这些行动来改变或者维持其本身所具有的资本总量，同时进行资本的再分配。因此学校系统、国家、教会及政党等都不是机器，而是各种场域，其中充满权力的斗争和制衡，资本的分配和竞争。同样在R村的贫困场域中，村民一方面要在自然竞争中占有更多的原生资源，一方面还要在贫困治理中获取更多权益，而这一斗争的结果就导致了部分群体的贫困，"场域"视域恰好为贫困本质的关系性解读提供了理论基础。

　　立足"场域"视域，贫困是一个具体场域中发生的现象，贫困场域内聚集了致贫的各种主观和客观条件，如贫困者社会交往的单一性、自身资本占有的匮乏性、贫困区域地理位置的封闭性、欠发达性等，正是这些消极因素的存在，既塑造了贫困者的贫困实践行为，也限制了贫困者的进一步发展。不仅如此，贫困场域中除包含着场域中的一般性竞争外，还由于自身场域的独特性而具有专门的利益偏好和资源分配规则。这一特性，只有身处贫困场域中贫困者、参与贫困治理的多元主体才能发觉、识别、竞争并应用。相比于一般性场域斗争所具有的掩饰性，贫困场域的矛盾冲突是赤裸且直白的，主要包括两个方面，即贫困场域之内贫困者同其他群体间的资本斗争以及贫困场域之外的贫困治理者介入其中，并改变原有场域结构的治理斗争。虽然贫困者在场域中具有先天的匮乏性和脆弱性，不利于自身的资本争夺和占有，但政府、企业、社会团体等力量的介入打破了贫困场域的原始壁垒，干

---

[1]　高宣扬. 布迪厄的社会理论［M］. 上海: 同济大学出版社，2004: 138.

预、改变了场域原本的运行规则，使得贫困群体通过政策偏好获得更多的资本和权利，进而矫正贫困场域失衡的利益格局。故贫困治理的介入加强了贫困场域的独特性和复杂性，也使贫困问题由场域中的理论解析走向了实践中的困境破解。

抽象的场域为社会活动的发生提供空间，通过介入场域来改变真实的社会实践，这一动力主要依靠改变场域的结构以及运行规则。场域结构是场域的动态性结构特征之一，区别于传统理论中的静态的社会结构，它既不以行为主体作为划分结构的标准，也不以经济、文化等客观因素作为划分阶层的依据。划分场域结构的原则就是实践活动本身，布迪厄称之为场域的区分化原则。"场域"之所以不同于传统社会结构、社会阶层的概念，是因为"场域不等于某个固定的社会结构，也不等同于社会地位所构成的框架，场域的灵魂是贯穿于社会关系中的力量对比及其实际的紧张状态"[1]，由此衍生出场域内资本竞争的态势以及相互关联的复杂关系。具体而言，社会结构与行动者间的相互关系正表现为场域结构同行动者间的相互制约关系，场域结构的存在和生成离不开行动者的具体实践过程，同时场域结构又为行动者的具体实践提供客观的社会制约性条件。就场域中的贫困者而言，社会制约性条件既是贫困者场域斗争失败的结果，也是制约贫困者生存发展的客观条件，如贫困者通常身处市场竞争的底层位置、缺乏优质的文化教育体系、远离人际交往的中心以及缺乏表达自身利益诉求的权利和渠道等。

此外，贫困场域的结构并非一成不变，而是在漫长的历史进程中随着贫困和反贫困实践而不断丰富、演进的。早期的贫困扶助主要来自血缘关系和地缘关系间的互帮互助，如伊丽莎白济贫法中就曾规定，家族成员之间有相互救助的责任。那时的贫困场域结构主要由贫困者及其亲属、邻里、朋友以及慈善组织间的相互关系构成。随着现代国家制度的建立，政府、企业、社会组织等的责任意识不断加强，贫困已成为全球性战略议题，贫困治理成为政府、企业、社会组织等多方参与并合作的发展项目，而贫困场域的结构也由此演变成以贫困者为核心，多元主体共同参与的多面向的合作、竞争与制衡关系。同时，以贫困场域结构为基础的社会制约性条件也在贫困者、扶助

---

[1] 高宣扬. 布迪厄的社会理论 [M]. 上海: 同济大学出版社, 2004: 140.

者、政府、企业、社会组织等多元主体的交互关系中逐步改变和生成，成为长期制约贫困者获取生产资源、实现自我发展的客观性制约条件。

4.2.3 贫困惯习

布迪厄认为，行动是由关于在社会世界中如何运作的"实践感"控制的，社会结构的运行机制同群体内在的感知层面存在复杂而密切的联系。这种联系既是一种互动，通过人的行为实践将其主观的内在建构同环境的客观改变共时对应起来；同时也是一种制约，无论何以改变，主观和客观都无法彼此割裂而任意发展，以至于二者必然达成一种同步协调的关系性和统一性。对此，涂尔干认为客观的社会结构、自然条件等物质因素同个人乃至群体的心理层面存在互动关系，并将这种贯穿于人类群体内心的精神动力称作"集体意识"[1]。韦伯则认为某群体共有的生存样态和行为逻辑是阶级道德观念内化的结果，并以集体性价值观念的形式表现出来。"结构主义马克思主义"的奠基人路易·阿图塞则把这种让人们自然而然地接受，内化并指导自身实践行动的"价值群"称作"自发的意识形态"。对此，哈耶克的理解同布迪厄的思想内涵最为接近，哈耶克将心智思想所拥有的知识定义为一种"无知"意义上的"默会知识"，即为一种无意识的实践性，行动者不需要刻意地学习和掌握就可以在实践中遵从的一种感觉秩序。[2]布迪厄称这种"实践感"为"惯习"，它首先指代的是一种组织化行为的模式，具有前结构的特征，其次它也指一种某人之所以为某人的存在样态，包括他的习惯、嗜好、行为倾向。[3]惯习是场域中的核心要素，而特定的场域则是各种惯习得以交互影响的抽象空间。

"惯习（Habitus）"被运用于人文科学最早可溯至中世纪西方哲学对古希腊亚里士多德哲学的研究探讨。Habitus原意指生存的方式，表示在当时当地规定着某人某物之所以为某人某物的那种"存在的样态"。后衍生出气质、禀性等含义，用来表示在外在行为和教育以及个人努力的影响下而固定下来的生存方式、行为逻辑等。布迪厄起初用"道德气质"来表达这一概

[1] 埃米尔·涂尔干. 社会分工论 [M]. 渠东译. 北京: 三联书店, 2005: 248.

[2] 邓正来. 邓正来自选集 [M]. 广西师范大学出版社, 2000: 254.

[3] 李文祥, 吴征阳. 贫困治理的场域观与社会工作增权 [J]. 江淮论坛, 2018(3).

念，但惯习的含义不仅仅包括在历史实践中积累下来的处事原则和习惯，其核心意义在于表达在特定的客观环境中，这种实践感对行为所产生的由内而外的指导作用，可见"惯习"包含着价值标准的内化和实践行为的外化两个层面。具体而言，惯习既具有历时的稳定性和传递性，又共时地伴随场域结构的变化而变化；既体现出行动者个体的特征和禀性，又渗透出他所在群体的共有性质和习惯；既将所在场域的社会制约性条件内化为自身的情感系统和行为倾向，又将这种价值选择和逻辑判断通过具体的行为实践外化，并再影响和改造场域的结构。故布迪厄进一步将惯习定义为"一种可持续的、可转换的倾向系统，倾向于使被结构的结构发挥具有结构能力的结构的功能，也就是说，发挥产生与组织实践与表述的原理的作用，这些实践与表述在客观上能够与其结果相适应，但同时又不以有意识的目标谋划为前提，也不以掌握达到这些目标所必须的操作手段为前提。"[1]

惯习是人类在历史实践经验中积累下来的并内化于心的行为导向系统，具有历时且连续、共时又同步的双重性质，在其稳定且变化的运行过程中同时进行着"建构的结构"和"结构的建构"，布迪厄称之为"持续的和可转换的秉性系统"。可以说惯习是"被结构化的结构，亦是起着结构化功能的结构的前性情"[2]，其主要含义在于：

首先"建构的结构"指惯习所具有的建构性功能的结构。从某种程度讲，惯习其实就是行动者外在的社会结构借由场域的社会制约性条件而在行动者内心层面的深层结构化。这种结构化与客观世界的价值内涵相联，这种价值内涵既是个人或集体所共通的心理活动，又是其行为实践的观念动力；既在人们的经验积累中口耳相传，又在具体的历史实践中反复证明。作为群体性的心态结构，惯习是群体性经验积累同个体自由意志的交集，即具有代表其群体象征性意义的一般性逻辑特征，同时又具有了符合其个体特征的各种可能性的自由。因此惯习既是社会团体间区分化的原则，也是个体间区分化的原则。日常生活中的心态、禀性和行为逻辑都有其背后的惯习作为支撑，以此在无形中强化个人或群体所具有的心态结构，进而发挥其建构性的

---

[1]   Bourdieu Pierre. The Logic of Practice [M]. Stanford: Stanford University Press, 1990: 53.

[2]   高宣扬. 布迪厄的社会理论 [M]. 上海: 同济大学出版社, 2004: 124.

功能作用。

　　其次 "结构的建构" 是指具有内在结构的惯习可以发挥建构客观环境的功能。因此惯习是一种中介，一方面作为 "个人、社会阶级和集团同他们的前人、同时代人以及未来对话者相互沟通的中介"[1]，在凝缩历史的同时又反馈历史的客观性影响，进而指导实践去改变甚至创造新的历史；另一方面作为沟通行动者和外在客观环境的中介，基于历史性的客观条件而外化出新的场域结构。但惯习作为一种隐蔽的行为导向无法直接发挥中介功能，而是借由指导行为者的具体实践展开，因而惯习是通过我们的行动而外在化的社会结构的 "前结构"，它包含着普遍行为的基本内容，决定着行动的方向及其开展的可能。不仅如此，惯习虽然倾向于积累并传递历史中的经验积累，但惯习又是创造性的，体现出生命活动的想象力，但受制于结构而以压缩经验的方式渗透于实际行动中，又在历史进程中适当地加以革新和改造。

　　行动者是肉体生命和精神生命的集合体，在这相互渗透的两种生命活动中，精神生命作为行动者生存能力和生存意向的体现，决定着行动者的生命质量，而这一精神生命所体现出的指导意义，正是惯习作用于行动之前的反思和考量。个人或群体的惯习中所包含的历史成分越多、越丰富，其在实践中进行自我诠释的资源和能力就越丰富、越强。相反，对弱势群体而言，他们时刻遭受着生存场域中各种不合理、不公平的社会条件的挤压，迫使他们不断内化着自己的生存条件，使其生活经验相对匮乏和陈旧，所累积的惯习也必然缺乏质量和有效性，制约其对资源的掌控和使用。尤其在贫困场域中，贫困惯习是指导贫困者行为实践的导向和原则，其形成源于贫困场域的结构内化和贫困文化的代际传承。在行为方式上，贫困惯习使得行动者表现出强烈的拒助感、持旧感和孤僻感，即渴望改变却又拒绝外力扶持的内在矛盾心理；在价值选择上，贫困惯习具有显著的物质妥协倾向，即当外力强行介入剥夺场域资源时，贫困者往往选择出让资源以维持现有的稳定和平衡；在策略选择上，贫困者具有短视且自利的策略倾向，即面对资金或物质型援助时，贫困者常常在最短时间内将经济援助 "享受" 殆尽，而非投入长远且理性的生计生产。可见贫困惯习的存在和传承并非促进群体和社会的积极发

---

[1]　高宣扬. 布迪厄的社会理论 [M]. 上海: 同济大学出版社, 2004: 121.

展，而是维持贫困状态的存在，将贫困者排斥在先进文化的改造之外。[1]

究其根源，在行动者的成长历程中，原初的生存经验是极其重要的，可以积累成其惯习的根基，进而使原生社会环境、群体特征的影响，如同烙印般印刻在个体行为之中。当贫困者身处贫困场域中时，一切想要阻止或干预其贫困状态的扶助手段或政策措施，对其惯习而言都是一种违背和挑战。由于惯习能够本能地保护其自身的同一性，并且具有对抗环境变化而施加于自身的压力的某种能力，故惯习面临这些影响背后的各种试图改变、筛选和过滤原有惯习的努力，都会顽强而持久地抗衡。就此看来，贫困惯习几乎成了贫困治理何以可能的关键因素，一道集历史性和现实性要素于一身而无法逾越的障碍。但反观惯习，其不仅具有延续历史经验的相对持久性，还具有随客观环境而变化，不断超越的创新性。惯习作为个人所独有的，内化于心的精神生命，其行为逻辑、组织才能、风格等都是个体独有的且垄断的资本。这种精神生命所固有的超越性，使人的生存不断突破原有的能力状态成为新的可能的能力，又使人的生存意义始终朝着新的可能的超越层次发展。从这种意义上讲，消极的贫困惯习虽然制约了贫困者的生计发展，但帮助贫困者构建起积极的场域惯习却是其自身发展并克服障碍的强大资本力量。

4.2.4 场域与惯习的关系性分析

以往对于社会问题的研究普遍受到本体论和各种逻辑中心主义的思考原则的影响，倾向于在基本概念之间寻求"逻辑同一性"，以便进行笛卡尔式的主观和客观、中心与边缘，同一和差异的二元对立区分。在这一原则下，研究对象要么以结构为主，要么以能动者为主，要么以个体为主，要么以群体为主，意在强调各种要素在本体论上的先在性。但布迪厄认为，一切的对立本不存在，这只是缘于人类视角的偏差或主观构建，主张"还原到事物自身"，并贯之以"相关性原则"。

基于关系视角，社会世界主要分为初级的客观和次级的客观两个层面[2]，前者由各种资本的分配及其运用手段构成，后者主要指行为者的身心

[1] 李文祥, 吴征阳. 贫困治理的场域观与社会工作增权[J]. 江淮论坛, 2018(3).

[2] 皮埃尔·布迪厄, 华康德. 实践与反思——反思社会学导引[M]. 李猛, 李康译. 北京: 中央编译出版社, 1998: 6.

图示——惯习。就宏观层面，社会世界的相关性存在于社会结构和心态结构之间；就微观层面而言，场域的相关性存在于场域结构和个人或群体的惯习之间。基于关系视角，场域结构中的社会制约性条件和行动者的惯习之间可以借由实践行为而相互渗透并转化，从而消解主客对立的矛盾。同时，由于场域结构和惯习在生成之初就紧密相连，所以他们还具有结构上的对应关系（如图4-1所示）。场域结构在进行自我构建和更新的同时不断影响并内化于行为者的惯习，与此并行的是，惯习在代际传递和自我创新的同时又外化于客观的场域条件。可见社会制约性条件和惯习都是在二者的相互建构与结构的关系中建立起来的。

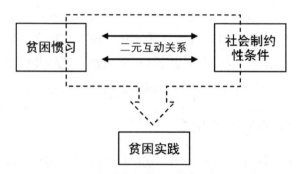

图4-1 贫困惯习与场域结构间的关系性分析框架

不仅如此，关于相关性的讨论并非布迪厄一家之言，皮亚杰、雅各布森等学者均在其著作中体现出这一"关系性"的重要意义。马克思就曾言："人的本质并不是单个人所固有的抽象物。在其现实性上，它是一切社会关系的总和。"[1]可见"近代科学的标志就是关系的思维方式"[2]，对于一个问题充分而完整的研究，就必须在对其客观的常规性加以探究的同时，又将这种内化于行的关系过程融入其中。因此把贫困者及其实践的治理研究同当代社会结构间的动态运作关系相结合，尤其同社会结构中基本权利网络的动力生成、资本的再分配及其发展运作逻辑结合在一起尤为重要。

贫困场域与贫困惯习是相互依赖且相互构建的耦合性概念。贫困惯习在实践和传递中获得，又持续不断地作用于贫困实践；贫困惯习不断被贫困

[1] 马克思, 恩格斯. 马克思恩格斯选集: 第一卷[M]. 北京: 人民出版社, 1972: 18.

[2] 皮埃尔·布迪厄, 华康德. 实践与反思[M]. 李猛, 李康译. 北京: 中央编译出版社, 1998: 133.

场域的客观关系所形塑，又同时不断参与场域结构的生成。所以在贫困场域中，"场域与惯习之间不是简单的'决定'与'被决定'的关系，而是一种通过'实践'为中介的'生成'或'建构'的动态关系"[1]。要想理解这种双重互动的关系，就必然要基于"相关性"思维，这也是布迪厄构建其理论的基础工具，从而打破极端主观主义或客观主义的狭隘理论框架，避免片面地研究贫困者的实践本身或不利于其发展的客观环境，即主客二元对立的传统思维范式。而"场域"，作为由关系性思维所建立的抽象的研究空间，其存在的基本逻辑就是实践者的惯习同场域结构之间存在双重的二元互动关系，其实践结果既是主观和客观各自历史性的积累与生成，同时也是主观和客观相互嵌入并影响的共时性运作结果。因此，以场域为视域也就必然肯定了主客体间互动关系的核心价值，进而将研究焦点由主客体之上转移至主客体之间，针对实践者的惯习同场域结构间的相互构建规则展开探索，最终现实问题研究的焦点由主客二元性向主体间性的转变。[2]

4.2.5 关系性行动中贫困的生成

场域中存在以社会制约性条件和惯习为核心的双重结构，相互建构并制约。这一交互式的网络互动关系并非由场域结构直接限定惯习，或由惯习直接塑造场域条件来达成，而是借助行动者的实践行动来发生。人类的实践活动本身就是一种中介化的活动，这种中介性使作为行动主体的人和客观对象之间发生联系，使已经消亡的历史活动同尚未演绎的未来活动相联系，使触手可及的物质资本同隐形的权利、地位和等级相联系，并在联系的基础之上完成客观条件向内心图示的转化，物质资本向符号资本的转化。贫困者的实践行动正是基于贫困者和贫困场域的结构各自完成自身结构的建构活动之后，又同时地实现相互结构的被建构，进而完成并巩固贫困场域的关系构型，形成社会的整体区分结构。

1.贫困者行动的内涵：实践意义

贫困场域中，行动者匮乏的生存状态主要源于贫困者普遍性的贫困行

[1]   毕天云.布迪厄的"场域–惯习"论[J].学术探索，2004（1）.

[2]   李文祥，吴征阳.贫困治理的场域观与社会工作增权[J].江淮论坛，2018（3）.

动，贫困行动既是贫困困境的成因，也是贫困惯习的作用结果，具有深刻的实践内涵。在亚里士多德看来，实践自有其目的贯穿其中；在马克思看来，实践是策略性行动的结果，其全部内涵包含于策略目的中，不存在其他可能性；在吉登斯看来，"在任何时间点上，行动者都可以以另一种方式行动，或积极地试图于弥补世界所发生，或消极地自制。"[1]这一分歧的根源就在于探讨实践概念时，究竟应立足于其具体行动中所包含的有限的结构和意义，还是应立足于其抽象意义中所蕴含的超越时间和空间的可能性。在布迪厄看来，象征性实践才是人类一般性实践的基本形式。象征的本质特征就在于它不仅指示某物，而是由于它代替某物而表现了某物，不以主客为区分，只是对一般性活动和普遍性行为的抽象集合。因而象征性的贫困实践也不仅仅指贫困者个体或群体的那种缺乏策略及发展意义的生存行为，而是通过替代并象征贫困者普遍的实践内容和心态规律来表现贫困群体的共同特征。不仅如此，布迪厄还在象征性实践中注入了"关系性"内涵，特别强调其中"策略性"实践行动的决定性意义，即由双向互动的关系系统的运作而导致的资本竞争、权利分配、社会区分等一系列复杂的社会后果。

在这一过程中，作为中介的象征性实践也为主观行动和客观条件的相互转化和渗透提供了条件，影响并建构着行动者的惯习。正如特纳（V.Turner）所说，"象征在社会发展过程中扮演了社会转换机制的功能。"[2]为使社会世界的客观结构同行动者的心态结构之间保持协调稳定的状态，象征性实践使行动者倾向于选择具有与双重结构相呼应的象征性行为，以便巩固并且更新具有同构型的社会世界。换言之，"实践活动趋向于再生产其生成原则之产生条件的内在规则性，同时又使自己符合由构成习性的认知和促进结构定义的情境所包含的作为客观可能性的要求。"[3]这也恰好解释了贫困场域中的贫困实践为何长期禁锢于贫困的社会制约性条件之下，始终无法由贫困者的主观行动来自发超越。例如在R村的贫困治理实践中，尽管政府通过扶贫政策为贫困者构建新型经济组织以助其自主发展，但由于贫困者在长期实践中始终保持了具有贫困特征的行动习惯，难以发生根本性转变。不仅如此，贫困

[1]　高宣扬. 布迪厄的社会理论[M]. 上海：同济大学出版社，2004：56.

[2]　高宣扬. 布迪厄的社会理论[M]. 上海：同济大学出版社，2004：95.

[3]　皮埃尔·布迪厄. 实践感[M]. 蒋梓骅译. 南京：译林出版社，2012：85.

实践的开展结果只能构建出与其原生情境同构的场域世界，这一循环性结构成为贫困治理难以逾越的困境。由此看来，由象征性实践连接而成的关系世界也具了有一定的象征性意义。作为象征性实践的抽象空间，行动者因特定的关系而占据特定的场域位置，凭借各自的惯习特征不断创造和建构其自身的独特特征及其生活的性质。通过象征性实践的运作，场域中客观的社会制约性条件和行动者的惯习纠结在一起，其特征相互转化并制约，其结构不可分割又相对独立，成为社会世界所包含的二重世界得以持续运行的动力根源。

2.贫困者行动的媒介：场域资本

实践既为链接场域与惯习的中介，那么实践又是如何进行并操作的呢？这就必须谈及场域内的另一要素——资本。资本是行动者在场域中的实践对象，也是场域中进行权力斗争的基本手段。场域因资本的分布状态不同而具有相应的结构，行动者身处场域之中，因所处地位不同而占有不同的资本类型和总量，为了巩固或者改变自身处境，行动者就要依据本身惯习的历史性与创新性展开策略竞争。在这其中，惯习是个体与群体之间、主观世界与客观环境之间、内在心态与外在条件之间发生关系性转变的中介环节，而资本则是转换过程中的具体媒介。布迪厄反对将资本的意义禁锢在物质性生产关系中，而是广纳了各种社会性因素，如文化、社会和象征。因为社会场域及其关系的形塑过程十分复杂，权力作为幕后之手操纵着二重世界的交互影响，这种权力既不单纯指代市场经济条件下的"看不见的手"，也不单纯指代政治领域中的行政权力，而是作为一般性的社会关系和社会力量表现出来，既可以是经济性的、政治性的，也可以是社会性的、文化性的。可见，生产性关系及其资本只是场域资本的必要组成成分，若要整体把握场域关系的形塑机制，就必须认同并考虑资本存在的各类不同形式。布迪厄进一步将社会空间中的资本划分为四类：经济资本、社会资本、文化资本和象征性资本。

其一，经济资本指具有积极意义的生产要素（如土地、工厂、劳动等）、经济财产、收入和经济利益，同马克思所论及的资本涵义相似，是基础性的物质生产资源。很长一段时间内，基于经济资本视角而提出的贫困理论占据着主流话语权，认为贫困的根源在于经济资本的缺乏。虽然这一论断存在一定片面性，但不可否认，经济资本确实关系着贫困者的生计发展，直接制约着贫困者的生存质量，使这一话题带有显著的物质特性。

其二，文化资本在具体实践中主要采取三种不同形式[1]：首先，被归并化的形式指文化资本被行动者内化于心的禀性和才能，是惯习的重要组成部分；其次，客观化形式指文化资本通过具体方式，如古董、名画等形式客观地存在下来；最后，制度化形式指经由正规制度而确立下来的学衔、学位、文凭等。通过教育系统，文化资本会对个人和群体产生深刻的影响，甚至集体性地改变其惯习，塑造新的共同潜意识。不同群体会采取不同的教育态度，这是群体本身在无意识地进行自我同其他的区分化。因此，消极的教育态度既是贫困惯习的必然产物，也是导致贫困者远离先进文化的重要原因。但同时，接受更为广泛的先进教育也为其自我超越和发展提供了可能。

其三，社会资本指"某个个人或是群体，凭借拥有一个比较稳定、又在一定程度上制度化的相互交往、彼此熟识的关系网，从而积累起来的资源的总和，不管这种资源是实际存在的还是虚有其表的。"[2]这是一种有价值的社会关系，人们可以借助社会网络来把握并转化社会资源和财富。对于行动者而言，他"所掌握的社会资本的容量，决定于他实际上能动员起来的那个社会联络网的幅度，也决定于他所联系的那个社会网络中的每个成员所持有的各种资本的总容量"[3]。而贫困者身处场域之中，其本身具有的同质性和社会排斥性分别制约了资本总量的积累和传递，也是纯经济型援助无法发挥效用的重要原因，因此增加贫困者社会资本的积累渠道是贫困治理的重要一环。

其四，象征性资本指声誉或威信资本的获得和积累。在莫斯的"声誉货币"的分析启发下，布迪厄将行动者的出身、职业、文化水平和社会关系都归结为"资本"的范畴，分门别类地标记为经济资本、文化资本和社会资本。当这三种基本元素被社会规则所承认的时候，也就出现了象征性资本。象征性资本是具体资本形式的概念化，是资本在运作过程中实现象征性权利的基本形式。反过来讲，资本只有在转换成象征性资本后才能够被"正当化"。这一象征性过程得以实现，主要缘于社会制约性条件内化为行动者的

[1]　高宣扬. 布迪厄的社会理论 [M]. 上海: 同济大学出版社, 2004: 149.

[2]　皮埃尔·布迪厄, 华康德. 实践与反思 [M]. 李猛, 李康译. 北京: 中央编译出版社, 1998: 162.

[3]　高宣扬. 布迪厄的社会理论 [M]. 上海: 同济大学出版社, 2004: 162.

惯习，因而承载社会制约性条件的资本，在象征性实践中的具体转化逻辑和方式都是被惯习这一潜意识所认可的。

在不同场域中，象征性资本具有不同的形态。政治场域中的象征性资本集中以权力和地位的方式表现，教育场域中的象征性资本主要以学衔和名誉的方式表现。而在贫困场域中，对于贫困者的扶助政策成为其场域所独有的、且较为特殊的象征性资本。经济资本、文化资本和社会资本的分布及占有是构成场域结构的基本要素，贫困者因其在场域中的弱势地位而缺乏资本竞争的先天优势，以至难以开展发展性的策略竞争。在此过程中，贫困的实践具有三个显著特征，即经济资本缺乏所导致的基础性物质资源的缺乏、社会资本缺失所带来的社会关系网络的断裂以及由消极的文化资本和象征性资本所固化的贫困惯习，这三者具备其一便可导致贫困的发生。而社会救助和扶贫等相关政策的执行在本质上增加了贫困者获得资本、使用资本的渠道，如经济资本的援助、基本生活要素的扶助、教育机会的获得以及社会网络的修复。虽然贫困者在场域的初次竞争中以失败告终，但通过政策资本，贫困者身份的"正当性"被制度所承认，进而获得政府主导之下的二次分配的可能。借助这些扶助资本，贫困者有可能进行新一阶段的生计发展，通过资本的积累和转化，最终改变其在场域中的劣势位置。这一系列过程得以进行，都是以贫困者所获得的资本在政策资本中的"正当化"为前提而开展的，因而政策资本是贫困者所能掌握的象征性资本的主要方式。

3.贫困者行动的结果：权利分配

资本的占有是衡量行动者在场域中所处位置的唯一标准，因为资本的分布正反映了客观社会环境的阶层分化以及权力分布，改变这种资本形式的分布和相对分量，也就相当于改变此场域的结构。基于四类资本要素的存在，行动者在场域中的实践本质就是在惯习指引下的对于场域内资本的争夺与占有 [1]，其竞争的本质是社会生产性关系，其逻辑是资本的逻辑。对行动者而言，单纯地根据自身的资本占有量来判断其社会位置是不全面的，关键在于把自身所处的社会地位以及造成这一社会地位的资本状况，同其他行动者的地位及资本状况相比较，以便获得隐藏在竞争背后的生成性互动关系和权力

---

[1]　李文祥，吴征阳.贫困治理的场域观与社会工作增权［J］.江淮论坛，2018（3）.

真相，而这一权力关系，正是推动整个场域的逻辑运行和优胜劣汰的本质动力。

所谓权力，就是通过使某种资本向象征性资本的转换而获得的那种剩余价值的总和。这种权力并非指依附于一定政治地位而具有的行政权力，而是泛指那些可以被社会规则所承认的，寄居在象征性资本中的隐性的资格和能力，它通过使行动者身份和角色的正当化来获取更多积累和转换资本的渠道和方法。某些经济学家称其为"不被承认的资本"或"否认的资本"，但不如说它是通过"不被承认"而"被承认"的，通过一种隐蔽的形态而达到比显性形态更加有效的正当化目的。[1]对经济资本而言，农民通过自身劳动来生产粮食只是在实现自己的劳动权利，并非具有象征性意义的权利。但如果这些粮食在市场中以应有的价值被交换，这就实现了经济资本"正当化"后的交换权力；对文化资本而言，公民进入学校接受教育只是实现了公民的受教育权，但如果贫困者的子女可以进入高等私立学校，同富余家庭的子女一同分享先进的教学技术和教育成果，这就实现了文化资本"正当化"后所隐含的文化权利；对社会资本而言，公民进入政府机构办理日常事务只是实现了公民享有公共服务的权利，但贫困者若能经过贫困识别来获得"低保户"的身份认证，进而享受来自扶贫政策和社会救助制度的服务，这也就实现了其社会资本"正当化"后的社会支持。可见，资本在"正当化"过程中，不仅实现了权力的分配，同时也实现了个人同个人，群体同群体间的区分。而惯习作为区分的基本原则，不仅表现在行动者对自己所处的社会地位的正确评估，还通过对比其自身所占有的资本状况同其他行动者的资本状况的差异，来确定其个人同他人的正确关系。

场域世界中，资本的总量和构成比例最终成为衡量个人和群体斗争力量的依据，一切权力的竞争和获取都是在特定类型的资本的"正当化"过程中确定下来的。因为只有经过合法的制度或者人们普遍认可的价值规范的肯定，这一权力的获得和使用才是正当化的、被承认的，而非任意妄为的。因此，要想改变身处场域的位置，除尽可能增加本身的资本积累外，还可以加速资本"正当化"的转变过程，增加转变路径。在政治场域中，政权合理性

---

[1]　高宣扬. 布迪厄的社会理论［M］. 上海：同济大学出版社，2004：151.

的确立就是通过不断制定新的法律和制度来实现其权利的"正当化"的，因而制度转化是资本"正当化"的重要方式之一。通过各种手段，将场域中的经济资本、社会资本和文化资本转化成"正当化"的、被社会价值体系所承认的符号和象征性资本，如权利、地位、名誉等等，通过这一过程，表面上实现的是个体或群体价值，但其背后隐藏的却是权利的分配。显然，在社会中拥有更高地位、声名更加显赫的人会占据更多的关系网络，从而占有更多获取资本的途径。

在贫困场域中，由于贫困者本身就不具有资本竞争的优势，因此往往被迫居于贫困场域的边缘，远离资本的运作和权利的分享，这也就使得贫困者在其贫困实践的起点和过程中均存在困境。就前者而言，边缘的场域位置源于薄弱的资本积累，也就说明贫困者不具有禀赋资本来进行生产或交换，而这显然不利于前期的资本积累。就后者而言，资本的占有量不仅取决于禀赋资本的占有，更依靠后期过程中的交换和转化。如果贫困者具有较多的经济资源，那么就可以通过市场交换来获得社会资本和文化资本。如果贫困者具有较多的文化资本，那么就可以通过生产技能的提高来发展生计，从而获取经济资本和社会资本。如果贫困者具有较多的社会资本，那么就可以通过人际交往来实现资源链接，从而募集更多的经济资本和文化资本。但由于贫困者在场域中始终遭遇经济资本的制约、社会资本的排斥以及文化资本的挟持，因此无法在积累基础性资本的同时实现其"正当化"。这也就指明了贫困场域治理的重点内容，即通过有效方式来增加贫困者在场域中的资本所得，使其拥有经济资本以开展生计发展、拥有文化资本以提高劳动技能、拥有社会资本以链接更多资源，这是贫困场域得以实现关系治理的核心所在。

4.贫困者行动的策略：模糊逻辑

在对贫困行动的一般性研究中，贫困者普遍短视、懒惰、缺乏主观能动性，"个体行为上呈现的是因循守旧、得过且过，在群体行为上呈现的是家庭本位主义、排斥集体合作的思维与行为方式，缺乏自主发展、团队合作的观念与意识。"[1]甚至在面对一系列对其颇有助益的扶贫政策时，贫困者所表

---

[1] 李文祥，郑树柏.社会工作介入与农村扶贫模式创新——基于中国村寨扶贫实践的研究[J].社会科学战线，2013（4）.

现出的态度和策略选择也往往偏离通常的行为逻辑：

我们驻村干部经常要到贫困户家中询问情况，同时也宣传一些新出台的扶贫政策。在我们看来政府白给你出钱、给你资源让你做点儿事儿，自己也就出一点儿成本，这是多大的好事儿。但很多贫困户就是不理解，甚至觉得我们是在难为他们，总觉得这事儿如果真是好事儿怎么会没人去做呢。（LHJ-驻村干部-20170906）

不仅如此，一些贫困者在得到资金补贴后并非将其作为生产成本投入生计发展中，而是以物质享受的方式将其迅速地消费殆尽；或者贫困者在选择接受先进的生产技术或产业模式时常常畏首畏尾、裹足不前，甚至表现出消极的排斥或抵抗。显然，这一系列贫困行为同制定扶贫政策的理论前提与假设背道而驰。现代公共政策通常以"经济人"假设为前提，其源于新古典经济学所认为的，人们可以通过理性行为来满足自己的偏好并且使其效用最大化，因此个体具有有序偏好、完备信息和完全计算的能力、并追求自身利益的最大化。科尔曼的理性行动理论也指出，个体会运用某些资源来满足自己的需求，并通过对事件的控制来满足自己的最大利益，但事实并非如此。贫困者"等要靠"的懒惰情绪、争戴"贫困帽"的投机行为、"不劳而获"的消极理念并不符合社会普遍的利益认同取向，甚至是不具有长远意义的非理性选择。在这一贫困实践中，"人穷志不穷"的理性期待被"人穷志短"的消极现实所粉碎。那么贫困实践的背后究竟隐藏着怎样的策略选择呢？

既有研究尝试对贫困者的非理性行为做出逻辑解释和价值判断。Wang和Johnson提出"三参照点理论（TRP决策理论框架）"，认为行动者在风险决策的过程中主要以现状、目标和最低要求为参考点，三者的差异状态会吸引行为者不同的关注度，并直接影响最终的策略行为。[1]高考、年旻升将这一理论框架应用于贫困者的短视行为研究，发现贫困者的贫困程度不同，其相应的行为逻辑也不尽相同。就贫困群体而言，作为决策者的贫困主体既是"安全第一"的"道义经济"主体，同时又是追求经济利益的"理性的小农"。具体来讲，"处于生存水平以下的主体倾向于做出冒险的、进取的、远见

---

[1]　X. T. Wang, J. G. Johnson. A Tri-Reference Point Theory of Decision Making Under Risk. ［J］. Journal of Experimental Psychology General, 2012, 141（4）.

的行动，而略高于生存水平的主体倾向于做出稳健的、保守的、短视的行动，当超过生存水平达到一定程度时，又会做出冒险的、进取的、远见的行动"[1]。

穆来纳森（Sendhil Mullainathan）认为贫困者采取短视行为的原因在于其注意力长期被稀缺资源所占有而引发的认知能力和判断能力的全面下降，即"稀缺头脑模式"。现代社会里，经济资源、信息资源、关系资源的快速流通在一定程度上造成了不同资本的匮乏，而追逐这些稀缺资本就成为全体人类生存与竞争的必经手段。这一过程中，贫困者由于长期关注稀缺资本的争夺以至忽视了那些普遍的、却极具重要价值的资本要素，而这些要素的缺失必然导致贫困者心理层面的焦虑和资源管理与运用的困难，即失去决策所需要的心力——"宽带"。因此，穷人者并非不努力，是因其长期陷入追逐稀缺资源的陷阱而失去统筹全局和长远打算的决策力，即使面对来自政府和社会组织的资本援助，贫困者依旧无法善加利用来摆脱贫困。

人类学家阿帕杜莱认为贫困者的短视行为源自志向失灵，即"贫困者可能缺乏争取和改变自身贫困状况的志向"[2]。杭承政、胡鞍钢（2017）认为，志向失灵虽然是致贫的主要心理因素，但贫困者的行为本身亦不可忽视。其从行为科学的层面对这一视角予以补充，认为贫困者的短视主要源自"精神贫困"，其本质是个体在志向和行为两个层面的双重失灵：贫困者由于心理层面的志向缺乏和信念消极，以及行为实践中的认知和决策偏差，导致了一系列低质量的经济决策，如安于现状并追求稳定、相对短视且忽略长远、缺乏自控并易受诱惑。[3]因此，扶贫政策应侧重对微观个体的关注和重视，通过政策干预使贫困者由"失志"变为"有志"，由非理性实践变为理性实践，进而从主体视角加强脱贫的意愿和能力。

以上研究均尝试从贫困者的主观能动层面来解释贫困实践的短视策略，这已超越了以往纯粹立足于客观物质缺乏来研究贫困者状态和行为的理论视

[1]　高考, 年旻升. 贫困状态依赖的短视行为研究——兼议"斯科特—波普金之争"[J]. 软件学, 2015, 29（02）.

[2]　A. Appadurai . The Capacity to Aspire: Culture and the Terms of Recognition [J]. 2004.

[3]　杭承政, 胡鞍钢. "精神贫困"现象的实质是个体失灵——来自行为科学的视角[J]. 国家行政学院学报, 2017（04）.

域，但依旧显露出主观心理和客观条件相对立的理论瓶颈。TRP决策理论框架将贫困者对自我状态的认知和评价作为判断其行为决策的标准，但这完全基于行为者的独立意志而与其他贫困者或客观条件无关。"稀缺头脑模式"则进一步将贫困者的内在心理活动同客观资本的流动相联系，但占有客观资本全面与否只是构成贫困者内在认知能力的必要条件，行动者依旧是主宰客观世界的核心主体。"精神贫困"视角将致贫因素由个体失灵演绎成志向失灵和行为失灵两个层面，即心态结构和实践行动，并试图探寻贫困实践的背后逻辑，这在一定程度上已经较为接近主体惯习与实践行为的统一。但个体失灵将心态结构和实践行为分割并对立起来，忽视了二者之间的关系性联系，即心态结构对实践行为存在必然的指导意义，而实践行为通过作用于客观环境来进一步影响心态结构的改变。

在布迪厄看来，行动者在场域中的行为实践自有其逻辑或规则。就整体而言，这一逻辑指场域中的双重性质同质结构间的同步运作逻辑；就个体而言，这一逻辑直接指向行动者在现实社会中的具体行动倾向，并且二者之间始终存在相对的独立和统一。所谓"独立"，是由于"社会并非一个奉行统一的规则、逻辑和文化的综合系统，而是由各个相对自主的场域相互区分却又相互联系地构成，每个场域都有各自特有的运行规则和价值观念，而不是被压制在一种共有的社会总体逻辑下"[1]，因此各个场域所运行的规则是符合其特征的，是个性化的。所谓"统一"，是由于实践逻辑在形成中会受到惯习这一生成性原则的指导，使其在生成结果上与场域的客观结构相一致，进而准确反应社会制约性条件与惯习的二重建构结果。就某种程度而言，实践逻辑等同于惯习，主要区别在于，惯习是行动者所处的客观条件及其现实行动的外在统一，而实践逻辑更倾向于客观条件及其思维的内在统一。如果将惯习视为场域客观结构的前结构，那么实践逻辑就是行动者组织化行为的前结构。相比于其他那些渴望通过归纳现实行动的内在逻辑从而预测或者化约一切实践行动的组织学、行为学或心理学而言，布迪厄所言的实践逻辑或实践感，其最大特征在于实践逻辑本身表现出的行为目的模糊和价值选择模糊。

---

[1]　皮埃尔·布迪厄，华康德. 实践与反思［M］. 李猛，李康译. 北京：中央编译出版社，1998：17.

布迪厄惯用"游戏感"来比喻惯习及其背后的实践逻辑，即"做游戏的人深入地吸收了某种游戏规则性后，做必须做这件事情时所应该做的事，而不需要把必须做的事情明确提出来作为目的"[1]。同时，布迪厄又称惯习为"可持续可转换的倾向系统……这些实践与表述客观上能够与其结果相适应，但同时又不以有意识的目标谋划为前提，也不以掌握达到这些目标所必需的操作手段为前提"[2]，以及"它也指一种存在方式，一种习惯性的状态（尤其是身体的状态），特别是一种嗜好、爱好、秉性倾向"，可见实践逻辑是一种深深烙印于身体之中的倾向感，既无有意识的反思，又无系统化逻辑的控制，是一种近似模糊的逻辑。[3]因此，无法将实践逻辑当作某种既成的规范或原则来推演潜在行为的发生，因为实践逻辑并不具有严格的规律性。

谈及一般性场域斗争，"市场"的概念常被拿来做类比分析，二者相似之处就在于无论场域或市场，其背后都有一只看不见的手，发挥着分配资源、协调利益的指挥功能。但在场域中，经济资本并不具有决定性力量，它同社会资本、文化资本、象征性资本等一同作为场域竞争的主要媒介发挥等同作用。因此，布迪厄强调使用利益原则，而非逐利原则，即"无关利益的利益原则"，认为将场域中的各种利益斗争都归结于功利主义是不对的，行动者在特定的场域条件下有其独特的行为策略，这是在不同场域的制约性条件之间达成某种无形的、具有象征性意义的利益原则，尤其在贫困场域中，贫困者看似利己的贫困行动并不具备为自身谋划利益的考量。

去年夏天我们走访村民的时候发现一个贫困户的房子年久失修，眼瞅就要倒了。我们说回去就跟领导汇报，找人来修房子。但那户村民却不让我们说，认为现在来修房子自己还要拿一部分钱出来，等房子真出现问题了，政府就能通过灾害救助为她们家免费盖新房。结果没过多久就下了一场大雨，房子不仅倒了，还差点儿砸伤人，在我们看来真的是为了一点小利得不偿失。（ZSH-驻村社工-20180926）

可见贫困者在场域中的行动策略具有模糊性，这一"模糊原则"无疑使场域斗争更为复杂和深刻。行动者由于受到有限注意力、有限计算能力以及

---

[1]　皮埃尔·布迪厄.实践理性——关于行为理论［M］.北京：三联书店，2007：161.

[2]　Bourdieu Pierre. The Logic of Practice［M］. Stanford: Stanford University Press, 1990: 53.

[3]　刘拥华.布迪厄的终生问题［M］.北京：三联书店，2009：18.

错误推理[1]的影响而无法按照标准模型假设进行选择，尤其在不确定的情况下，可能导致选择和偏好不一致，进而不能使自身福利最大化。这一选择可能是不完美的，但却是立足于行动者有限的个人条件之上所能作出的最优选择。对此布迪厄认为，"即使是在承认人类行动一般地具有理性化的特征时，也必须看到理性化本身并不是永远采取理性化的形式。"[2]

4.3 关系性贫困：场域视域下贫困的本质

贫困场域中，贫困者的行动困境暗含一定逻辑，其行动在场域中同各种不利的客观条件遭遇以确定自身，并带有一种生成性的自发性。这一行动困境的生成与持续始终基于遵循贫困惯习同社会制约性条件间的二重互动原理：贫困者在场域中的具体位置决定其所能占有、掌握、控制和使用的资本及权力，这些客观力量的对比关系成为制约贫困者进一步发展的社会制约性条件，在长期积累、内化的建构过程中形塑成贫困者的惯习。同时，在贫困惯习及其实践逻辑的指引下，贫困者又将内在特征通过具体行动外化为客观条件，进一步巩固和创新其在场域中的地位。在这一过程中，可以将贫困场域进一步解构为以经济资本、文化资本、社会资本和政策资本为实践对象的具体空间，在单一的资本领域中探索贫困困境的具体生成，也就是将贫困场域的社会制约性条件同贫困者在场域中的具体困境结合起来，其表现为生计匮乏与短视行为的互构、贫困文化与盲目排他的互构、社会排斥与消极认同的互构以及政策寻租与"人情"关系的互构，而这些双重关系的互构共同揭示了贫困的本质面目。

4.3.1 生计匮乏与短视行为的互构

经济资本，作为最基础的工具性条件之一，直接和间接地制约着贫困者生活水平的提高和生计能力的发展。一方面，经济资本的占有指向货币资本的获取和积累，直接关乎贫困者的衣食住行，即基础性物质条件的享有。另

[1]　A. Tversky, D. Kahneman. Judgment Under Uncertainty: Heuristics and Biases [J]. Science, Springer Netherlands, 1974 (185).

[2]　高宣扬. 布迪厄的社会理论 [M]. 上海：同济大学出版社，2004：157.

一方面，经济资本是用以交换文化资本、社会资本以及象征性资本的间接手段，如接受高等教育、享受医疗卫生服务、追求更加富足的生活条件等。对此，阿玛蒂亚·森将对行动者的生计发展具有重要影响意义的经济资本概括并抽象为象征性权利，即禀赋权利和交换权利。禀赋权利是指"一个人的初始所有权，比如他所拥有的土地、自身的劳动力等"[1]。在贫困场域中，禀赋权利的缺失常常表现为贫困者原始资本的积累不足和生存区域自然资源的先天缺乏，如R村所在地区普遍地属偏远山区，生存环境恶劣、基础设施薄弱、公共服务滞后，严重制约了村民的自然发展条件。交换权利是指"一个人利用自己的禀赋从事生产并与他人交换所能获得的商品束"[2]，例如贫困者如何利用有限的经济资本获取更多效益，贫困者如何将得到的扶贫资源投入生计发展。显然，这一过程的经济资本运用与贫困者所拥有的劳动技能和策略选择息息相关，即贫困的实践逻辑在此发挥着指导实践和表述原理的作用。而限制并且内化成贫困者惯习的一系列禀赋权利和交换权利的结构组成了贫困场域中制约贫困者发展的经济制约性条件。

场域理论的兼容性表现在将实践积累的历时性和双重结构变换的共时性融会贯通。贫困场域的经济制约性条件也非一日达成，而是在政治体制变迁和经济体制改革的过程中不断渗透并累积的。其主要原因在于现代知识经济对传统资源经济的替代[3]，即新生的智力经济引发了生产技术的巨变，新生要素将传统的体力劳动者和技术者，如传统农民、手工业者逐步替代甚至驱逐，致使他们无法凭借昔日的谋生手段继续维持生计，只能徘徊在市场边缘惨淡经营。20世纪90年代以来，在市场经济洪流的冲击之下，以集体经济为核心的单位制度日渐式微，其所维系的脆弱的经济关系土崩瓦解，一大批下岗职工、失业者和农民以弱势群体的身份日渐凸显，最终沦为贫困者。可见，场域内激烈的资本竞争和冲突会引发场域结构的剧烈变迁，导致权利结构的重新洗牌，而新生的经济资本结构会成为弱势群体的经济制约性条件。这一客观条件的存在无疑会给贫困者带来匮乏的物质享受和不安的心理状态，最终造就贫困实践的逻辑起点。一些贫困者在接受经济资本援助时，其

[1] 马新文. 阿玛蒂亚·森的权利贫困理论与方法述评[J]. 国外社会科学, 2008(2).

[2] 马新文. 阿玛蒂亚·森的权利贫困理论与方法述评[J]. 国外社会科学, 2008(2).

[3] 张瑞堂. 论贫困文化环境中的弱势群体转化[J]. 学术论坛, 2003(1).

反应和行动甚至与我们所认为的理性行为背道而驰。村镇干部反馈到：

"当时我们拿着果树苗挨家挨户地敲门，很多贫困户不是在家睡觉就是在聚众打牌，还跟我们说地里活儿多没时间种。最可气的是我们拿鸡苗给贫困户，结果第二天变成了下酒菜。大家就是习惯不好，怎么也改不掉。"（DXW-R村村长-20160926）

诸如这般都是某些贫困者懒惰、愚昧的真实写照。但与此截然相反的是，部分贫困者勤劳、节俭，只有在生计策略方面略显古板和僵化，倾向于维持现状而不愿改变。因此若用"失志"一词来定义贫困者不免以偏概全，并且带有污名化的暗示。而这一系列实践行动的产生根源，实则是在经济制约性条件的渗透之下内化而成的一种短视的安全主义倾向，也就是贫困者以经济资本为运作目标的实践逻辑。一方面，贫困者深受禀赋效应[1]的影响，由于自身缺乏经济资本而表现出"损失厌恶"。其在决策过程中会权衡"维持现状"和"改变现状"的后果，相比于不确定的预期收益，贫困者更多表现出对损失的畏惧。另一方面，基于边际效应递减的考量，"蝇头小利"所带来的内心满足感远远超过大额努力的边际效用，因此贫困者宁愿将所获的经济资本援助在短期内消耗殆尽，也不愿将其投入长期的生计发展中，这也是贫困者所面临的经典贫困陷阱。在此贫困实践之后，贫困者无疑会继续维持贫困状态，长期遭受现代生产技能和生产关系的排斥，不断巩固其场域的经济制约性条件。

4.3.2 贫困文化与盲目排他的互构

行动者生存能力的发展主要依靠后天教育，而教育资源的获取和使用取决于其在场域中对文化资本的占有，贫困者亦然。因此，文化资本的掌握程度在很大程度上限定了贫困者的能力发展，同时也是贫困者自觉发展生计潜能、突破经济制约性条件的重要方式。联合国教科文组织增在一份评估报告中指出，初等文化层次的人，劳动生产率能提高43%，高等文化层次的人，劳动生产率能提高300%。因此，马克思主义不断强调人不仅要对自然进行认

---

[1]　禀赋效应由Richard Thaler于1980年提出，是指当个人一旦拥有某项物品，那么他对该物品价值的评价要比未拥有之前大大增加。

识和改造，还要对其自身进行认识和改造，即"理论一经掌握群众，也会变成物质力量"[1]，而这一认识和改造的过程必然要借助科学的理论和先进的文化。但在贫困场域中，文化资本的缺失成为制约贫困者能力发展的客观原因，而贫困文化则成为贫困场域中的文化制约性条件。作为一种社会亚文化形态，"贫困文化"的存在功能并非促进人和社会的积极发展，而是维持贫困状态的持续性，将贫困者排斥在来自外界的先进文化的改造之外。[2]从客观条件上看，贫困群体往往被排斥在充足的文化条件和教育条件之外，如贫困区域"学校数量不足，办学条件较差，办学质量相对较低"[3]，农民工子女上学贵、上学难，贫困地区的基础文化设施陈旧、落后等。主观行动上看，贫困者"由于生活于贫困之中，结果形成一套特定的生活方式、行为规范、价值观念体系等，这些方面组成贫困文化而代代相传"[4]。

然而，这一文化制约性条件的形成无法脱离贫困环境的日渐积累而一蹴而就。从20世纪90年代起，经济体制和政治体制如火如荼地改革和变迁，必然引发文化资本的兴盛。各种新生的价值理念和文化要素生成并碰撞，分离又聚合，将人们的注意力完全集中于对新兴文化事物和理念的探索和发展中。但这些基于智力经济而诞生的新生事物并不适用于以传统技能为生存手段的贫困者，甚至在诸多方面与其价值选择相背离。因此，当计划经济转向以技术、管理、营销等文化因素为增长点时，贫困者由于自身文化素质的落后而成为区别于社会主流的存在，使其首先在精神文化层面被其贫困惯习所区分。而"科技新区"、"人文新区"、"商贸新区"等区域的建立则在现实场景里实现了对贫困者的进一步排除和驱赶，灯火辉煌的暗影之下是贫困环境的日益积累和贫困人口的大量汇集。[5]这一文化制约性条件的存在，无疑会长期制约贫困者认知能力和生产技能的提高，使其始终维持在短视又消极的思维状态，从而给贫困实践带来长久的驱动力，甚至伴随贫困文化的代际传递而无限延续。

[1] 马克思, 恩格斯. 马克思恩格斯选集: 第一卷[M]. 北京: 人民出版社, 1972: 9.

[2] 张瑞堂. 论贫困文化环境中的弱势群体转化[J]. 学术论坛, 2003(1).

[3] 司树杰, 王文静, 李兴洲. 中国教育扶贫报告(2016)[R]. 社会科学文献出版社, 2017(3).

[4] 李瑾瑜. 贫困文化的变迁与农村教育的发展[J]. 教育理论与研究, 1993, (1).

[5] 张瑞堂. 论贫困文化环境中的弱势群体转化[J]. 学术论坛, 2003(1).

迫于文化制约性条件，贫困者长期停留在相对落后的认知层面，不仅限制自身生计能力的更新，同时也直接作用于贫困文化的代际传递。人们普遍认为，贫困文化的代际传递是贫困思维和贫困行动在代际之间的简单复制，实则不然。就教育问题而言，部分贫困者是冷漠的、无视的，教育缺失使得贫困后代重蹈覆辙；部分贫困者却能在子女教育方面给予相当多的关注，认清教育是改变命运的重要手段。但就后者而言，这种关注常常流于口头形式，贫困者由于自身经验的缺乏而难以提供切实有效的学习经验，以至"寒门难出贵子"。

我在这驻村一年多了，我觉得村民跟我们原先想象的并不一样。之前我以为农村人都是不重视学习的，孩子可以漫山遍野的跑，特别自由。但是了解以后我发现很多家庭还是很重视教育的，尤其是年轻一些的父母很注意询问孩子的成绩，也会看着孩子写作业，但更多的文化内容就辅导不上去了，只知道督促孩子把课本的知识学好，至于孩子的特长、能力、心理方面的发展还是认识不上去。（TY-驻村社工-20170514）

究其原因，贫困者对文化资本的实践逻辑具有经验的排他性。由于惯习本身来源于客观条件的内化，因而抵制违背客观条件的变化。而原初场域的社会制约性条件较之后来的社会制约性条件更具有型塑内在惯习的力量，因此早先获得的贫困经验是抵制先进的后来经验的。故贫困文化并非在代际传递中简单复制，而是由于认知及能力的缺乏阻断了贫困者获取先进经验的途径和方法。贫困者之所以常常做出低效的决策，就是由于其注意力和认知资源大量集中于资源匮乏的领域和日常生计，导致自身认知"带宽"的不足[1]。这既是贫困者受制于文化制约性条件的表现，也是其惯习同贫困场域结构的呼应。正如刘易斯在题为《贫困文化》一文中指出，贫困文化表达着"在阶层化、高度个人化的社会里，穷人对其边缘地位的适应或反应"[2]。此外，贫困文化作为一种社会亚文化的存在方式，也同样具有文化再生产的意义，即贫困文化的不断延续与创新蕴含着"贫困再生产"的现实意义，其不断延续之动力就是贫困实践对于文化资本的运作逻辑。

---

[1] S. Mullainathan, E. Shafer. Scarcity [M]. Penguin UK, 2013.

[2] O. Lewis. The Culture of Poverty [J]. Scientific American, 1966, 1 (1).

4.3.3 社会排斥与消极认同的互构

社会资本是贫困者用以获得并转化资本的关系渠道，在贫困场域的结构层面构建起贫困者的社会支持网络，将其所获得的物质支持、情感支持、制度支持等转化为实践逻辑和行为动力。社会支持网络得以实现，主要依附于人际关系的建立和维持，可划分为正式的社会支持和非正式的社会支持：前者由行政单位、社区、专业咨询机构、非政府组织等构成，是贫困者获得正式援助的主要渠道；后者由家庭成员、亲属、朋友、邻里等构成，是贫困者情感支持和非正式帮扶的主要来源。[1]但在贫困场域中，贫困者由于经济资本缺乏、文化资本不足、社会地位较低而遭遇社会排斥，无法获得必要的社会资本。换言之，就是由于政治、经济、文化、制度、关系等原因，贫困者被剥夺了部分或全部参与社会的权利而被排斥在主流社会外，例如那些被排除于劳动市场之外的、持续处于贫困状态，无法分享经济增长成果的人[2]，以及那些因处社会底层而被从现代社会的正常交换、运作及权利中排挤出去的人。可见，社会排斥是权力分化、阶层分化的必然结果，以经济、文化、政治等各种因素为要因的排斥结构共同构成场域社会的系统性排斥，成为阻碍贫困者建立人际交往、获得社会资本的客观性制约条件。

贫困者所遭遇的社会排斥并非是场域中强者或强权的单方面驱赶和打压，而是群体本身和群体之外的自我认同的双重叠加，即在贫困场域中同时发生着来自贫困群体之外的社会排斥和贫困群体之内的自我归并。这同客观条件的内化建构和惯习的稳定延续不无相关：惯习总是在试图寻找对于自身而言是相对稳定的处境，以巩固其秉性，因而会对与它类似并且有利于它巩固自身存在的因素抱有强烈的同化和归并倾向，而对不利于它和异于它的因素尽可能排斥或加以改造。布迪厄称这一矛盾心态是"对于一切选择的不选择"原则，有利于个人及其所从属的阶级特性的稳固和发展。在格兰诺维特看来，同质性群体基于相似的文化背景、经济条件等因素更容易建立感情联系，获得情感认同，如感同身受或同理心，因此强关系常常发生在同质性的

---

[1]   李文祥, 田野. 社会工作介入贫困群体的可行能力建设研究[J]. 社会科学, 2018(12).
[2]   李文祥, 吴征阳. 贫困治理的场域观与社会工作增权[J]. 江淮论坛, 2018(3).

个体之间，这有助于组织或群体内部重复并传递雷同的信息，以此巩固本来的惯习和结构。而弱关系则存在于异质性的个体之间，有助于个体获取组织或群体之外的新信息，具有一定的优越性，但这显然是被惯习所排斥的。故贫困者归并于贫困者、强权者归并于强权者、相对富有者归并于相对富有者，都是在自我认同的基础之上尽力排斥其他群体的介入和干预，以巩固自身在场域中占有资本的地位。

对贫困者而言，因其在场域中身处弱势地位而难于同异质性人群建立社会关系。一方面由于异质性群体的歧视或鄙夷使贫困者觉察到羞耻感和不被尊重感，甚至会因此拒绝扶贫政策的扶助以摆脱"低保户"、"贫困户"等标签的污名化。另一方面，贫困者常常敏感、多虑，其自信心的缺乏导致自我的污名化，这使得贫困者自尊、自我效能感较低，容易否定自己，缺乏心理韧性。[1]

你们都是大学生，不会了解我的感觉。没钱谁都不会理你的，亲戚怕你挂上边儿，邻居怕你跟他借钱。跟我经常往来的都是村里的贫困户，大家在一块儿谁也别瞧不起谁，都一样。（FJX-R村贫困户-20160825）

可见，在同质性群体中，贫困者的情感或尊重的需求更容易被满足，其拒众行为的背后具有一种消极的自我认同逻辑，这一逻辑的形成也是贫困惯习对于贫困场域结构的必然呼应。总之，社会资本的缺失造成了资本渠道的断裂，维持并延续了贫困的状态，而贫困惯习则在客观环境的内化之下延续了这一渠道的断裂，并将关系的剥夺通过实践进一步外化于场域的结构。

4.3.4 政策寻租与"人情"关系的互构

贫困场域的政策资本是以扶贫政策的形式帮助贫困者获得和积累经济资本、文化资本、社会资本，并且以身份认同为前提将其转化为象征性资本的特殊资本形式，同时也是其他资本转化为象征性资本的主要手段。良好的政策资本对贫困者大有助益：为其提供基本的经济扶助，助其开展生计发展；为其提供再教育、再培训机会，助其发展生计能力；为其子女提供教育机会和资源，助其摆脱贫困文化；为其链接社会关系，助其修复资本获取渠道。

[1] 杭承政, 胡鞍钢. "精神贫困"现象的实质是个体失灵——来自行为科学的视角[J]. 国家行政学院学报, 2017（4）.

但若政策制度建构不全面、不完善，则会成为阻碍贫困者摆脱贫困的政策制约性条件。在中国农村，政府虽然推行了新农合、新农保等保障性政策，但限于政府的财政压力，其保障水平较低，象征意义远远大于实际意义。同时，由于扶贫资源的有限性和稀缺性，乡村在执行扶贫政策时存在制度的不规范，如在贫困识别的过程中，有的基层干部把资源当人情，把公平当交易，完全以个人好恶和私人关系作为帮扶对象的识别标准，而这一私人化的权力运作异化了贫困场域中扶贫政策的实效性。

无独有偶，贫困场域中，办事托人、找人、送人情才是被"公认"为合理的办事逻辑，贫困者对于自己能够获得贫困帮扶这件事，自豪的是自己的"面子"，感激的是基层干部的"人情"。可以说，贫困场域中的权力分配并非建立在正式的社会制度、行政规范和法律之上，而是基于乡土社会之中的人情与荣誉感。[1]这一过程中，贫困者由于自身欠缺资本而处于弱势地位，甚至被管理者的权力所打压，但贫困者非但没有反抗这种不合理的制度状态，反而对这种"人情至上"的非正式关系予以充分认同，在一定程度上默认并助长了这一态势的发展，以至于难以建立起有效的行政逻辑。显然这一贫困实践的背后有其必然逻辑，即混合式关系运作。现代化的社会制度以及市场经济都在一定程度上催生了正式制度的确立，"公""私"分明的制度化关系是时代对于行动者的理性要求。但从社会资本中拓展而出的人际网络关系往往对制度化具有明显影响，"且这种私人利益联结常常由于'公''私'不分而突破组织制度及公共规则的边界"[2]，这就使得本土"关系"所引导的去制度化同现代社会所需求的制度化产生激烈冲突。而社会资本同政策资本之间存在一定张力，二者相冲突时，社会资本会对政策资本产生渗透性影响。

就本土关系而言，费教通的"差序格局"概念奠定了中国本土人际关系的理论基础。黄国光在对"人情与面子"[3]的研究中，基于差序格局的理论基础而衍生出"人情"、"面子""关系"与"报答"的本土概念，其中暗含着社会学取向的心理学主张。沈毅进一步发现"差序格局"中所混合的

---

[1]　沈毅.迈向"场域"脉络下的本土"关系"理论探析[J].社会学研究, 2013 (4).

[2]　沈毅.迈向"场域"脉络下的本土"关系"理论探析[J].社会学研究, 2013 (4).

[3]　黄光国,胡先缙.人情与面子——中国人的权力游戏[J].领导文萃, 2005 (07).

"义"与"利"，指出"关系运作"具有对制度的替代作用。因此，在西方制度化的场域社会中，人们对交往诉诸于情感需求，信息传递是人际互动的主要作用。相比于中国，人们对交往的需求很大程度上缘于对工具性意义的追求，与实权人物建立"关系"可以带来实质性的帮助，这也是差序格局所独有的社会文化意涵。不难看出，中国式"混合关系运作"在贫困场域中发挥着重要作用，领导者和资源掌控者分别占据着"权力"与"人情"这两种取向的关系，此消彼长，并且在权力的运用中通过普遍认可的"施恩回报"来得到补偿。

　　你别看这村子穷，但这贫困户还真不是你穷就能当上的。没个亲戚关系的都说不上话，是亲戚还得再送点儿礼。一年也就能补个一两千块钱，结果送礼就得送出去一半，你说还哪有什么公平，不都是人说了算的。（YSN-R村村民-20160825）

　　可见越是贫困，其私人化的利益联结对于正式制度的渗透性就越强。而贫困者往往由于被排斥在先进的生产关系之外，而较大程度上保留着本土化的关系特征，贫困者也就越发适应于通过这种途径寻求利益。而这一途径的不断反复，无非是在排斥现代制度性关系的同时将本土化的"人情关系"一再巩固，最终使贫困内场域的实质性"制度"被"关系"所替代，表现出显著的"人治"特征。

　　综上所述，借助场域理论，布迪厄调和了主客二元对立的传统理论矛盾，并且通过场域、惯习、社会制约性条件、资本等概念的逻辑表述，指出场域内一切状态和行动产生的动力之源是"场域结构—惯习"这一二重生命间的相互作用关系。就贫困场域而言，贫困场域的客观结构同贫困惯习间的交互式建构和被建构关系是贫困的最终成因，因此贫困的本质是主客体间关系的异化，即关系的贫困。在后结构主义者看来，权利即关系。场域中的不同位置决定其占有者拥有不同的资本和能量，并进一步象征化为相应的权力。基于这种权力差异，行动者或争取占有更多的资本，或维持现有的状态而展开彼此间的策略行动和竞争。而在这一过程中，基于资本分配而生成的社会制约条件在同贫困惯习互构的同时演化出贫困者的行动困境，也就是经济资本剥夺加剧了贫困者的生计贫困、文化资本匮乏延续了贫困文化、社会资本断裂生成了社会排斥以及政策资本寻租固化了权利贫困，而这些困境在贫困场域中共同勾勒出贫困的本质面目，如图4-2所示。

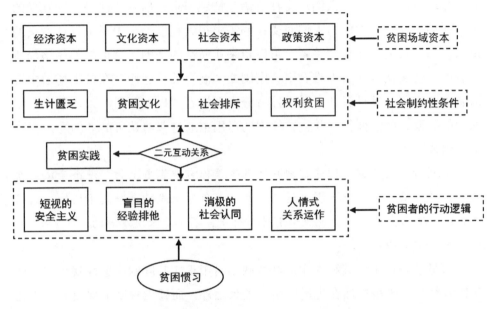

图4-2　场域视域下关系性贫困的分析框架

可见，贫困的生成既是符合场域运行的根本逻辑的，又是符合行动者自身的惯习要素的。贫困者的实践逻辑同贫困场域运行逻辑的呼应与统一正是解释关系性贫困得以存在并延续的关键。因此，把贫困实践同当代社会结构的动态运作相结合，同场域中基本网络关系的生成动力相结合，同场域权力的竞争与再分配规则相结合，才是最终揭示贫困的关系性实质并开展相应治理的不竭动力。

4.4 场域视域下贫困治理困境的实质

就我国传统扶贫模式的历史实践而言，从早期以生存视域为本位的"输血式"扶贫，到当前融入综合视域观点的"造血式"扶贫，其扶贫内涵与方式始终在发生与时俱进的改变，并取得了一定扶贫成效。但至目前，贫困依旧是阻碍世界各国前行发展的主要问题之一，其主要原因就在于现有研究未能有效揭示贫困的根源，进而影响了贫困治理路径的提出。基于场域视域对贫困本质的揭示，我们得以把握贫困者的行为实践何以生成以及贫困者匮乏的生存状态何以持续，这就为后续探索贫困问题的有效治理奠定相关理论基础。而在场域视域下，基于对既有扶贫模式的实践考察，贫困治理困境的实质主要变现为内源性治理功能的欠缺、关系型治理结构的断裂以及多元性治理要素的缺失。

4.4.1 内源性治理功能的欠缺

场域视域下，贫困的本质是贫困场域结构同贫困惯习间的消极、双重互动关系，即贫困惯习在实践和传递中获得，又持续不断地作用于贫困实践，贫困惯习不断被贫困场域的客观关系所形塑，又同时不断参与场域结构的生成。所以在贫困场域中，场域与惯习之间不是简单的"决定"与"被决定"的关系，而是一种通过贫困者行为实践为中介的相互建构与被建构的双重互动关系。可见场域结构与贫困惯习分属贫困场域中的两个相对主体，场域结构是制约贫困者具体生存和发展的客观生存环境，贫困惯习是贫困者长期实践积累所形成的行为倾向或模式系统。贫困者之所以长期表现出不符合主流价值观念所期待的、非理性的实践行为，就是由于贫困惯习作为贫困场域的核心结构既吸纳了贫困场域的结构特征，又将其间接作用于贫困实践的产生，同时又通过行动结果反馈于场域结构的生成和稳定，故贫困惯习成为贫困场域的核心要素，是贫困者发生贫困实践的主导逻辑：在经济制约性条件下呈现短视的安全主义，在贫困文化制约下呈现盲目的经验排他，在社会排斥制约下呈现消极的社会认同，在制度缺陷制约下呈现混合式关系运作。基于贫困场域双重主体的存在，贫困的场域治理就需要针对场域结构和贫困惯习构建针对性的双重治理结构，尤其重点关注对贫困者惯习的改善，以便从贫困者的内源性层面激发其脱贫致富的不竭动力。

就传统型扶贫模式来看，主要以政府的政策扶贫为主要手段，惯于通过政策措施对客观条件予以改造，实现贫困场域的外援性治理，而缺乏对贫困者的主体心态和行为进行干预和改善的尝试，即缺乏内源性的治理功能。如在"八七扶贫攻坚计划"实施之前，我国的贫困治理模式一直处于"输血式"扶贫阶段，虽于短期内取得了显著成效，极大缓解了我国贫困人口的物质匮乏，但也存在根本性问题。一方面"输血式"扶贫以物质补偿为主，只能在短期内缓解贫困者的生存困境，无法从根源上消除贫困，另一方面"输血式"扶贫以政府执行为主体，始终将贫困者置于被动救助的位置，而忽略其主观能动性的激发和调动，甚至出现"养懒汉"、"等要靠"、"越扶越贫"等问题，显然 "输血式"扶贫作为一种传统扶贫方式，其本质上是一种外援性扶助。即便在"造血式"扶贫阶段，其扶贫模式也未能发挥内源性治理的相关功能。尽管"造血式"扶贫通过开展技能培训来实现贫困者个体能力的增长、通过组织生产项目来实现贫困者生产关系的嵌入、通过加强农村教育资本输入来提高贫困者及其后代的文化素质、通过完善扶贫政策来实现贫困者脱贫与发展的权益，但其扶助本质始终围绕贫困者的外在能力或关系完善，未曾触动贫困者内在的生存心态和权能意识，也就不具备针对贫困主体的内源性治理功能，而属于外援性扶助手段。可见场域视域下的贫困治理过程中，针对贫困惯习所开展的内源性治理既是既有扶贫模式功能缺失的一环，也是实现关系性贫困治理不可避免的一环，这一治理功能亟待扩展与引入。

4.4.2 关系型治理结构的断裂

既然场域视域下，贫困的本质是贫困场域结构同贫困惯习间的消极、双重互动关系，也就始终存在惯习同场域结构间相互建构与被建构的主体间性关系——场域二重生命的共时共生运作。因此无论贫困惯习或是场域结构，都无法脱离对方而独立存在，在自身生成的同时始终受到来自对方的建构性影响。也正是基于这一建构性关系的存在，单独开展的外援性贫困治理无法起到根除贫困的作用。具体来讲，无论外援性扶助政策如何完善或缜密，不可改变的是贫困群体始终长久地受制于原生贫困惯习，难以在外来激励下发挥主观能动作用，这是个体性致贫因素与结构性致贫因素的内在关联。此外，长效性的贫困治理需要在贫困惯习和场域结构间建立双重、良性的互动关系，任何主体性关系的缺失都会导致这一良性互动关系的破裂，回归先前消极却稳定的互动关系状态。

对传统扶贫模式的实践，人们尚未厘清客观环境和主体行为间的双重互动关系，误以为只要通过外援性努力来改善贫困者的生存环境和发展条件就可以实现贫困者自发的能动生产。例如异地扶贫、扶贫搬迁等政策措施，就是将贫困群体从生活条件匮乏的地区搬迁到其他地区，通过改善安置区的生产生活条件、调整经济结构和拓展增收渠道，帮助搬迁人口逐步脱贫致富。此类方法确实在一定程度上确实解决了原生地区自然条件恶劣的问题，在新的起点上给予贫困者充沛的发展资源和条件。但事实上，单纯客观条件的改善只是在物质生活的表层改善了贫困者的生存条件，其行为实践模式依然是贫困惯习指导下的贫困实践。

此外，"造血式"扶贫也是将已有的成形产业模式移植到贫困落后地区，或根据当地的资源特点引进投资，就地建立起新的产业模式，贫困者通过劳动生产嵌入新的经济结构，以实现经济收入的增长，从而摆脱贫困。虽然其以区域性产业发展为核心，可以为贫困者打造稳定的生产环境，提供先进的技术支持，从而带领贫困者走上脱贫致富之路，但扶贫成效并不尽如人意。这是由于"造血式"扶贫虽然在扶助手段上超越了单纯补偿物质资本的"输血式"扶贫，但其本质依然围绕外援性治理展开，导致贫困惯习与客观环境间关系的断裂。这样看来，传统型扶贫模式一方面忽视了贫困者内源性动力的发展，另一方面也无法建构起贫困者惯习同场域环境间的积极互动关系以巩固相关治理成效，可见关系型治理结构的断裂是贫困治理难于实现的结构困境。

4.4.3 多元性治理要素的缺失

贫困场域中，资本是贫困者的实践对象，也是贫困关系得以传递和转化的媒介。行动者正是通过对各类资本的占有和运作最终确立了自身的场域位置，从而实现场域中的群体区分和权力分配。场域中不同类型资本的运作承载了与其相应的功能和权力，例如市场经济得以正常运行主要依靠经济资本的自由竞争，教育机会得以获得主要依靠文化资本的有效积累，社会参与得以加强主要依靠社会资本的多方链接，社会权利得以实现主要依靠象征性资本的有效转化。贫困场域中亦是如此，经济资本的占有决定了贫困者的物质生存状态和生计发展资本，文化资本的占有决定了文贫者的行为实践策略和生计发展能力，社会资本的占有决定了贫困者的社会支持网络和资源获取渠道，政策资本的占有决定了贫困者的社会参与程度和自我权利实现。不仅各类资本各具功能，资本间还存在相互转化的关系，使得资源运作下的场域关系更为复杂。如果贫困者具有较多的经济资源，那么就可以通过市场交换来获得社会资本和文化资本。如果贫困者具有较多的文化资本，那么就可以通过生产技能的提高来发展生计，从而获取经济资本和社会资本。如果贫困者具有较多的社会资本，那么就可以通过人际交往来实现资源链接，从而募集更多的经济资本和文化资本。可见贫困并非由缺乏一种或几种资本导致，而是缺乏多元资本的共同运作与转化所致，故多元性治理要素是实现场域中贫困治理的客观要求。

既有扶贫模式的发展伴随了我们对于致贫要素的认知，主要经历由单一到多维、由独立到综合的深入识别过程，物质资本匮乏是我们对于贫困要素的最初探索，而涵盖经济、文化、社会、政策等方面的综合性要素框架则是我们对于贫困成因的当代探索。在专项要素的扶贫模式中，政府就某一方面的致贫要素来提供针对性的帮扶，例如为低保户提供物资、津贴等物质扶助，为贫困农民提供种子、化肥等农业生产资源，为生产落后群体提供小额贷款等，显然这些单一要素的扶贫措施成果并不显著。原因在于，资本在场域中的运作不是独立的，而是存在相互转化、相互影响、相互制约的共生关系，表面上某一资本的缺失可能隐含着其他资本的缺乏，任何贫困状态都是多种资本共同作用的结果。经济资本表面上看只决定了贫困者的物质生活水平，但作为积累的经济基础，其又间接影响着贫困者所能接受的教育水平以及建立的社会关系。文化资本是场域区分化的重要依据，对不同文化资本的占有决定贫困者拥有不同的生活格调、兴趣爱好、行为习惯，但同时，文化资本又可经过教育而内化为贫困者的生计发展能力，间接决定了贫困者对于经济资本的运作和社会资本的运用。而社会资本也不仅仅指代贫困者的社交网络，作为一种衡量社会参与程度的要素，社会资本在很大程度上决定了贫困者参与经济活动和教育活动时所遭受的排斥程度。可见既有扶贫模式缺乏得以包容和兼顾多元要素的扶贫格局，更难于统摄各种资本间的相互协作与转化来扶助贫困者在资源运作中融会贯通，这一多元性治理要素的缺失成为场域视域下贫困治理困境的内容实质。

第五章　困境的超越："关系型"贫困治理与社会工作介入

关系性贫困的提出厘清了传统贫困治理实践的困境和不足，同时也明晰了贫困的根源在于贫困场域中贫困惯习同场域结构间的消极互动关系。要想实现贫困的根本性治理则须针对关系性贫困的核心特征开展贫困治理的实践活动。就既有贫困治理的实践经验而言，根据其对贫困本质的把握和对贫困关系治理的完善程度，可将其简要归纳为"非关系型"贫困治理实践和"半关系型"贫困治理实践。显然，既有治理经验的缺陷和困境亟待"关系型"贫困治理模式予补充和完善。而"关系型"贫困治理的实现亦有其内在要求，如加强贫困惯习改善的主体性要求、完善场域双重互动的关系性要求以及兼顾多维资本运作的综合性要求。但当前政府"统揽"下的贫困治理无法满足"关系型"贫困治理开展的必要条件，这就必然要求能够开展内源性治理、协同政府政策扶贫以及实现多元要素运作的第三方力量的介入。社会工作本身具有主体性的扶助理念、关系性的介入功能以及综合性的实践层次，能够以此同"关系型"贫困治理的内在要求相衔接。不仅如此，在长期介入性实践中，社会工作形成了以"自发式"介入、"被动式"介入和"协作式"介入为代表的三条介入路径，且凭借专业性工作方法建立起系统性的作用机制，即通过个案工作对贫困者个体惯习予以改善、通过小组工作对贫困者人际关系予以重塑、通过社区工作对贫困者的社会参与予以实现。

5.1 "关系型"贫困治理的提出

基于场域视域下关系性贫困这一分析框架的提出，我们得以揭示贫困的关系性本质，进而将贫困治理的核心目标由传统型的实体治理转向对于贫困场域中主体间性关系的治理，即只有同时开展对于贫困惯习和贫困场域结构的双向治理，才能改原生场域中以贫困实践为生成结果的双重互动关系，并最终构建以超越贫困困境和实现长效发展为目的的正向互动关系。根据治理实践中对贫困关系治理的完善程度，既有实践模式可划分为"非关系型"贫困治理模式、"半关系型"贫困治理模式以及"关系型"贫困治理模式。其中，"关系型"贫困治理模式的提出既是在反思贫困本质的基础上对关系性贫困的治理回应，同时也是对以往贫困治理实践的经验吸纳和困境超越。

5.1.1 关系性贫困视角下的贫困治理模式

贫困是长期困扰并阻碍我国全方位发展的首要问题之一。长期以来，贫困治理始终处于我国政府工作的第一线，备受党中央以及各级地方政府的高度重视。早在1987年体制改革的初始阶段，我国就已着手开展以政府为核心的贫困治理工作。1978—1985年的农村改革后，我国政府在1986—1993年计划并主导实施了全国范围内以贫困县为治理单位的扶贫开发战略，之后我国的贫困治理工作渐入正轨。1994—2000年，政府组织并实施了《国家八七扶贫攻坚计划》，力争用七年左右的时间来解决当时全国农村八千万贫困人口的温饱问题。2001年，政府出台纲领性文件——《中国农村扶贫开发纲要（2001—2010）》，开启我国政府贫困治理的新纪元：要求坚持"开发式"扶贫方针、统筹城乡区域发展、缩小贫富差距。2011年政府又制定并出台了《中国农村扶贫开发纲要（2011—2020）》，其中重点强调要加强对14个集中连片贫困地区的治理力度，实施过程中要坚持"区域发展带动扶贫攻坚，扶贫攻坚促进区域发展"的指导方针。2013年以来，我国贫困治理转向以"精准扶贫"为核心指导思想的扶贫攻坚战略，确保到2020年实现绝对贫困人口的如期脱贫。在这一波澜壮阔的扶贫历史中，我国贫困治理的主要模式可作如下划分：就贫困治理的理念而言主要包括"输血式"扶贫、"造血式"扶贫和"参与式"扶贫；就贫困治理的要素而言主要包括专项要素扶贫和整村推进扶贫；就贫困治理的规模而言主要包括片区扶贫、县域扶贫和精准扶贫。

基于以上贫困治理实践的开展，我们立足场域视域可以看到，贫困问题表现为贫困者基本要素的缺乏并依附于贫困者所开展的贫困实践。而贫困实践何以产生，则是贫困者的心态结构（贫困惯习）同贫困场域结构（社会制约性条件）间的双重互动关系所形塑的实践逻辑指导了贫困者在场域中的具体行动。可见，贫困的本质就理论层面而言是场域中贫困惯习同社会制约性条件间的消极的双重互动关系，就实践层面而言是贫困场域中贫困主体同环境结构间的相互制约的关系，修复、链接主体间性关系成为贫困治理的根本目的。反观我国贫困治理实践的开展，由于不同阶段对于贫困本质的认识不同，其具体治理方式和路径也呈现出不同的价值选择和理论取向。依据关系性贫困所揭示的贫困根源，不同阶段的贫困治理实践表现出对这一问题的不同程度的把握，可大致分为三个层次，如表5-1所示。

表5-1 关系性贫困视角下的贫困治理关系模式的比较

贫困治理的关系模式	治理依据	治理方法	实践效果
"非关系型"贫困治理	物质贫困	外援性补偿	无法脱贫
"半关系型"贫困治理	内源贫困	外援性促内源性发展	脱贫率、返贫率双高
"关系型"贫困治理	关系贫困	内源性激励外援性带动	长效脱贫

首先，早期的贫困治理实践要么聚焦于微观层面个体物质需求的满足，要么着眼于改善宏观层面的生存环境，其本质是优先确保贫困者生存权力的实现，并未考虑其长远的发展意义或关系意蕴，本质上是一种"非关系型"的贫困户治理模式。这一取向的治理实践依据的是物质性贫困原理，采用的是以政府为主体的外援性的物质补偿手段，但由于单存的物质性补偿无法触及贫困的根本原因，因此大量的物质性援助无法实现贫困者的有效脱贫。

其次，当物质性扶贫实践并不足以从根本上帮助扶贫者摆脱困境时，贫困者的主体性作用得以呈现。此后的贫困治理实践在理念层面突出对贫困者内源性困境的关注，在实践层面主要以贫困者为核心来开展物质帮扶、环境改善、规模生产等脱贫活动，试图通过外援型帮扶来激发贫困者的内在发展动力，变被动为主动。可见这一取向的贫困治理实践主要根据贫困环境对贫困者的制约性作用来展开，可归纳为"半关系型"的贫困治理模式。但由于外援性扶助只是针对部分关系性贫困展开治理，未能从双向关系上完整实现关系性贫困的破解，故其治理效果常常在短期内见效，但表现出脱贫率和返贫率双高的特征。

最后，根据关系性贫困的根源特征，若想实现贫困的长效性治理，不仅要在物质生存层面予以保障，在生存环境中予以外援性扶助，还要针对贫困者主体开展内源性激励，通过有效的介入方法对贫困惯习施以改善，从而实现贫困场域中惯习同结构间的双向良性互动关系，而这一关系取向的贫困治理显然是一种"关系型"的贫困治理过程，并在治理实践中取得了显著成效。可见"关系型"贫困治理既是对传统型贫困治理的提升和补偿，同时也是对关系性贫困治理困境的破解和超越。

5.1.2 "非关系型"贫困治理及其困境

"非关系型"贫困治理是以贫困者的客观生存需求或生计发展的客观条件为治理对象来改善其生存境况的，如为贫困者提供生存和发展所需的物质资本、改善贫困地区的教育环境和资源供给、优化贫困者的生存结构、建构并完善扶贫政策和保障制度。就我国贫困治理的实践经验而言，"非关系型"贫困治理一方面在扶贫历程中占据长期阶段，另一方面在扶贫政策的具体落实内容中占有重要成分。"八七扶贫攻坚计划"实施之前，我国政府对于贫困者的治理与帮扶主要体现在生存所必须的物质资源的补给，如粮食、衣物、医药等生存性工具。而在"八七扶贫攻坚计划"的落实过程中，对贫困者的物质性投入扩展为改善农田耕种条件、增设灌溉设施、投资水电等公共基建，这些举措虽然在很大程度上提高了农村贫困者的生活质量，但依然停留在贫困场域中客观要素的治理层面，甚至仅局限于经济制约性条件的改善。

可见，"非关系型"贫困治理在世界范围内并未实现其有效治理，并且呈现出社会宏观态势和个体微观状态的对立。尽管通过资本分布和阶层结构的重塑，在经济、政治、文化等方面努力践行社会的公平与正义，但未曾改变的"贫困性关系"同样会制约经济、政治、文化环境的对个体影响功能的发挥，阻碍个体行为的改变。也就是说，现实中宏观层面扶贫的好转并不意味着个体或家庭经济的繁荣，甚至在宏观扶贫态势良好的情形下时常存在个体权益同权利和机会相剥离的情况。"非关系型"贫困治理在扶助理念上是一种"输血式"扶贫模式，也就是立足于人的生存需求来赋予贫困者抵御贫困的资源和权利以达至个体的饱腹和发展，但未曾改变的"贫困性关系"依然会制约资源和权利的功能发挥，阻碍个体行为的改善和发展，即因其过于片面地重视和强调贫困者的客观生存需求而忽视了贫困者本身在贫困治理中的主体性地位。虽然短期治理内，"非关系型"贫困治理能够显著地缓解贫困者匮乏的生存状态，但其本质没有构建起贫困者自我发展的内生型动力，反而容易引发贫困者对政府扶助的依赖，因此不具备根除贫困或长久脱贫的现实意义。

5.1.3 "半关系型"贫困治理及其困境

"半关系型"贫困治理是在"非关系型"贫困治理基础之上，将贫困者作为扶贫实践的核心动力，主要通过各种外援性扶贫项目的开展来带动贫困者的生产实践，通过外援激励来调动贫困者在脱贫实践中的主观能动作用。基于政府制定实施的扶贫政策，借助企业建构的生计发展项目，贫困者的认知能力得以提升、劳动技能得以升级、扶贫参与得以加强。显然，"半关系型"贫困治理是一种主观性的贫困治理，它将贫困者长期受助的被动状态提升至前所未有的高度，意在指明贫困治理的核心动力在于人力资本的开发和应用。同时，"半关系型"贫困治理模式也将客观结构的改善作为主要内容，试图通过改造或重塑环境结构来引导贫困者认识行为的转变。这一主体性取向的贫困治理实践说明，对于贫困问题的认知我们已由单纯的物质性匮乏深入到贫困者同环境、资源间的关系，明确了客观环境对贫困主体贫困实践的形塑和制约，试图通过外援性扶助来改善贫困者的内源性困境。而在场域视域下，这一过程恰好暴露出贫困治理的不全面性，缺乏对于贫困惯习的自我生成和反向建构的功能性认识。也就是说，贫困惯习与场域结构间不仅存在环境结构的自我生成和形塑惯习的互动关系，还存在贫困惯习的自我生成和建构环境的互动关系，后者既是贫困实践的生成性动力，也是贫困治理的核心性动力，因此单纯以外援性扶助来促进贫困者的内源性发展的贫困治理取向显然是不够全面的。

联合国经济及社会理事会于1979年通过了《加强发展型社会福利政策活动方案》，主张以社会投资为导向，通过向贫困者提供资金、技术、培训、健康等权利来增加个人参与经济的机会。由此，世界各国特别是亚、非第三世界国家的反贫困行动开始由传统的单纯提供物质援助的"输血式"扶贫，进入到"造血式"和"参与式"扶贫阶段。就我国而言，自2001年《中国农村扶贫开发纲要》发布以来，我国农村地区的贫困治理走向新纪元。这一转折的关键点就在于，单纯以生存要素为补偿内容的"输血式"贫困成为过去，兼顾贫困者主体性发展的贫困治理模式成为主流。这不仅体现于贫困者升级发展技能的习得和提升，更表现在贫困者能够充分融入贫困治理项目的决策、开发和监督过程中。可以说"造血式"扶贫、"参与式"扶贫、项目扶贫等，依据其对贫困者主体性的关注和开发都可归结为"半关系型"贫困治理模式。显然，同具有双重互动特征的"场域—惯习"系统相比，"半关系型"贫困治理模式只认识到结构对行动的建构作用，却忽略了主体本身更加具备重塑环境的能力，而后者才是贫困治理的关键所在。这进一步说明了传统型贫困治理模式始终立足于主客二元对立的分析模式，部分地把握了贫困的关系性本质。即便是同时关注个人主义层面的个体行为的改善与整体主义层面的社会结构的重塑，也由于没有立足于中观的"贫困性关系"进行个体行为的改善与社会结构的重塑，而无法实现贫困的有效治理。

5.1.4 "关系型"贫困治理的提出与超越

理念型贫困治理模式从贫困者的主体性视角出发，论证其由被动给予到主动参与的转变过程。要素型治理模式从致贫缘由的视角出发，再现了贫困内涵由单纯的物质贫困到多元要素贫困的认知过程。而规模型贫困治理模式则从贫困识别的基本单位出发，反映出我国贫困治理精度和测度的提升与发展。以上模式均从不同侧面描绘了贫困治理的阶段性样态，是贫困治理过程中纵向与横向的不同截面，但却始终无法以一种能够统一角色、过程、要素等多元信息的整合性视角来点明贫困的本质属性。可见无论是以物质性贫困为治理依据的"非关系型"贫困治理实践，还是以内源性贫困为治理依据的"半关系型"贫困治理实践，其本质都是基于主客二元对立视角而对贫困根源产生的一种非关系性的误读，割裂了贫困主体与环境客体的内在联系，将贫困治理片面化，局限在个体认知行为或社会环境结构的分离式建构中，这成为制约贫困治理实践有效性的根本原因。理论演化下的治理策略由于缺乏对贫困问题关系性本质的识别和瞄准，以致扶贫实践物质化、表面化和短效化，成为贫困治理的实践瓶颈。

场域视域下，贫困的本质是关系性贫困，贫困治理的根本目的是对贫困场域中关系的治理，实现关系性贫困治理的前提是明确关系的具体内涵。就理论依据而言，贫困场域由贫困者惯习和社会制约性条件共同构成，二者作为场域生命的双重系统，在运作中相互影响并建构，共同导致贫困者行为实践的发生和贫困状态的维持。所谓"关系"，正是存在于贫困惯习同场域结构之间的紧密关联，只有同时且对应地改变二者之间的相互作用关系，才有可能实现贫困场域的整体繁荣，任何单一性的或片面性的治理都无法动摇贫困场域维持自身存在的稳定性。就参与主体而言，贫困问题并非贫困者自身的独角戏，而是由贫困场域中的众多相关角色共同出演。在此过程中，贫困者个体之间、个体同群体之间、个体同组织之间、甚至个体同政府之间都会产生彼此制约的互动性关联，而贫困者能否脱贫主要在于其能否建构有效的人际、场际、域际关系来获取有效权利，实现身份转换。就资本流动而言，场域中多元要素的流动与积累决定个体所占据的场域位置，这就要求贫困者不仅要占有资本的量，还要拥有资本的类。所谓"关系"，恰好存在于场域资本的获得渠道和转换路径之中，因此建构有效的资本关系是贫困治理的重要环节。

就长期贫困治理的实践经验来看，贫困治理模式从扶助理念、扶助要素和治理规模等角度实现了贫困治理模式的不断提升和改进，但始终未能从根本上达成"关系型"贫困治理的实践要求。一方面，我国的贫困治理过程中呈现显著的客观主义，这严重导致了扶贫效果的片面性；另一方面，主观主义虽然在一定程度上实现了对贫困者主体性的关注，但其并未关注贫困者的心态结构——惯习，停留于增强贫困者的生计技能或提高扶贫者的过程参与，而这仅仅是对于主体性的表面治理，因为凡是未能从心态或认知层面来改善贫困者的心态结构的治理措施都无法真正实现其主体性的更新和发展。有学者提出"输血"与"造血"模式的协同互动[1]，以此来实现贫困的客观治理同主观治理间的相互补充。但这一模式只是将贫困场域的环境结构和贫困者的主体性作为贫困治理中相互独立的两个维度分而治之，并不存在相互影响和建构的关系系统，故协同模式下的贫困治理虽不片面，但却分裂。因此，我们必须立足关系型模式开展贫困治理，兼顾场域客观条件的改善和激

---

[1] 谭贤楚. "输血"与"造血"的协同——中国农村扶贫模式的演进趋势[J]. 甘肃社会科学, 2011(03).

发贫困者主体性的同时，针对贫困场域的主体间性特征开展介入性治理。

基于以上探讨，"关系型"贫困治理正是基于传统治理手段的物质补偿和外援性扶助，针对贫困场域的关系困境开展对贫困者主体惯习的介入性矫正，通过贫困者内源和外援的双重发展，构建起贫困者同环境结构间的双重、良性互动关系，最终提升贫困者的主观认知和生计能力、促进贫困者的资本链接和资源运用、实现贫困者的社会参与和社会权能。相比于"非关系型"贫困治理和"半关系型"贫困治理，首先"关系型"贫困治理在理论层面全面把握了贫困的关系性本质，明晰了贫困惯习和场域结构间自我构建和相互构建的双重作用规律，超越了以往贫困治理研究和实践对于贫困问题的认知水平。其次，"关系型"贫困治理综合了多维度的致贫要素，主要包括经济资本、文化资本、社会资本、政策资本等，这有利于贫困者获取更多的场域资本并加以运作，从而改善经济匮乏、矫正贫困文化、化解社会排斥、实现权力公平。最后，"关系型"贫困治理在治理路径上遵循了关系性贫困的理论指引，针对环境结构的改善开展外援性扶助，针对贫困者的内源性困境开展介入性的惯习改善，通过内外双向的治理策略，贫困者和场域环境得以发生共时性改变，进而有利于实践成果的巩固和延续。

5.2 "关系型"贫困治理的内在要求

在长期的理论研究与实践探索中，人们对于贫困问题的认知历经由一维到多维、静态到动态、客观到主观的发展过程。[1]场域理论视域下，贫困的实践不仅是动态的，而且是惯习的历时性积累与行动的共时性叠加；致贫因素不仅是多维的，而且是多重资本间的流动、转化与制约；贫困场域的主体不仅是主观意向的贫困者，而是行动者的贫困惯习同场域结构这对相互建构与被建构的二重生命。故贫困的本质是关系性贫困，是贫困场域中一切个体同个体、个体同群体、群体同结构间的关系总和，这不仅加深了人们对贫困问题的认知难度，更加剧了贫困治理的实践难度，针对关系性贫困治理所开展的"关系型"贫困治理模式由此提出。根据关系性贫困的理论内涵和实践层

---

[1] 叶初升, 王红霞. 多维度贫困及其度量研究的最新进展: 问题和方法[J]. 湖北经济学院学报, 2010(6).

次，"关系型"贫困治理也有其内在要求，内容包括加强贫困惯习改善的主体性要求、完善场域双重互动的关系性要求以及兼顾多元资本运作的综合性要求。

5.2.1 加强贫困惯习改善的主体性要求

关于贫困者的主体性困境，相关理论研究实现了从客观结构解释向主体能动解释的跨越。其主要意义就在于人们开始跳出臆想的结构性原理，尝试向复杂的主体层面进发。但既有的以贫困主体为视角的理论研究更倾向于将心态结构的问题诉诸于文化和心理层面的解释，如发展意愿、志向、行动理性等，并以刘易斯、班菲尔德、哈瑞顿等人的研究成果形成贫困文化理论派，而忽视了对贫困者内在结构的深入探讨，以至其相关研究始终停留在贫困文化或贫困行动的解释层面，而真正付诸实践的治理经验相对较少。但场域视域给予了心态要素结构性的解释，明晰了以贫困惯习为抽象概念的心态结构在贫困实践中的核心功能。贫困场域中，贫困惯习成为沟通客观制约性条件和贫困实践的核心桥梁。一方面，贫困惯习作为"前结构"在实践起点表达场域的客观条件；另一方面，贫困惯习作为行动的根本原则指导实践的发生。因此，贫困惯习作为一种心态结构成为贫困治理的关键因素。

我从事基层扶贫工作很多年了，看了太多失败的例子。最早的时候我们给贫困户送米面油、帮他们供孩子上学。后来就开始带领他们搞生产发展，春耕的时候送种子、化肥，一有好的政策就尽量帮他们争取。但有些人就是扶不起来，就像自己家孩子学习不好一样，你给他提供那么好的学习条件，他就是不好好学习，天天想着玩，有些贫困户也是这样。近两年我们经常请一些专家来讲课，给大家搞培训，虽然有点儿效果，但也就是三天热情，专家一走、时间一长，又回到原来的状态了。我一直想啊，能不能有什么办法把大家这个观念转变了，观念、想法一变，这劳动的劲头肯定就上来了。（HSY-R村主任-20160826）

可见，困扰现实生活中贫困治理的"观念"、"想法"等概念，实际上就是贫困者生存心态的一种表象，其内核正是贫困惯习。相比于贫困文化，关系性贫困的核心要义就在于明确提出对贫困者心态结构的探索和反思，认为贫困惯习是在一系列客观结构和主观建构的影响之下形成的综合性的行为倾向，既包含对历史经验的积累，也涵盖对一切潜在可能性的预设。因此，单纯从贫困文化的层面来探讨或改变主体倾向是乏力的，而传统性贫困治理以外援性扶助手段来激发贫困惯习的改善亦是不能实现的，因为它只考虑到了场域环境或结构对贫困惯习的建构性，而忽略了贫困惯习本身的自我生成性。因此"关系型"贫困治理必然要直面贫困惯习这一场域主体，通过有效的扶助手段来实现贫困惯习的矫正或改善，从贫困者的内部来激发其生活渴望和发展动力。

　　由于贫困惯习的生成是贫困场域中多元资本的运作结构，因此"关系型"贫困治理若想展开针对贫困惯习的有效措施就必然会涉及经济学、社会学、心理学和行为学等多种学科的理论知识和实践方法，这也是基于关系性贫困来开展贫困惯习矫正的困难所在。就我国当前的治理模式而言，政府依然是统领贫困治理的核心主体，其习惯于通过政策措施对客观条件进行改造，而缺乏针对个体行为进行干预的尝试和经验。对此，西方国家已经有了初步探索：2010年英国内阁办公室设立了"行为洞见小组（Behavioural Insights Team）"，2015年奥巴马政府设立了"社会和行为科学小组"（The Social and Behavioural Team），都旨在对个体或群体行为及其心态结构进行研究，以提升公共政策的实施效果。正因如此，我国才更需要通过创新扶贫模式、开发新型的政策工具来帮助和矫正贫困者的贫困惯习，实现贫困场域的有效治理。

5.2.2 完善场域双重互动的关系性要求

　　贫困场域由贫困惯习同贫困场域的客观结构所组成，因此始终存在惯习同场域结构间相互建构与被建构的主体间性关系——场域二重生命的共时共生运作。因此无论贫困惯习或是场域结构，都无法脱离对方而独立存在，在自身生成的同时始终受到来自对方的建构性影响。以往贫困治理的实践中，人们尚未厘清客观环境和主体行为间的双重联系，误以为只要通过外援性努力来改善贫困者的生存环境和发展条件就可以实现贫困者自发的能动生产。例如异地扶贫、扶贫搬迁等政策措施，就是将贫困群体从生活条件匮乏的地区搬迁到其他地区，通过改善安置区的生产生活条件、调整经济结构和拓展增收渠道，帮助搬迁人口逐步脱贫致富。此外，项目扶贫或整村推进扶贫模式也是将已有的成形产业模式移植到贫困落后地区，或根据当地的资源特点引进投资，就地建立起新的产业模式，贫困者通过劳动生产嵌入新的经济结构，以实现经济收入的增长，从而摆脱贫困。

以上路径在一定程度上确实解决了原生地区自然条件恶劣的问题，在新的起点上给予贫困者充沛的发展资源和条件。但事实上，许多异地扶贫政策或产业落实政策在实施之后并没有从根本上解决贫困。一方面，单纯客观条件的改善只是在物质生活的表层改善了贫困者的生存条件，其行为实践模式依然是贫困惯习指导下的贫困实践。不仅如此，异地搬迁的结果是贫困者同城镇居民间的直接对垒，价值取向和思想观念的差异甚至造成二者群体间的矛盾冲突，会导致贫困者被进一步排斥在社会参与之外。另一方面，贫困者虽然可以通过劳动生产嵌入新的生产结构之中，但其生产实践的本质却是被动的、依赖的，贫困者的行为实践从根本上受制于贫困惯习，一但失去外援性扶助或激励，贫困者将无法持续理性的生计生产，继而回归之前的贫困实践状态。正如甘斯所说，行为模式、规范与期待的发展是在适应现存的情景中产生的，并非情境改变，行为模式或期待就会随即反应并改变，两者间存在滞差。"过于简化了环境和行为两者间的关系，人们并不会自动地顺应环境的变化"[1]。

前两年，在镇政府的扶持下我们村开展了很多扶贫项目，大家积极性特别高，有种蓝莓的、有养蜜蜂的、有种药材的、还有搞养殖的。不到一年时间，很多村民就脱贫了。原本以为村子就会这样好下去，谁知到了第二年年底统计的时候，返贫率一下子就高起来的，我们几个村干部当时就吓坏了，这可怎么往上报啊，眼瞅镇里下来的脱贫指标就完不成了……其实出了这样的事儿我们也早有预感，怎么说呢，大家第二年的积极性就明显不如第一年了，尤其赚了点儿钱之后，农村人嘛，就忘乎所以了，也不好好搞生产，天天想着怎么享受。再一个呢，我们村在县里资源也少，头一年政府还帮着卖，第二年脱贫了就不管了，很多村民生产的东西找不上好买家，都低价卖了，这也打击了大家的积极性。（YFG-R村文书-20170709）

可见在现实的贫困治理中，仅就贫困场域的条件或环境来开展贫困治理

[1]　周怡.贫困研究：结构解释与文化解释的对垒[J].社会学研究，2002（3）.

显然是力不从心的。无论外援性扶助政策如何完善或缜密，贫困群体将长久地受制于原生贫困惯习，难以在外在激励下发挥主观能动作用，这是个体性致贫因素与结构性致贫因素的内在关联。此外，缺乏内源性治理的主体困境也是导致贫困治理效果难以维持和巩固的主要原因。因为长效性的贫困治理需要在贫困惯习和场域结构间建立双重、良性的互动关系，任何主体性关系的缺失都会导致这一良性互动关系的破裂，回归先前消极却稳定的互动关系状态。因此，"关系型"贫困治理只有充分考虑贫困惯习和场域结构间的必然联系，在优化客观制约性条件的同时兼顾贫困惯习的改善才能实现关系性贫困的根本治理。

5.2.3 兼顾多维资本运作的综合性要求

贫困场域中，资本是贫困者的实践对象，也是贫困关系得以传递和转化的媒介。场域中不同类型资本的运作承载了与其相应的功能和权力，例如市场经济得以正常运行主要依靠经济资本的自由竞争，教育机会得以获得主要依靠文化资本的有效积累，社会参与得以加强主要依靠社会资本的多方链接，社会权利得以实现主要依靠象征性资本的有效转化。行动者正是通过对各类资本的占有和运作最终确立了自身的场域位置，从而实现场域中的群体区分和权力分配。贫困场域亦是如此，经济资本的占有决定了贫困者的物质生存状态和生计发展资本，文化资本的占有决定了文贫者的行为实践策略和生计发展能力，社会资本的占有决定了贫困者的社会支持网络和资源获取渠道，政策资本的占有决定了贫困者的社会参与程度和自我权利实现。

但在贫困的认知过程中，我们对于致贫要素的把握是一个由单一到多维、由独立到综合的深入识别过程，物质资本匮乏是我们对于贫困要素的最初探索，而涵盖经济、文化、社会、政策等方面的综合性要素框架则是我们对于贫困成因的当代探索。在以往的扶贫实践中，政府常常就贫困者某一方面的缺失来提供针对性的帮扶，例如为低保户提供物资、津贴等单纯物质性扶助，为贫困农民提供种子、化肥等农业生产资源，为生产落后群体提供小额贷款等，显然这些单一要素的扶贫措施成果并不显著。原因在于，资本在场域中的运作不是独立的，而是存在相互转化、相互影响、相互制约的共生关系，表面上某一资本的缺失可能隐含着其他资本的缺乏，任何贫困状态都是多种资本共同作用的结果。具体而言，经济资本表面上直决定了贫困者的物质生活水平，但作为积累的经济基础，其又间接影响着贫困者所能接受的教育水平以及建立的社会关系。文化资本是场域区分化的重要依据，对不同文化资本的占有决定贫困者拥有不同的生活格调、兴趣爱好、行为习惯，但同时，文化资本又可经过教育而内化为贫困者的生计发展能力，间接决定了贫困者对于经济资本的运作和社会资本的运用。而社会资本也不仅仅指代贫困者的社交网络，作为一种衡量社会参与程度的要素，社会资本在很大程度上决定了贫困者参与经济活动和教育活动时所遭受的排斥程度。

2015年的时候，我们村也开始搞小额贷款，好多人都争先恐后地去申请，好像不用还似的。其实当时想法特别简单，觉得自己穷就是因为没钱，但凡家里能拿出几万块钱作本钱张罗点儿小生意，那肯定是能赚钱的。所以我也去申请了三万块钱的小额贷款，回来买了种子和肥料准备种蓝莓。听说市里人都爱吃蓝莓，夏天贵的时候一斤都能卖到30多块钱。等到蓝莓结果了，我就拿出去卖，但却怎么也卖不上高价。我溜达到别的村子一看，好家伙，人家蓝莓都比我的大、还甜，那蓝莓种的都可专业了，是专家来给培训过的，我这种菜的野路子根本不行。后来我就跟镇里申请，能不能让我也加入他们的蓝莓合作社，跟人学习一下。镇里还真同意了，在我们村又挑了几个贫困户一起加入合作社。双休日我们就一起去镇里听农业大学的专家来讲座，回去按照人家指导的方法种蓝莓。现在不仅蓝莓长得好，还不用自己拿去城里卖了，有专门合作的食品厂定期来收我们村里的蓝莓，特别方便。现在一想，过去的想法太简单，哪是光有钱就行的，还得有知识、有技术。（ZXL-脱贫户-20170823）

可见，资本间的运作与转化交织成复杂的资本流动网络，共同支撑起贫困场域中的实践运作系统。而这种复杂的关系态势也对贫困场域的治理提出了挑战，即不能专注于某一维度的致贫要素而忽略贫困场域中多维资本的内在联系。这就需要在"关系型"贫困治理的实践过程中建立多维度的要素补偿机制，通过扶助政策多管齐下，在为贫困者提供经济资本以改善其物质生存条件、促进生计项目发展的同时，改善贫困地区的教育条件、加强生计能力的培训和发展，完善贫困者的社会支持网路、链接有效的社会资源，促进贫困者的社会参与，确保其社会权利的有效实现。

5.3 社会工作介入与"关系型"贫困治理的衔接

在长期贫困治理的实践探索中，既有贫困治理模式从扶助理念、扶助要素和治理规模等角度不断实现贫困治理的模式提升和政策改良。但传统治理模式的失败主要囿于主客二元对立思维在理论探索和引导实践方面的不完整性，使得贫困治理在真实的实践过程中呈现出治理目标的片面化和治理内容的碎片化，始终未能从根本上满足"关系型"贫困治理的内在要求，需要引入第三方力量来协同贫困治理的完善。社会工作本就起源于西方社会的贫困救助，其专业的救助理念和救助方法正是在同贫困的长期斗争中逐渐形成并发展起来的。尤其在当前政府转变职能的背景下，社会工作介入对实现基层贫困治理而言具有重要的功能价值和补位意蕴。相比于"关系型"贫困治理内在要求，社会工作不仅在扶助理念上具有同源性，在介入功能上具有关系性，还可以在现实操作层面实现多维要素治理的综合性。总之，不论是理念内涵，还是方式方法，社会工作介入"关系型"贫困治理都有其必然的专业优势和补偿功能。

5.3.1 社会工作的主体性扶助理念

社会工作是一种不以营利为目的、助人自助的专业性社会服务工作，它视受助者为积极能动的个体，而非被动消极的客体，帮助他们满足那些仅凭个人努力无法满足的需求。其核心价值包涵两个方面：就扶助对象和扶助功能层面而言，社会工作强调"扶弱济贫"，也就是将社会中的弱势群体或被压迫的人们作为自身的扶助对象；就扶助理念和扶助目的层面而言，社会工作强调"助人自助"，也就是通过外在的引导和矫正来实现弱势群体内在的自立自强。在这一过程中，社会工作的主要方法包括个案工作、小组工作和社区工作，通过专业方法的组织和运用为受助者提供必要的发展条件和改变措施，如恢复弱势群体的个体功能、构建社会支持网络、链接社会资源、实现社会参与等，最终使其发挥潜能以解决自己的问题。可见，"扶贫济弱"

是社会工作实践的表层目的, "助人自助"则是对其扶助成效的深层次挖掘。可见, 贫困治理中, 社会工作的"自助"重点在于恢复贫困者的自我生产和供给功能, 也就是在贫困场域中, 贫困者不仅能获取所需的经济资本, 还能通过自身贫困惯习的改变来有效指导生产实践活动, 借助重建的社会支持网络实现生产成果的价值转化。[1]

同贫困治理相比, 二者首先在价值起源上具有同源性。社会工作起源于西方社会的贫困救助, 始终秉持利他主义精神同贫困治理实践共同发展。社会工作中专业的扶助理念和扶助方法正是在同贫困的长期斗争中逐渐形成并发展起来的。如英国十九世纪后半叶所开展的睦邻运动, 作为社会工作的重要起源之一, 就是主张受教育的志愿服务者同贫困者在贫苦的地方公共生活, 领导其进行邻里改革, 并为其提供教育服务。其次, 社会工作的"增能"、"赋权"等理论为"关系型"贫困治理的开展, 尤其为贫困者惯习的改善提供了理论支持, 有助于激发贫困者的内源性动力, 实现贫困治理所倡导的自我"造血"。最后, 社会工作为贫困治理提供了专业的视角和方法, 以"同理心"、"优势视角"为理论前提, 尊重并接纳贫困者的缺点和不足, 更有利于化解贫困者在帮扶过程中的污名化情绪, 易于建立信任、合作的帮扶关系, 从而对贫困惯习的改善施以有效介入。

就贫困治理而言, 传统扶贫方式只关注到个体或家庭的物质需求不足或生产能力有待提高, 进而通过制定相应的社会政策实现对贫困者的经济援助和技能扶持, 但这对于贫困者而言仅仅是表层意义上的"助人", 只能在短时内实现个体或家庭的物质的满足, 却无法实现深层意义上的"自助", 也就是缺乏对贫困者主体性的激发和调动。2017年8月, 民政部、财政部、国务院扶贫办联合出台了《关于支持社会工作专业力量参与脱贫攻坚的指导意见》, 其中就明确指出要"坚持群众主体、助人自助, 发挥社会工作专业人才组织协调、资源链接、宣传倡导的优势, 激发贫困群众的内生动力, 帮助贫困群众建立健全社会支持系统, 支持贫困群众提升自我脱贫、自我发展能力", 这不仅为实现2020年全民脱贫的攻坚目标奠定了坚实的基础, 同时也为社会工作介入贫困治理提供了充足的施展空间。就理念层面而言, 社会工

---

[1] 李文祥, 吴征阳. 贫困治理的场域观与社会工作增权 [J]. 江淮论坛, 2018 (3).

产；政策资本影响了贫困者的权能发展，其缺失会导致社会参与的不足。因此，"关系型"贫困治理的具体内容是通过多元资本的综合介入来改变贫困场域中的资本分布，使贫困者重新掌握资源和能力，在改变贫困者的惯习行为逻辑的基础上，建构个体同环境之间的正向互动关系。

由于场域自身具有相对自主性和稳定性，因此贫困治理无法依靠场域内部自发完成，而需要通过外力介入予以干预。有效的介入手段须瞄准贫困问题的本质，将场域"关系"作为实践介入对象，这就要求介入手段不仅能链接经济资本要素，还能矫正个体或家庭的认知行为问题、修复断裂的社会关系网络。而这一介入的可行方式必然指向社会工作。社会工作通过具体的实践层次分别对场域中的多维要素开展综合性治理，同时在系统性结构方法中实现多种资本的流动与转化。例如古铁雷斯就将社会工作"赋权"划分为个人、人际和政治三个层面。在个人层面，社会工作通过个案工作方法，一方面就贫困者的个体惯习干预，一方面就贫困者的生计发展能力开展提升，而这一过程主要实现的是场域经济资本的补偿和文化资本的补充；在人际层面，社会工作通过小组工作方法就贫困者的社会关系开展修复，化解社会排斥的同时搭建新的社会支持网路，而这一过程主要依托于社会资本的链接和运作；在政治层面，社会工作通过社区工作方法就贫困者的权利贫困开展治理，引导、促进其社会参与的同时实现利益公平和权能公正。可见社会工作在具体的实践操作层次中可以实现对多维致贫要素的兼顾和协调，补偿传统贫困治理中对于场域资本的片面性治理，实现"关系型"贫困治理的综合性要求。

5.4 社会工作介入的一般路径

在十九大报告中，习近平总书记就提升社会治理手段、创新社会治理格局作出重要指示，即"要更加注重联动融合、开放共治，更加注重民主法治、科技创新，提高社会治理社会化、法治化、智能化、专业化水平，提高预测预警预防各类风险能力。"其中，"提高社会治理社会化"就是加强构建并完善"党委领导、政府负责、社会协同、公众参与、法制保障"的社会管理体制。在这一社会治理多元化的政策主张下，各类社会组织不断发展壮大，如雨后春笋般蓬勃发展，积极参与农村贫困治理、社区公共服务、弱势群体扶助和基层社会维稳等工作，已然成为基层社会治理的重要参与者和助力者。特别在贫困治理方面，一方面贫困问题的复杂性和顽固性难于根治，对多元化的综合性治理提出呼唤；一方面传统的政府统揽式扶贫常常受制于自身的专业性不足，期待社会组织的功能性补位。

　　近十年来，社会工作在广州、上海、江西、珠海等地得到积极实践，广泛探索，为社会工作组织的自身构建和发展、社会服务的有效提供和展开积累了宝贵的模式经验。从社会工作发展的区域模式来看，既有实践经验可归纳为"上海模式"、"珠海模式"、"广州模式"、"深圳模式"和江西"万载模式"。从社会工作机构的发展动力来看主要以政府、组织和企业为力量的三大来源，具体可划分为政府运作为主型、政府与社会组织结合型、社会组织运作为主型、企业参与社会工作型。[1]从社会工作组织参与贫困治理，具体开展社会服务的方式来看可以划分为"委托—代理"型扶贫路径"、"协作—互助"型扶贫路径和"外展—介入"型扶贫路径。[2]而本研究主要基于社会工作介入贫困治理的一般经验，根据介入过程中社会工作组织同政府、企业间的关系构成可将社会工作介入路径划分为"被动式"介入路径、"协作式"介入路径和"自发式"介入路径。

5.4.1 "自发式"介入路径

　　社会工作介入贫困治理的第一条路径是"自发式"路径，也就是依靠社会工作组织的自发性和独立性来完成机构组织的构建和社会服务的开展。一方面，社会工作机构可以在日常事务的处理过程中或案主服务的提供过程中来发现更多的弱势群体、贫困者、贫困家庭甚至贫困社区，通过与其建立自愿、平等的互助关系来将其发展成案主，进而开展具体的专业性扶助以缓解或消除案主的困境状态。另一方面，随着社会工作组织的逐步成熟和社会工作服务的广泛拓展，社会工作机构也会发展成为弱势群体或贫困者的新的求助路径，求助者通过向社会工作机构主动求援来获得成为案主的机会，进而

[1]　顾湘.我国社工机构发展模式及比较[J].学会,2015(11).

[2]　李迎生,徐向文.社会工作助力精准扶贫:功能定位与实践探索[J].学海,2016(04).

接受社会工作者的帮扶来解决问题。可见"自发式"介入路径下，社会工作组织的主体性成为推动整个服务开展的核心动力，其本质是一种"外展—介入"的关系方式。

社会工作的"自发式"介入对社会整体的政治、经济环境具有较高要求。一方面，社会工作组织要具备较强的主体性，能够独立开展并维持机构运作，适应市场化竞争要求，在经营能力上自负盈亏。另一方面，社会中的政治环境要对社会组织的自主发展留有较大空间，允许其广泛开展社会工作服务的介入活动。这一模式的实践开展大多发生于职业社会工作制度较为完善的西方国家，如英国、美国、瑞士等，其相对自由的社会环境为社会工作组织自发介入贫困治理提供了有利条件。十二世纪末，英国的社会工作组织就曾独立开展社区的贫困治理工作，内容包括统计贫困者的相关信息、为其提供必要的法律援助、在社区开展增能赋权服务等。这一过程中，社会工作组织为维护自身的主体性而特别注意同政府机构保持适当的距离，以免成为政府的政策执行者或服务代理人。[1]在同一时期的美国，社会工作组织为弥补政府失业救助政策的失灵而自发组建社区内部的就业培训基地，通过对贫困者开展就业技能培训来促进贫困者的就业发展，并增加其机会和提升其质量。[2]

但就我国当前情况而言，首先社会工作组织的发展尚不成熟，很多地区的机构建设依赖于政府的财政扶持，无法实现独立运作。其次，我国社会工作组织的服务内容主要以承接政府或企业购买的社会服务为主，很多机构尚无法实现自主发展服务对象并提供相关服务。最后，我国的社会治理结构主要以政府为主导，社会组织以参与和协助为主，因而并不具备充足、自由的政治发展条件。显然社会工作在我国的"自发式"介入和发展存在诸多困境和制约条件，虽然就制度性贫困治理层面的介入相对较难，但依然存在同企业和其他社会组织间的广泛链接与合作。其中比较常见的模式就是医务社工对贫困病患的介入性帮扶。一方面医务社工组织可以同基金会、医院、企业建立合作关系，对贫困的残障人士、罕见病患者、先天性疾病患儿等群体开

[1]　Graig G. Poverty, Social Work and Social Justice [J]. British Journal of Social Work, 2002, 32 (6).

[2]　C. J. Coulton. Poverty, Work, and Community: A Reasearch Agenda for an Era of Diminishing Federal Responsibility [J]. Social Work, 1995, 41 (5).

展物质帮扶和服务救助。另一方面，医务社工还可以凭借自身的专业优势介入医患关系的调节，化解医患矛盾。此外，社工工作组织还可以自主介入企业对贫困员工的内部援助工作，通过企业购买社工服务来开展企业内部的社区管理和贫困治理。

5.4.2 "被动式"介入路径

当前，我国虽大力倡导企业和社会组织积极参与基层贫困治理工作，以丰富贫困治理的参与主体和治理功能，但贫困治理工作的开展依然是在政府的统筹管理下逐层开展的，即当前社会治理的权利分配方式以及社会组织的发展程度均不构成社会组织独立开展社会治理服务的条件。在社会工作介入贫困治理的实践经验中，政府依旧处于多元贫困治理格局的核心地位，只有经过政府专门的资格审查或满足政府指定的服务需求，社会工作组织或服务才被允许引入贫困治理的体系序列，即为"被动需求式"的介入路径。在这一路径中，政府同社会工作组织间具备正式的法律契约，表现出显著的"要求—依附"关系。社会工作的"被动式"介入路径又具体包括岗位介入方式和服务介入方式两种，其中岗位介入方式以"深圳模式"和"万载"模式为代表，而服务介入方式以"上海模式"为代表。

1. 岗位介入方式

同国外社会组织发育、完善的自发性和独立性不同，我国的政治、经济环境并不具备社会组织自然发展的有利条件，因此政府助力社会工作发展成为其发展至今的不竭动力。社会工作的岗位介入方式正是在政府大力推进社会工作的组织建设过程中发展起来的。其主要内容就是政府通过在系统内部设立社会工作的专业岗位，由社会工作机构派遣专业社会到政府中任职，从事相关的服务对接和管理工作。2007年，深圳市在政府推进社会工作职业化的背景下，以市民政局为试点单位，率先实践社会工作对民政工作的岗位性介入。其在辖区内的市救助管理站、市社会福利中心、市老龄办、市民管局、市民政局基础政权和社区建设处、市民政局救灾救济处等11个民政单位设立了33个政府购买的社会工作岗位，并向人员机构单位按6万元/年的标准支付购买费用，由此将专业化的社会工作人才和服务引入教育、司法、医疗等相关部门。此外，"万载"模式主要依托于万载县的行政组织对社会工作进行协作式的吸纳，通过在县一级设立社会工作协会、乡镇（街道）设立社会工作服务中心、村（居）委会设立社会工作服务站，以及设计专业性的社会工作岗位来促进社会工作人才的培训的发展。这一方式的有效开展，一方面可以通过政府出资购买岗位来间接扶助社会工作机构的人才培养，另一方面专业社工人员进入政府任职有利于链接社会工作服务，提升政府工作的针对性和专业性。

2. 服务介入方式

社会工作"被动式"介入贫困治理的第二种方式是以服务的方式介入，即政府根据自身职能的需要来提出服务需求，通过政府向社会工作机构直接购买服务来完成社会工作的引入，这也是当前最为普遍的一种介入方式。就本质而言，服务介入方式依托的是政府同机构间的"委托—代理"关系，"双方之间是一种法律上的契约关系，代理方受委托方资助代替其完成特定目标，并对委托方负责、受委托方监督。"[1]二者并非如市场经济一般是供需的平等关系，而是通过社会工作结构对政府服务需求的依赖而产生的一种自上而下的制约关系。在"上海模式"中，上海市政府主导成立了三家社会工作机构，并建立了对口职能部门对其进行管理和监督，通过"依赖性非竞争性购买"的方式实现社会工作服务的引入。但由于"上海模式"社会工作服务介入是定向、非竞争性的，因此整个服务供给和治理过程所体现的是完整的政府意志，缺乏社会工作组织的自主参与和独立运作。此外，2012年以来我国在中西部地区实行的"三区"人才计划项目[2]也充分证明了服务介入方式的可行性，即政府通过购买人才服务的方式向偏远山区和欠发达地区输送人才，以此实现人才服务的均衡供给，并且社会工作人才服务的购买已成为国家支援农村基层贫困治理、扶助社会工作机构发展的重要内容。

---

[1] 李迎生, 徐向文. 社会工作助力精准扶贫: 功能定位与实践探索 [J]. 学海, 2016（04）.

[2] 2011年由中央组织部、教育部、科技部、民政部、财政部、人力资源社会保障部、农业部、文化部、卫生部（国家卫生计生委）共同印发的《边远贫困地区、边疆民族地区和革命老区人才支持计划实施方案》，即"三区"人才计划. 计划目标是从2011年起至2020年, 每年引导10万名优秀教师、医生、科技人员、社会工作者、文化工作者到"三区"工作或提供服务. 每年重点扶持培养1万名"三区"急需紧缺人才.

5.4.3 "协作式"介入路径

社会工作介入贫困治理的第三条路径是"协作式"介入，即基层政府同社会工作组织通过建立平等、协作的合作关系来共同参与基层贫困治理，满足贫困者的生存和发展需求，解决社会矛盾和冲突。与"被动式"的介入路径不同，首先"协作式"介入路径中，政府和社会工作组织在身份上并非附属或从属的"上下级"关系，而是"协作—互助"关系。二者在身份上是平等的、在关系上是协作的、在目的上是共识的，也就是根据共同认可的道义关系、共同识别的治理目标以及协商达成的合作模式来开展贫困治理服务。其次社会工作机构提供服务以两种形式展开：或是由政府同机构协商制定确切的服务内容、服务形式和服务流程；或是由政府发出购买需求，由多家机构参与竞标。相比于"被动式"的"依赖性非竞争性购买"，"协作式"介入一方面可以保持运作的独立性，真正实现贫困治理的多方参与，另一方面公平、公开的机构竞争可以有效提高社会工作服务的效率和质量，直接提升扶贫区域的治理效果。最后，社会工作的"被动式"介入路径显然是在"强政府—弱组织"的环境条件下生成的，政府对发展不足的社会工作机构具有绝对的掌控和扶助能力，是政府满足自身功能需求的结果。而"协作式"介入路径则是在"弱政府—弱组织"的社会条件下产生的，彼此间的相互需求大于相互制约：政府需要通过社会工作来丰富治理内容、提高治理能力；社会工作机构需要借助政府身份来实现自身存在和运行的合法性。可见"协作式"介入路径更符合农村社会的基层治理特征，基层政府较弱的资源掌控力和当地社会工作组织尚待发展的组织结构都为彼此留下了相互需求、协作共赢的发展空间，这成为社会工作协同农村基层贫困治理的有利条件。

目前，我国社会工作组织在很多地区实践了"协作式"的介入路径，有效助力了当地的贫困治理工作。如各地区政府大力构建的"三社联动"计划，就是在社区治理中通过构建社区、社会组织、专业社工之间的协作、互助关系来推进社会治理的多方参与和共治共享。同时，"珠海模式"和"广州模式"也是通过"协作式"路径来实现社会工作介入基层贫困治理和社区管理的。"珠海模式"是"北京协作者"模式的引入和孵化，主要内容是在珠江三角洲地区构建以政府购买服务、企业提供资源、社会组织运作为主体的协作发展机构——"珠海协作者"，通过建立独立的开放式公益服务中心来满足社区居民的不断增长和变化服务需求。[1]"广州模式"是通过借鉴香港和新加坡地区的成功案例而建立起来的，其主要内容是在社会工作机构自主发展的基础上承接政府购买的服务项目，通过专业化和规范化的服务流程将服务项目以对象和内容为标准划分到不同的社工服务领域，以实现社会工作服务的精准识别和精准提供，其内容涵盖青少年服务、老年服务、残疾人服务等诸多内容。[2]。

　　基于以上三种介入路径的分析和对比，可以发现社会工作介入贫困治理的可行方式既同社会工作组织的自身发展方式和完善程度有关，还同场景中政府、企业、组织间的实力关系和资源掌控有关，不同介入路径的产生与发展都是对特定场域中经济、政治、文化条件的自适应，因此各有其相应条件和关系特征，如表6-1所示。本研究所讨论的社会工作介入R村的"关系型"贫困治理经验和模式，则是在"协助式"介入路径下展开的，可见该路径所要求的"弱政府—弱组织"的政治条件和"协作—互助"的关系模式都较为契合我国农村贫困场域的社会条件和治理要求。

表5-2　社会工作介入贫困治理的路径比较

介入路径	介入对象	关系性质	关系模式	介入方式	介入条件
"被动式"介入	政府	从属关系	委托—代理	岗位介入 服务介入	强政府—弱组织
"协作式"介入	政府、企业 社会组织	平等关系	协作—互助	服务介入	弱政府—弱组织
"自发式"介入	企业 社会组织	平等关系	外展—介入	服务介入	强企业—强组织

5.5 社会工作介入的作用机制

　　早在2014年，我国就已提出了发展贫困地区内生动力的指导意见，在《关于进一步动员社会各方面力量参与扶贫开发的意见》中指出，"要充分

[1]　陈雪娇.珠海协作者:内地社会工作发展的第四种模式[J].社会与公益, 2013.

[2]　王建平."广州模式"的实践价值及未来展望透析[J].中国社会工作, 2018(31).

尊重贫困群众的主体地位和首创精神，把贫困地区的内生动力和外部帮扶有机结合，不断提高贫困地区和贫困群众的自我发展能力"。而社会工作介入关系型贫困治理，不仅可以对贫困者惯习予以有效的改善和塑造，还可以作为一支重要的社会力量，在贫困治理的参与组织和资源链接方面发挥不可或缺的作用。

介入过程中，社会工作主要包括以个案社会工作、小组社会工作和社区社会工作为框架的三大基本方法。首先，个案社会工作是以个人或家庭为服务对象，针对个人的特殊情况和需要，了解个人内在的心理特性和问题，运用与人的认知行为和环境结构相关的知识和技巧来建立专业关系，以改变受助者的认知和态度，激发其内在潜力，协调其与所在生存环境间的关系，并通过链接社会资源来助其恢复生活、生产功能，最终促进个体和家庭的成长与发展。其次，小组社会工作是以小组或团体为对象，通过小组成员之间的互动互助，使个人能借助集体性活动改变自身行为，促进自身的社会化、恢复和发展社会功能，协调和发展个人与个人、团体之间的关系，促进小组及其成员的发展。最后，社区社会工作是以社区和社区居民为服务对象，通过组织社区居民参与集体行动、解决社会问题来培养其自助、互助以及自决的精神，培养社区居民的民主参与意识能力，进而促进社区进步。也就是从贫困者的个体惯习层面、人际关系层面和社会参与层面开展贫困场域关系型治理。[1]

5.5.1 个案工作对贫困者个体惯习的改善

贫困者个体层面的贫困治理主要包括为其增加可供发展的资本和能力，同时改善贫困惯习。在贫困实践中，贫困者对经济资本的占有直接决定其在场域中的位置，而资本缺失的主要原因在于贫困惯习决定了贫困者在资本竞争中采取消极的行为策略，使贫困者始终处于场域的底层位置且不断巩固。同时底层环境的氛围与结构又不断内化为贫困者的认知行为，使其难于面对自身困境而任其发展。可见资本的缺失是关系性贫困存在的物质基础，贫困惯习是关系性贫困得以持续并运作的核心。就贫困个体层面予以治理是借助

---

[1]　李文祥, 吴征阳. 贫困治理的场域观与社会工作增权［J］. 江淮论坛, 2018（3）.

贫困实践主动性的改善来干预贫困场域主体间性关系的必要条件。即通过自我意义的重建能力的提升，使贫困者由消极的贫困实践转变成积极的生产实践，通过个体与环境间的互动关系重构其所在环境的贫困结构，同时通过积极的结构反馈进一步内化自身的积极惯习。

贫困者个体惯习的改善主要通过个案社会工作来实现。个案社会工作因其对个体权能的关注和改变，成为贫困者个体心态与技能扶助的主要方式。因为个案工作是"现代社会工作中一种由个人入手的专门工作或方法，其实施对象为个人或家庭，主要目的在于协助发生问题或遭遇困难的个人或家庭，对于他们的问题加以研究及分析，予以适当的处理，以期解决其问题或困难，促进其个人人格之健全发展与家庭生活的调适，以增进其个人的、家庭的与社会的福利。"[1]社会工作得以介入贫困治理的价值意义在于引入"优势视角"理念，将贫困者视为具有发展潜力和内在力量的成长个体。因此在实践过程中，个案工作一方面可以运用科学有效的分析方法识别贫困者的资源缺陷和发展潜力，为其提供必要的经济资本和技能培训，使其获得生计发展的"自助"能力；另一方面可以为贫困者提供必要的心理辅导、教育培训和行为管理，引导其重新建构对贫困的认知和理解，增加文化资本，缓解其自卑和压力，进而改善贫困惯习，重新获得积极的行为倾向和掌控生活的能力。

社会工作介入贫困者个体层面的惯习改善主要基于两个层面的功能实现：

其一是识别贫困者的个体及家庭困境并分析其根源，基于困境的消解来改善贫困者消极的心态结构。这一功能同当前所推行的精准扶贫模式中的精准识别相类似，但精准识别是通过建档立卡的方式将贫困户的致贫原因细化为成因病致贫、因学致贫、因灾致贫等多种因素，较以往单纯以收入和消费为衡量标准的贫困度量方式更为深入，但这种"一户一卡"的识别方式依旧建立在基层政府的行政化管理方法之上，虽然提高了对贫困个体的描述深度，但其判定和干预方法却无法触及深层次的心理因素。[2]与之相比，个案社

---

[1]　叶楚生. 社会工作概论［M］. 台北：台北作者印行，1967：104.

[2]　李文祥，田野. 社会工作介入贫困群体的可行能力建设研究［J］. 社会科学，2018（12）.

会工作方法则通过广泛了解和深入交流来识别贫困者的致贫因素，不仅可以在生存层面识别其物质务求，还可以在心理层面剖析其症结所在，进而开展专业性的扶助方法来帮助其改善心态结构。其二是根据贫困者生计项目所需的劳动技能来予以相应的技能培训和技术咨询，以实现其生产发展的智力帮扶。这一功能性服务的开展主要基于贫困者自身生产与发展能力的不足，在参与市场竞争的过程中易于被淘汰。而社会工作个案扶助的介入可以充分发挥自身资源链接的功能，对接本地就业的贫困人口，通过基层政府的项目购买或签订当地企业的劳动订单等方式来提供就业岗位，进行就地职业技能培训；对外出务工的贫困人口可实行前置培训，确保其获得职业资格证书之后再进入市场；对本地创业的贫困人口，可提供适合的产业项目，并予以定期的技能辅导和相关性优惠政策。[1]

5.5.2 小组工作对贫困者人际关系的重塑

传统型贫困治理的实施手段主要缺陷就在于仅就贫困者个体层面予以治理，而忽略其所在的关系环境。这一关系性要素主要存在于社会支持网络当中，具体包括正式的社会支持网络和非正式的社会支持网络。前者由单位行政、社区、专业咨询机构、非政府组织等构成，是贫困者获得正式援助的主要渠道。后者由家庭成员、亲属、朋友、邻里等构成，是贫困者情感支持和非正式帮扶的主要来源。作为场域中重要的社会资本，贫困者由于缺乏人际关系，首先被排斥在资本获取渠道之外，既无法获得经济资本援助，也无法实现自有资本的价值转换，最终导致物质性贫困；其次被排斥在社会支持网络之外，不仅使其具有消极的自我评价，在交往对象上也具有显著的狭隘性、封闭性和同质性，最终导致关系性贫困。二者联合构建了贫困者的生存环境，即资本匮乏的场域位置和权利缺失的阶层属性。在场域关系的作用下，环境结构又持续内化成贫困者的惯习，使其难以自拔于贫困。尤其在农村地区，贫困人口较为集中，在正式的社会支持网络功能弱化的同时，非正式社会支持网络的作用越发凸显，并表现为差序格局中以人情为依托的亲

---

[1]　李文祥, 田野. 社会工作介入贫困群体的可行能力建设研究 [J]. 社会科学, 2018 (12).

友、邻里互助。[1]这种环境下，"社会组织的构成一般是以血缘和地缘为基础的自然组合，家庭本位主义、排斥机体合作的思维与行为方式比较盛行，相对缺乏自主发展、团队合作观念与意识，社会组织水平较低。"[2]可见关系性贫困虽是存在于个体同环境结构间的抽象互动，难以把握本质，但却附着在具体的人际关系之中，使其有迹可寻，把握人际关系的修复即是对贫困场域中主体间性的解构与重建。

人际关系层面的增权主要依靠小组社会工作。"小组工作是社会工作的方法之一，它以一定的专业价值为基石和灵魂，以一定的专业理论为指导，经由小组工作者的协助，通过有目的的小组互动过程和小组经验分享，改善个人、小组和社区（社会）间的相互关系，并使他们达到功能增强的目的，进而促进个人成长和社会的进步与发展。"[3]中国社会的人际交往具有显著的乡土特色，加之社会主义市场经济建设的影响，使之呈现双向嵌入的特点：首先，贫困者内固于宗族网络和亲属关系中；其次，贫困者外嵌于地方政府和经济的管理体系之内。因此修复边缘化的社会网络需要围绕血缘、地缘和业缘关系展开，构建贫困者的正式和非正式的社会支持网络。而小组工作方法正是在人际层面予以关系治理，一方面可针对同质性贫困群体，为其组建成长小组，通过相互间经验分享和情感支持以增进人际间的理解和沟通，获得基于人情的关系网络；另一方面可加强其同正式的社会支持网络主体间的联系，争取相应的政策扶持和物资、技能援助。

在小组社会工作的具体实施过程中，一方面可以聚集具有相似经历的贫困个体，运用专业性技巧和方法，如分享、分担、支持、教育、治疗等手段，有目的地加强小组成员间的互动与互助，通过经历和经验的分享减缓其忧虑和不安，并从中获取非正式的社会支持；另一方面可以通过支持小组、成长小组、教育小组、赋权小组等方法联合贫困者，激发他们通过改变支持系统来改变现状的欲望，借助团体的力量着重发展贫困群体的社会支持网络，帮助贫困者获得改变贫困的渠道和网络，从根本上完善贫困群体正式和非正式的社会支持网络，修复资源链接的关系路径，在人际交往层面实现资

[1] 李文祥, 田野. 社会工作介入贫困群体的可行能力建设研究[J]. 社会科学, 2018(12).

[2] 程萍. 社会工作介入农村精准扶贫: 阿马蒂亚·森的赋权增能视角[J]. 社会工作, 2016(5).

[3] 张洪英. 小组工作[M]. 济南: 山东人民出版社, 2012: 4.

源链接。就扶贫主体多元化的引入策略而言，需要贫困治理的第三方具备小组工作专业化的操作团队和实施技能；就创新的"关系型"贫困治理策略而言，除购买相应的专业服务外，社会居委会也是实施专业化社会工作服务的潜在主体。

5.5.3 社区工作对贫困者社会参与的实现

同前两种关系治理实践的层次不同，社会参与层面在实践规模上以集体行动为主，而非贫困个体，旨在获取能够影响或改变相关政策制定的政治影响力和获取社会资源实现群体生计发展的权利、待遇和机会；同时，个人层面或人际关系层面的关系治理立足于贫困惯习改善之后的个体能动性发展，但贫困群体因缺乏自身利益的可靠代表而无法实现社会参与的正当性，往往处于被动局势，因而有必要在政治权利层面予以关系型治理。场域中，社会参与的正当性与象征性资本关系密切：贫困场域中的身份排斥得以发生，主要缘于象征性资本的消极异化对贫困者自身产生了污名化、标签化等影响，使贫困者参与主流社会生活难以名正言顺，进而阻碍了贫困者同环境结构间的正常互动；同时污名化了的身份和环境又通过场域关系内化进贫困者的认知，造成贫困者对自身惯习的消极构建。可见，权利关系重塑对贫困者获取正当资本、改善关系性贫困的身份认同和制度保护，有助于形成公平公正的权利结构和场域氛围。

社会认同层面的权利关系重塑主要依靠社区社会工作。"社区工作是以社区为基础的社会工作，它是由专业社会工作者本着其哲理信念与专业技艺，与他所服务的社区民众一起群策群力，推动与民众福祉有关的社会行动及社区方案的方法。"[1] 社区社会工作十分注重社区居民及团体间的参与、合作、自助和互助。社会工作者在社区内部，首先，要担任教育者和咨询服务的提供者，通过策划社区活动提高贫困居民的参与度和融合度，增进居民间了解，消解污名化，从观念上改善符号资本的异化象征；其次，要担任政策的宣传者、倡导者以及资源链接者，通过政策宣传等活动，向贫困者普及相关救助政策、就业政策，并针对个体情况链接政策资源、教育资源及经济

---

[1]　王思斌. 社会工作导论［M］. 北京: 北京大学出版社, 1998: 223.

资源，进而提高贫困群体的发展和生产能力，最终摆脱贫困；最后还要担任贫困群体利益的代言者和政策呼吁者，社会工作者有权利和义务将贫困群体所面临的困境及需求向政策制定部门反映，从而为贫困群体争取法律政策方面的权利，消除在政策制度中所受到的排斥，树立正向的身份象征，提高自身参与社会生活的正当性。

而在具体实践过程中，基于社会参与层面的权利关系重塑包含诉求和管理两个方面。诉求，指贫困者获得能够迅速表达自身利益的渠道，从而引起政府的重视和干预，避免冲突和矛盾的发生。管理，指针对贫困群体要采取有效的政策措施和组织行为，使其获得相应的经济信息，有助于贫困者自身生计生产的提高，否则会导致政策失灵和资源浪费，加剧贫困者生存窘境。[1]传统政策扶贫模式中，基层政府常常就贫困村落的具体情况制定相关扶贫方案，在精准扶贫过程中更是将这一政策落实到户、精准到人。表面看来，当前扶贫模式确实聚焦于贫困者个体性贫困，但这种逐一击破的方式也必然导致扶贫政策的碎片化和扶贫资源的分散化。[2]与之相比，社区社会工作首先通过组织贫困群体构建集体经济项目来实现对其组织化和正规化的生产管理，倾听贫困者的需求，将之诉诸于正规渠道，实现前置性的冲突预防和风险管理。其次，在统一管理的过程中，社会工作还通过聚集同质性的贫困者或弱势群体来构建与之能力相适应的经济共同体，以实现贫困治理的因地制宜、因人而异。最后社区工作方法还可以在生产过程中培养贫困者团结互助的协作精神，以加强当地人际关系网络的构建，同时还需围绕扶贫发展项目开展贫困村落的自治管理，通过挖掘并鼓励民间精英和村庄乡贤来带领贫困者开展扶贫实践生产，即在尊重乡土规则的基础之上，将贫困者带入具有规范化生产管理的组织生产活动中，进而对其传递现代管理思维和经营策略，以促进贫困者的资源获得和有效利用。[3]

[1] 李文祥, 田野. 社会工作介入贫困群体的可行能力建设研究[J]. 社会科学, 2018(12).

[2] 王思斌. 社会工作导论[M]. 北京: 北京大学出版社, 1998: 223.

[3] 李文祥, 田野. 社会工作介入贫困群体的可行能力建设研究[J]. 社会科学, 2018(12).

第六章　R村"关系型"贫困治理的实践探索

通过社会工作对"关系型"贫困治理的有效介入，R村得以建立起以"社工介入、党政支持、企业合作、村民参与"为基本框架的"关系型"贫困治理平台。就R村而言，"弱政府—弱组织"的场域条件为社会工作介入奠定了"协作—互助"的关系基础，通过"协作式"介入，社会工作组织在R村建立起以共赢机制为构建基础、逐层协作为运作流程、双会联动为运行制度的社会工作服务平台，在同基层政府和相关企业的积极互动中开展贫困人群专项服务、推进原有产业项目发展和协同扶贫创业项目构建。尤其对于贫困者的内源性治理，社会工作充分发挥其增能赋权和链接资本的基本功能，通过运用个案工作方法、小组工作方法和社区工作方法分别实现了对贫困个体惯习的介入、对贫困群体关系的介入和对集体产业参与的介入。这一"关系型"贫困治理实践探索的成功取得了现实层面和理论层面的丰富成效，证明了社会工作对于贫困场域的内源性治理功能，在协同基层政府外援性贫困治理的同时改善了贫困场域中贫困惯习和场域环境间的双重互动关系，实现了传统贫困治理模式向"关系型"贫困治理模式的转向，为贫困场域的基层治理指明了出路。

6.1 社会工作介入的路径与机制

社会工作方法本身就具有提供物质救济、干预生存危机和链接发展资源的功能，因此社会工作介入贫困治理理论上有两种逻辑方式：其一是以社会工作本身替代传统型贫困治理模式，将社会工作组织同政府完全分离，利用社会工作的方法优势介入贫困场域，在物质资源、社会关系网络、贫困惯习三个方面同时展开；其二是将社会工作方法同既有的贫困治理模式相结合，在"造血式"扶贫、"参与式"扶贫、"精准扶贫"等治理经验之上叠加社会工作方法的特色优势，进行文化资本和社会资本的结构性输入，以改善贫困者同场域结构间的关系，实现"关系型"贫困治理。前者倡导贫困治理参与主体的多元化，在政府"统揽"之外引入非政府组织、社会企业和社会工作团体，独立运用社会工作方法来创新贫困治理的思维与路径；后者是以多元参与为基础的综合性介入手段，不仅可以提高贫困治理的总体成效，在改善贫困惯习的同时为贫困者发展生计项目、链接社会资源、实现社会权利，还有助于社会工作者超越本土化的制度困境和文化困境，促进职业化社会工作制度在我国的构建和完善。

就我国当前的发展现状而言，社会工作体系尚不完善，社会组织的发展空间严重受限，以社会工作本身来替代或独立运作贫困治理功能，不仅需要结构原有的治理体系，更需要重建以社会工作为主体的贫困治理框架，从而耗费大量时间和转制成本，这导致无法实现。普遍看来，当前我国政府依然处于贫困治理的核心地位，除了掌控各类稀缺资源外，其行政辐射能力也异常强大，而"嵌入型"发展成为社会工作夹缝中求生存的适应性选择，也就是将其工作重点集中于协助政府提供社会服务，如贫困治理、医疗服务、老年服务、儿童服务等"补缺型"服务。[1]因此，社会工作服务的开展应建立在政府扶贫政策的执行基础之上同现行贫困治理模式有效结合，充分利用当前成型的治理体系和扶贫经验来开展介入性的社会工作服务。这一过程中，社会工作者不仅要充当贫困治理政策的传递者和贫困者生计发展资源的链接者，还要在政策执行的基础上发挥自身理论优势和专业优势来展开相关服务，以便同基层贫困的治理模式更好契合。

R村本就隶属于贫困的F县，是J省内重点贫困村之一，由省级领导重点包保、监督。由于地理位置偏远、经济发展落后，当地镇政府和村两委并不具备发达的资源网络和行政调配能力，是基层治理中典型的"弱政府"形象，长期依靠上级政府的资源调拨，急需内源性的发展动力。JD社会工作服务中心成立于2016年4月，主要以J省重点高校（J大学）为依托建立，是东北地区

---

[1] 唐斌.沪深赣三地社会工作职业化运作机制的比较研究[J].湘潭大学学报，2017（05）.

社会工作组织成立方式的典型代表。对于一个刚刚起步的社工机构而言，政府性服务需求和基层实践空间是其立足和发展的迫切需要。由于此前R村一直是J大学开展农村社会调研的实践基地，尤其在2015—2016年间多次开展关于基层乡镇贫困治理的实践调查，故H镇政府、R村委会同JD社工中心（J大学）已经建立了长期深入的合作关系。而此前，我国南方地区已成功实践了社会工作机介入基层政府、助力农村贫困治理工作，这也为双方之间组建合作平台、构建协同关系奠定了有利基础。

2016年9月，JD社工中心派遣相关社工人员（同时也是J大学在校学生）参加B市选拔大学生挂任乡镇（街道）副职的活动。协调沟通后，B市组织部同意将该名社工派驻F县H镇挂职副镇长，协助开展R村的贫困治理工作。在JD社工和H镇政府相关工作人员的积极筹划下，H镇政府想要创新R村贫困治理模式、引入新型合作关系的发展需求同JD社工中心渴望协助政府开展基层治理实践、积累社会服务经验的成长要求得到有效对接，达成了由JD社工中心定期派遣社工驻扎R村，协助包村、驻村干部开展R村扶贫工作的合作协议。截至2018年8月，JD社工中心先后派遣两名大学生社工到H镇政府挂职副镇长（笔者有幸成为其中之一），积累派遣社工30余人到R村定期开展驻村服务，协助开展贫困治理项目40余项，如精准扶贫建档立卡工作、农村贫困儿童服务工作、农村老年人健康讲座、蓝莓推介会筹备工作、贫困户生计发展培训项目等，极大地优化了R村扶贫工作的治理格局，开创了社会工作介入"关系型"贫困治理的新局面。

就介入机制而言，如图6-1所示，社会工作者于基层政府挂职是链接政府和社会工作组织的重要纽带。通过岗位介入，社会工作者的身份得以正当化，为建立"政府—组织"间的贫困治理协作化关系奠定基础，实现社工组织向基层治理的介入。同时，社工组织通过发挥自身专业优势和资源链接功能，还可以链接相关企业和科研机构团队，间接协助并参与扶贫发展项目，构建以政府、企业、社工组织为主要参与者，大学和相关科研机构为协助者的"关系型"贫困治理格局。

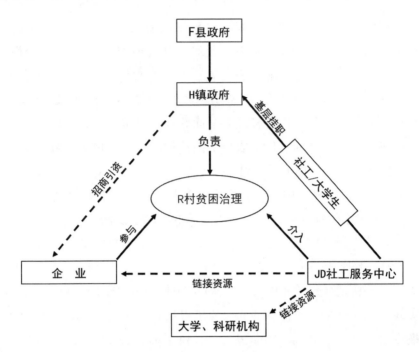

图6-1　JD社工服务中心介入R村贫困治理的嵌入机制

就介入路径而言，JD社工服务中心对R村贫困治理的介入属于"协作式"介入路径。首先，JD社工中心嵌入的主要条件虽是社工基层挂职，即岗位式嵌入，但其本质并不是政府通过设立岗位来发出服务购买需求，相反，通过岗位挂职来发现政府基层治理的服务需求，进而实现服务与功能的对接，因此并不属于"被动式"的介入路径。其次，就基层政府的资源掌控力和社工组织的发展现状来看，二者均属于相对弱势主体，这也就构成了"弱政府—弱组织"的基层治理格局。在这一条件下，政府既无力掌控社会组织，要求其成为政治权利的附属者，社会组织也缺乏独立运作的能力，无法自主开展扶贫服务，而以平等协商为基础的"协作—互助"模式必然成为二者实现合作的最优选择。

6.2 社会工作介入平台的构建与运作

通过"协作式"介入路径，JD社会工作服务中心同H镇政府及R村村委会达成了"协作—互助"的合作模式，并通过联合B市政府、相关合作企业、

J大学等科研单位共同组建了以"社工介入、党政支持、企业合作、村民参与"为基本框架的贫困治理平台。同时依托R村委会办公室设立社工机构服务平台，由社工中心定期派遣1～2名社工驻扎R村，协助包村、驻村干部开展扶贫工作。通过联席会议制度和咨询会议制度来确保社工服务的定期开展和有效参与。

6.2.1 平台构建基础：共赢机制

社工机构服务平台是JD社工中心介入R村实地，开展具体社会工作服务的主要媒介。这一平台得以顺利构建和运营的基础主要源于基层政府同社工机构间互利、互惠的共赢机制：

就基层政府而言，其凭借角色责任感和较强的工作能力积极执行国家扶贫政策，并能够通过权力保障执行效率和企业资源的引进。但其自身也受身份和资源所限，无法直接参与贫困者的生计发展之中，只能通过外援性扶助来带动贫困者的内生动力，将其强行嵌入各类生计发展关系之中，而忽视其本身的贫困惯习、生计能力和发展需求。因此，主张多元主体共同参与贫困治理，补偿政府单一性治理功能是优化当前贫困治理格局的迫切需求。

就社工组织而言，其拥有专业的助人技能和扶贫济弱的助人愿望，渴望为贫困者提供行之有效的内源性扶助，锻炼并强化自身的专业本领，但囿于自身身份和角色而无法介入贫困治理的正式场域，获得服务开展的行动空间。因此，同基层政府积极建立长期、稳定的协作关系是其获得身份认同、功能认同的主要途径。

基于以上需求，构建政府和社工组织间"协作—互助"型合作关系，一方面可以将社工组织有效引入以政府为核心的贫困治理场域，借助社会工作的专业性服务来弥补基层政府的治理功能不足，同时扩展资源链接范围；另一方面可以借助政府权威来实现社会工作服务的正规化和职业化，提升其社会认同度，以此促进社会工作服务的人才培养、组织构建和制度完善。

6.2.2 平台运作流程：逐层协作

社会机构介入R村贫困治理的主要目的是识别贫困村民的内源性困境和发展性需求，运作专业的社工工作方法来为受助者"赋权增能"、链接资源，以协同基层政府的外援性治理手段达到破解贫困、脱贫致富的目的。因此，对贫困者个体或家庭困境的识别以及对其发展性服务需求的判断成为社会工作者开展介入性贫困治理服务的主要向导。在这一运作程序中（图6-2），驻村社工首先要协助驻村干部开展日常扶贫工作，如贫困者的建档立卡、扶贫政策的宣传推广、扶贫资源的调拨分配、扶贫项目的监督检查等，在实地走访和调研过程中发现潜在的贫困问题并及时向相关扶贫干部汇报、交流。这一贫困问题的发现既包括对潜在贫困者的困境识别，也包括对现行扶贫项目开展过程的反思。通过社工同扶贫干部对提出问题的共同讨论和判定，决定是否将其列为贫困治理对象，并为受助者制定专业性的帮扶计划。

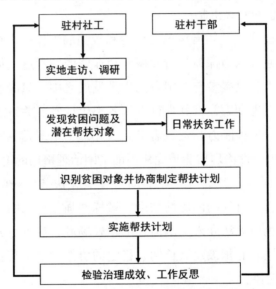

图6-2　社工工作介入R村贫困治理的运作程序

在帮扶计划的具体实施过程中政府、社工各司其职：政府负责开展外援性支持，为受助者提供所需生存和发展所需的物质资本和政策支持；社工为其提供内源性援助，遵循专业制定的扶助计划对其开展个案工作、小组工作或社区工作，实现个体层面的贫困惯习改善和生存技能提升、实现群体关系层面的社会排斥消解和生产生活融入、实现权利层面的增权赋能和社会参与。在帮扶计划正式开展后，驻村社工和驻村干部还要定期监督帮扶计划的实施情况与成效，随时了解受助者的情绪变化和状态改变，及时就新出现的问题和需求予以解决和应对，同时对实践服务的开展情况予以反思。

6.2.3 平台运行制度：双会联动

在社会工作介入基层贫困治理的既有实践中，较为普遍出现的问题是：社会工作或是被基层行政组织吸纳，成为政府"统揽"扶贫工作的工具之一；或者二者达成的协作关系形同虚设，主体各行其是，社会工作的介入性功能日渐瓦解。为促进H镇政府、R村委会同JD社工服务中心间的有效沟通与协作，保障并监督社工组织专业性功能的发挥，社工中心联合F县政府、H镇政府及R村委会共同商讨、制定了社会工作服务平台的双会联合制度，即质询会议与联席会议制度。会议具体由村民代表、驻村社工、镇政府扶贫干部、包村干部、村两委干部以及相关扶贫项目的企业负责人等联合参加，每月定期召开，其间质询会议与联系会议的召开相隔半月，以便进行会议筹备和相关事宜的进展调查。

1.质询会议制度

村（居）民质询会议制度是基层治理中为保障村（居）民行使正当的质询权利而设立的。主要内容是村（居）民有权利就村集体项目的立项开展、村集体经济财产的使用情况、土地征用和宅基地审批情况以及其他公共事务和难点热点问题向相关政府工作人员展开提问，相关人员需根据真实情况予以答复。而R村的社工服务平台基于社工组织和基层政府的"协作—互助"关系来建立质询会议制度，其制度运行的主要内容及目的有三：

质询会议的工作内容之一是日常接待村民来访，通过村民主动反映情况来了解其个人、家庭、集体的当前困境与需求，建立自下而上的信息传导机制。张大婶的蜂蜜微商就是在同社工的日常咨询中建立完成的。

服务中心成立那天我也去看了，在村委会办公室门口又挂了一个牌子，叫社会工作服务中心，听说还跟J大学有关。后来就看见总有大学生出出进进的，还跟村干部来家访、调查情况。当时我们哪知道社会工作是什么啊，电视上都少见，就只知道村干部跟我们说有问题可以去跟社工反应，反正我们也没指望一群半大孩子能帮什么忙……前两年我们家开始养蜂了，你别看咱们这地方穷，但是水土好、污染少，产出的蜂蜜质量也好。但是因为村子离县城远，出去卖特别费事儿。而且城里人现在都去超市买有牌子的蜂蜜，说质量好，其实哪有咱们当地产的蜂蜜好啊，超市里的全有添加剂。我外甥在外地念书，放假回来跟我说他们同学家都在网上卖土特产，叫微商，让我也这么卖。这我哪会啊！后来我就去村委会找学生问，结果就问对了。孩子可热情了，教我怎么在微信上卖东西，记不住就给我画成图贴家里随时看。还帮我拍照片、做广告，让他们的同学帮忙转发，一下子就有好多人来买我的蜂蜜。孩子还帮我联系快递，定期来我这收件，我可感激他们了。（ZZW-R村村民-20180624）

质询会议的工作内容之二是广泛听取村民意见，积极采纳优秀提议，促进扶贫项目的结构优化和效率提升，充分调动村民的主体参与意识，积极发挥经验优势。此项功能在构建R村的特色旅游项目时发挥了重要作用。

当时听说村里要办旅游项目，村民的积极性特别高涨。大家觉得R村风景好，离C山很近，还有东北抗联的悠久历史，早就该搞旅游产业了……后来我们就给村民开会，让大家出谋划策，看我们村能搞出些什么项目来。还别说大家真有很多好点子，比我们这些干部想的都好。有的说就地取材，直接在家里开作坊教游客烙煎饼；有的说可以根据历史故事做一些抗日场景，让大家一边学历史一边拍照留念……现在很多好点子都实现了，大家的智慧真是无穷的。（WXH-包村干部-20180702）

质询会议的工作内容之三是接受村民的广泛批评与监督，就村民所质疑的贫困户资格评定、扶贫项目进展、资源开展和应用等相关问题予以正式回答，以此促进贫困治理开展过程的公平、公正，保障村民对扶贫工作的有效监督，促进村民对扶贫政策及项目的深入了解和积极参与。对此，相关扶贫干部深有感触。

自从搞了这个质询会议，我们工作压力真是大了不少。感觉干什么都有人在盯着，什么都得公开透明。以前评贫困户，亲戚走个后门多正常啊。现在不敢了，都是同一个村子的村民，谁不了解谁啊，你选人不公平，大家就质疑你，你以后的工作还怎么开展。（SLY-R村妇女主任-20170910）

2.联席会议制度

联席会议指由一方或多方牵头召开会议，在民主、协商的共识基础上表达各方意见和建议，形成具有约束力的规范性意见，用以指导工作开展和解决工作问题。在R村，联席会议由社会工作服务平台组织召开，根据会议拟讨论事项组织相关人员出席，如村民代表、驻村社工、包村干部以及相关扶贫项目的政府负责人、企业负责人、机构负责人等。联席会议主要就R村当前进行的贫困治理工作展开协商与探讨，主要包括三分部分：其一是对上月会议所安排的工作内容予以汇报，如相关事宜的工作进展、当前困境、拟解决方案和所欠缺资源等，参会者须就当前问题予以决策，商讨解决方案；其二是对日常工作中发现的新问题和村民反映的新情况进行讨论，协商确定其主要负责人并给出初步的解决方案，操作细节在会后工作中予以完善；其三是就会前安排和会议商讨内容部署相关工作，落实各项事宜负责人以备下次会议汇报。

之前我们虽然看过一些报道，说南方地区的社会工作机构在农村扶贫工作里发挥了巨大作用，但直到把社工真的引进来时，我们也只是抱着试一试的想法……这些年轻的大学生真的带来很多改变，工作特别有干劲儿、有效率，甚至有时候我们这些干部都是在被他们推着走。就拿每月这个联席会说吧，每次社工都是提前好几天就把要讨论的问题拟定好，发给各个单位，让我们有充分的准备时间。这在我们之前的工作中是很难遇到的，那时，大家总是你推给我，我耗着你。（LPY-H镇副镇长-20180321）

双会联动制度是民主协商在基层贫困治理中的充分展现：一方面利用质询会议制度打破了基层政府同村民间的沟通壁垒，让社工平台和基层政府能及时了解居民的困境与需求，为其制定相关扶贫计划，并同时调动村民的主体参与意识，积极发挥经验优势；另一方面利用联席会议制度搭建了贫困治理中各方参与主体间的协商平台，使其能共享信息、互通所想、协商贫困治理的对策方案，创新基层贫困治理中的"党委领导、政府负责、社会协同、公众参与、法制保障"的社会治理格局。

6.3 社会工作介入服务的实践形式

通过"协作式"介入路径和建立相关服务平台，社会工作介入R村贫困治理的工作服务得以正式展开。自服务平台2016年9成立至2018年8月，JD社工中心先后派遣两名大学生社工到H镇政府挂职副镇长，积累派遣社工30余人到R村定期开展驻村服务，协助开展贫困治理项目40余项。其服务开展的主要形式包括定期开展贫困人群专项服务、推进既有产业项目的发展和协同扶贫创业项目的构建。

6.3.1 开展贫困人群专项服务

社会工作存在的根本目的就是通过提供"助人自助"的专业服务来帮助贫困者和弱势群体突破困境、自立自强，因此"以人为本"成为社会工作服务的基本理念之一。在R村场域中，其贫困不仅来自于匮乏的资源条件和落后的经济发展，缺乏生产技能的人力资本困境成为造成其持久性贫困的根本原因，同时为数众多的老年贫困群体也加剧了R村贫困治理的难度。因此，针对各类贫困群体展开相关服务既是社会工作服务的专业范畴，同时也开辟了社会工作者磨炼自身本领的真实场域。在R村，社会工作服务平台主要就贫困儿童的教育服务和贫困老人的健康服务内容展开。

1.贫困儿童教育服务

根据前期调查结果，R村居民主要从事农业生产、家务劳动以及打零工，80%的居民都居住在当地，极少人外出打工或在B市以外工作，因此R村并不存在显著的留守儿童问题。但由于发展状况相对落后，R村现有的教育条件并不理想：村里仅有一所小学，全校学生总共有20余人，由两位教师负责1～6年级的全部教学，学习条件十分艰苦。2017年J省妇联向省内各个贫困村落投放教育资源，设立"儿童之家"，旨在通过物质性教育资源的输送来加强基层贫困治理中的教育服务内容。但由于缺乏教育人力资本，"儿童之家"的场地和器具一直处于闲置状态，没有得到有效利用。了解到这一情况后，社工服务平台在联席会议中提出意向，由社工借助"儿童之家"的场地和器具定期开展专业性的儿童教育服务，其内容包括带领儿童开展成长教育活动、名著阅读、手工制作、互助游戏等。儿童服务的开展得到了村民的普遍赞许：

家里人平时忙着种地，根本没时间看管孩子，放了学就到处疯跑。后来社工来家里通知说要办活动，可以让孩子去参加。我们一想，人家都是大学生啊，有文化的人，能教咱们孩子那是多好的事儿……孩子每次去都特别开心，回来还问我各种问题，我不会他就给我讲，想来肯定跟大学生们学了不少。（QHM-R村村民-20180521）

2.贫困老人健康服务

在R村，60岁以上老人占总人口的41.3%，其老龄化程度非常严重。调查数据显示，R村72户贫困户中多为老年人，其中年纪最大的88岁，最小的58岁，可见对这些贫困老人的救助成为R村贫困治理的重要内容之一。就政府而言，其主要职责是依照相关政策对贫困老人进行帮扶，如对无子女或近亲赡养的老人提供五保户待遇，为家庭收入低于基本标准的老人提供低保户待遇，但也仅限于生存层面的物质帮扶。对社工工作者而言，贫困老人是弱势群体之一，其条件构成潜在的扶助对象，不仅需要满足其生存需求，还要在精神层面予以慰藉。由此，服务平台的社会工作者联合村干部定期为R村老年开展老年服务，如组织老年集体活动、举办健康讲座，链接企业资源，为贫困老人捐赠血压计、血糖仪等家用医疗器械，日常工作中经常走访贫困老人家庭开展慰问安抚等。社工老年服务的开展一定程度上缓解了基层政府工作人员的压力，其表示：

安抚好这些老人一直是我们扶贫工作的老大难。因为没有家人照料，但凡有事儿他们一定要来找政府。其实我们也理解，这些老人真的不容易，谁没有老的那一天，有事不求助我们又能求助谁呢。但对于一些生活琐事，我们有时真的分身之术顾不上。而他们有时看中的也不是事情本身，就是孤独、寂寞，想找点儿事儿关注吧……我从来没想过现在的大学生还有这样一面，对待这些老人特别有耐心，比我们还细心。其实基层扶贫主要扶持的还是具有劳动能力的中年人，这些老人往往是被忽略的，但也没办法。社工开展的服务弥补了我们很多工作中的漏洞，对于这些贫困的老年人，我们也不奢望他们能搞创业生产，只要能安安稳稳地生活好就可以了。（SJM-H镇干部/包村主任-20171223）

6.3.2 推进原有产业项目发展

在社会工作介入R村贫困治理之前，县、镇政府就已在R村多次开展产业扶贫项目，希望通过培育集体种植项目或组建集体经济来带动R村经济产业的发展。但自2016年扶贫项目实施以来，该扶贫发展策略并未取得显著成效，一方面囿于R村村民的劳动技能较低，无法开展规模化技术生产，另一方面受制于基层政府较弱的资源能力，无法广泛链接相关企业协同参与。JD社工服务中心经多次走访、调研R村，已深刻剖析出制约R村扶贫产业发展的根本性原因。在正式介入其治理场域后，社工平台充分发挥其资源链接功能，积极调动周边相关企业和背后的高校资源，共同协助、参与R村的扶贫产业发展，在原有扶贫项目基础之上实现其产业扩建和新项目的引进，通过"因户施策"的精准产业种植行形成了以蜂蜜、蓝莓、长白楤木、黑果花楸、人参为主要扶持项目的五大扶贫产业。

1.以户带户，扩大蜂蜜养殖

R村地处C山脚下，自然条件优越、气候宜人，当地所产的蜂蜜色泽纯正、清澈透明、香甜可口、气味清香，故家庭养蜂成为当地扶贫攻坚的特色产业项目。2016年J省民政厅曾通过帮扶投资渠道为R村8户贫困家庭发展蜜蜂养殖产业，共计120箱。两年以来，蜂蜜养殖收效良好，贫困户家庭平均每户增收5000元/年，彻底实现了产业脱贫。但这一成功案例对近三分之一人口都是贫困者的R村而言实在是杯水车薪。在社会工作看来，在场域内部扩大既有成果、惠及更多人群，其本质也是一种资源链接。社工通过与基层政府协商，决定由H镇政府出资十万元支援项目建立，由社工出面动员、选拔贫困家庭，通过"以户带户"的方式再发展一批蜜蜂养殖专业户。动员过程中社工逐户走访，但村民始终畏于陌生产业的风险而拒绝参加。经社工反复讲解政策内容、明晰风险利弊、鼓励大家勇敢突破后，终于有八户贫困户同意参与蜜蜂养殖，并在当年喜获丰收。截至2018年8月，R村总计发展贫困户养蜂15户，平均每户出产蜂蜜1000斤左右，年收入2万元左右。

现在回想起来，多亏社工反复来我家动员，给了我改行养蜂的勇气。你看我家总共就三口人，但我妻子精神不好，出不了什么力，不惹麻烦就不错了。我自己呢，小时候还得过小儿麻痹症，算半个残废吧，家里就靠种点儿苞米过日子，一年撑死了卖500块钱，其他全靠政府救济，孩子上学都是问题……几年前我也养过蜜蜂，当时跟亲戚借了点儿钱，买了蜂箱，但其实什么都不会，就自己吓捅咕，结果全赔了。这回敢再养一回就是觉得有政府兜底吗，社工还给联系了专门养蜂的人上门来教，这样总不能比以前更差吧。去年养蜜蜂一年就赚了两万二，政府说我养得好，残疾人还优先照顾，今年就又给我多扩了10箱，我们家可是彻底翻身了。（YHB-R村脱贫户-20180623）

2.树立品牌，推广蓝莓外销

蓝莓种植是R村传统型扶贫种植产业项目之一，2015年由F县财政出资在R村发展蓝莓种植556亩，惠及贫困者60余人。社会工作平台成立后，社工助力基层政府大力推进原有产业项目的发展，其中就以蓝莓种植业为发展贫困者生计项目的主战场。根据县扶贫办的总体安排及社工服务平台同基层政府的协商计划，2017年由F县财政投资近140万元在R村大力扩展蓝莓种植产业，以人均3000元规模将原有的556亩蓝莓扩大至956亩。截至目前，R村164户村民中有近100人参加了蓝莓集体种植项目。随着蓝莓种植规模的扩大和产量的提高，如何链接相关企业开展蓝莓外销成为困扰蓝莓种植户的主要问题。为此，社工就B市周边的蓝莓种植和销售情况进行了详细的市场调查，其结果发现目前蓝莓的主要销售渠道是由B市知名食品加工企业收购，经深加工后制成蓝莓浆果饮品和食品。就R村的蓝莓生产来看，由于地处C山延麓、土质有机质含量高、昼夜温差大、雨热同季，适于蓝莓生长，故R村生产的蓝莓果大、味甜，品质较周边地区更好。但由于R村地理位置偏远，当地村民又不善于推销，导致R村生产的蓝莓知名度不高，无法吸引周边企业前来收购。了解这一根本困境后，社工服务平台向H镇政府和R村村委会提出建议，在7月蓝莓旺季，由社工牵头在R村组织蓝莓推荐会，以"蓝莓之乡"的名义邀请B市领导、周边企业、相关科研单位前来参会，大力推广R村的蓝莓产业。回忆起蓝莓推介会，R村村民兴奋不已。

之前我们周围市县也举办过类似的活动，例如B市就曾以"国际矿泉城"的名义组织过国际矿泉博览会，还有S县是全国文明的"人参之乡"。但我们从来没想过自己也能走这条路，年轻人的脑子就是好使。（YSF-R村村民-20170823）

为了提高推介会的知名度，社工通过学校资源专门链接邀请了J大学相关食品专业的领导和教师前来参会，极大提高了推介会的专业品质和权威内涵，此外还邀请了J农业大学、C师范大学等相关专业师生前来开展蓝莓相关课题研究。同时为加强R村蓝莓产业同市场营销的接轨，社工联和H镇政府向周边企业发出邀请，有二十余家企业前来参会，参与推介会当日的蓝莓采摘与品评活动，同时开展蓝莓产品的商贸交易。对于推介会的前期筹备，社工积极筹措、链接资源的工作成效得到了基层领带的高度赞扬。

这是非常有意义的一件事，充分显示了社工平台的积极作用，自介入以来他们确实带给我们扶贫工作很多惊喜。社工的能力是同时代接轨的，比如雇佣无人机团队来现场搞航拍、当天在微博上开直播，我们真是没想到能有那么多的方式让全国人民都能看到我们的蓝莓。（20170823）

蓝莓推介会的顺利举办极大地促进了R村蓝莓产业的发展，当日就与SG食品科技有限公司、LYC生态科技有限公司等多家企业签订合作协议，强力推动R村蓝莓的品牌建设和生产销售。不仅如此，社工服务平台还为R村的药材种植专业户链接了B市的KD药业有限公司，除定期收购所需药材外还在R村建立了试点基地，开展人参超细微分的生产项目。在此过程中，社工服务平台超越了R村场域的社会资本困境，通过广泛链接社会资源有效促进了当地政府同企业的接洽与合作，实现了R村原有产业的快速发展。

6.3.3 协同扶贫创业项目构建

社会工作介入的服务形式不仅包括开展专业服务，促进专项人群的贫困治理和链接资源，推进原有产业项目构建，其更为核心的一种服务形式是因地制宜，协同政府开展扶贫创业的项目构建。在此方面，社工的协同创业服务主要从两方面展开：一是链接J大学农学院资源，在R村开展新作物品种长白楤木和黑果花楸的培育；二是就地取材，协同基层政府开展R村乡村旅游的建设。

长白楤木别名东北土当归，集药用、食用价值于一身，生长于东北高海拔地区，是当地村民普遍种植的药用作物之一。在社会工作介入R村以前就有村民自发种植过当地野生品种，但由于品质不佳、繁育条件有限，始终未能广泛种植。在社工协助下，R村政府联合J大学农学院、YS农业科技有限公司建立合作关系，由J大学派遣相关育种专家和技术员教授村民种植长白楤木的最新繁育品种，由R村提供人力和土地，在技术员指导下开展长白楤木的种植，由企业对村民进行组织和生产管理，负责长白楤木的加工、包装和销售，进而实现了集技术、生产、销售于一体的全方位产业链条的构建。

YS农业科技有限公司是我和几位J大同学一起投资创立的，主要经营土特产的加工、包装和销售，因为我们目前技术和规模有限，还不能做深加工方面的生产。……由于我们几个主要负责人都是J大刚毕业的学生，也没有多少社会经验，所以很难找到可靠的合作伙伴，都觉得我们资历太浅。去年我在JD社工服务中心工作的同学找到我们，说他们目前服务的村子在培育长白橼木，问我们想不想负责产品包装、生产这一块。我一听真是特别高兴，因为对于我们这种刚刚起步的小企业来讲，哪怕一次短期合作都是特别宝贵的机会和经验，而且我们为招揽合作，已经把费用压到几乎是行业最低了，这可能也是他们看中我们的原因。（LHX-YS农业科技有限公司总经理-20180512）

基于R村蓝莓种植的丰富经验，H镇政府又计划引进黑果花楸的种植技术，由社工负责村民的政策宣传和组织参与。这一计划中，F县财政出资160万元，在900多亩蓝莓的基础上增设400亩田地种植黑果花楸。由于黑果花楸的种植不同于蓝莓，村民为缺少相关种植知识和经验而苦恼不已。为此，社工依其链接功能，邀请J大的相关技术人员前来授课，定期指导村民的培育生产。

以前只知道种苞米，这马加木（黑果花楸别名）漫山遍野都是，我们也没注意，真没想到现在却靠这东西挣了钱。以前我们家种苞米，一年也就卖不到三千块钱，今年春天种了4亩马加木，估计能赚一万六吧。（CSL-R村脱贫户-20170923）

可见，以大学提供技术、以社工组织动员、以企业负责销售、以政府保底支持的多元协作模式已成为R村构建扶贫产业项目的基本模式，这一模式的搭建不仅实现了技能层面的科技成果引进，又实现了生产层面的管理模式转化，同时还构建了多方协作参与的生产合作平台，缓冲了市场风险压力，减轻了村民恐于独立面对市场竞争的心理负担，培养了自立自强的生存心态。

开展新品种作物种植的同时，社工服务平台还协同基层政府开展了R村乡村旅游的建设项目。早在2016年调研团队赴R村开展生计调查时，村民就表达过渴望效仿周边村落，尝试发展乡村旅游的愿望。但这一愿景始终无法同政府制定的扶贫计划对接。2016年社工服务平台成立之后，经常来往于R村的社工们也对其周边的自然资源进行了重新定义：

R村其实是一个拥有得天独厚的自然条件的村落，临近J省东部山区，靠近C山，周边很多村子都借势发展起了乡村旅游，像农家乐、采摘园等山庄旅游形式都备受B市的人喜欢，R村虽然偏远，但这反倒成了优势，人们觉得越是远的地方、不容易找到的地方才是最绿色、自然的。这里夏天可以经营旅游山庄，冬天搞雪村旅游，发展选择特别多。（DAX-挂职副镇长/社工-20170105）

于是，根据R村临近旅游区的区位特色，社会工作团队链接了拥有旅游业从业经验并计划在乡村旅游领域创业的S先生，由他与R村村民W先生发起木屋民俗文化旅游专业合作社，同时还链接了一家当地民营企业予以支持。社工通过协调旅游合作社与农业科技企业，在R村采用了龙头企业带动贫困户的方式：由企业和合作社付给贫困者房屋设施及土地租金并支付工资，贫困者在自己的土地与房屋设施上开展生产经营，并由社工、企业及合作社共同选定的管理人员来组织生产。而在生产经营中，社工除连接资源、协调各方关系外，还要使用个案与小组的专业性社会工作方法对劳动者开展行为干预，逐渐培养贫困者的自立自强心态和生产经营能力，同时扩展其社交范围，回归社会参与。[1]

乡村旅游业的发展对我们村来讲具有特别重大的意义。之前村里穷，年轻人总想着怎么走出去，谁也不想留下来。即使后来稍微富了一些，也不过是种蓝莓、种花楸，说到底还是农民，吸引不了年轻人，都是年纪大的人在种。但是旅游不一样啊，就需要年轻人回来参与，给了他们特别大的发展空间。现在有越来越多的年轻人回来了，我们这些土生土长的人真是眼看着R村每天都在变好……很多人跟以前都不一样了，像换了一个人似的，以前政府做不来的事儿都被社工做了，这些孩子真不一般。（LM-贫困户-20180223）

基于社会工作的长期介入和丰富实践，R村贫困治理的工作成效得到明显提升。社会工作平台通过开展贫困人群的专项服务实现了贫困儿童和老年人的基本服务需求，通过推进原有产业项目的发展保障了贫困者生计生活的基本需求，通过协同扶贫创业项目的构建满足了R村居民整体繁荣的发展需求。同时，以上服务的实践形式也促成了R村基层治理格局的改变，形成了以传统种植产业作为短期生计项目、以新型种植产业（蓝莓、长白楸木、黑果

---

[1]　李文祥, 吴征阳. 社会工作方法创新与扶贫创业模式精准化探索——基于农村扶贫创业的实践研究[J]. 社会科学战线, 2018(11).

花楸）作为中期脱贫项目、以乡村旅游作为长期致富项目的扶贫产业格局。在此过程中，社工工作者通过专业的助人方法改变了R村居民的传统面貌，从"等、要、靠"的消极状态转变为积极、乐观、自信的发展样态，真正实现了贫困主体的内源性治理。伴随社会工作内源性贫困治理的开展，R村的贫困治理也随之由政府"统揽"的外援型治理模式向多元参与的"关系型"贫困治理模式的转变。

6.4 社会工作介入方法的开展与实践

在前期走访、调研过程中，R村贫困治理的困境得以明确，即外援性扶助依赖、自主运营能力不足和发展需求的对接失败。就场域视域来看，造成这一困境的主要根源同贫困场域中的资本运作相关：首先文化资本缺失，贫困文化挟持了贫困者的生存心态，导致其无法自立自强而强烈依赖外援性扶助；其次社会资本缺失，社会排斥阻碍了贫困者对资源的争取和运作，导致其无法链接生产发展所需资源来独立实现生计发展；最后政策资本缺失，权利贫困掣肘了贫困者实现其公平权益，导致其无法通过社会参与来表达自身利益与诉求。以上要素共同指向了贫困场域的关系性贫困，也就是造成R村贫困的本质原因是由于缺乏相应的内源性治理而无法改善贫困者的贫困惯习，使得政府的外援性治理根本无从激发贫困者的主体活力，导致最终无法保持和巩固外援性治理成果。

为破解R村的贫困场域困境，基层政府需要借助一种创新型治理策略和工具，能在原有外援性扶助的基础上破除贫困文化、消解社会排斥、弥补权利缺失，从而实现R村贫困者的内源性发展，构建内外协同的"关系型"贫困治理模式，而这一功能性需求必然指向了社会工作。而社会工作平台在R村开展介入性贫困治理的服务过程中就充分运用了专业性的实践方法，主要包括个案社会工作、小组社会工作和社区社会工作。在开展过程中，社会工作者须明确R村村民的具体问题和发展要求，然后协同政府因地制宜地制定详细发展规划和项目策略，从而在具体服务过程中发挥社会工作的专业优势和具体功能。

如针对贫困个体人员，社会工作者主要运用个案工作方法来培养其团队合作的意识和自主发展的观念，减弱贫困文化对贫困者的消极影响。针对群体间关系，社会工作者要运用小组工作方法来组织和动员相关居民参与集体活动，加强彼此间联系，构筑有利于资本流通和产业发展的社会支持网络。针对权利缺失，社会工作者要运用社区工作方法来整合各方资源，明确众多参与者的动机、角色、功能和目的，以共赢原则来制定合作方案，实现多元主体参与下的协作、互助。尤其要注意为村民搭建表达需求和意见的渠道，通过激发村民的主体参与意识来实现其权益和发展。

6.4.1 个案社会工作对贫困个体惯习的介入

个案社会工作是"现代社会工作中一种由个人入手的专门工作或方法，其服务对象为个人或家庭，主要目的在于协助发生问题或遭遇困难的个人或家庭，对于他们的问题加以研究及分析，予以适当的处理，以期解决其问题或困难，促进其个人人格之健全发展与家庭生活的调适，以增进其个人的、家庭的与社会的福利"。[1]个案工作的规范性开展要求社会工作者同案主达成协议，定期提供案主能够接受的服务。但在贫困场域中，贫困惯习挟持下的贫困者具有深度的自我封闭和消极的自我认同，本能地排斥和拒绝社会工作者的正式帮助。因此，要想在R村这种较为封闭的地区中开展正式的个案扶助工作十分困难。为此，社会工作者专门改良了个案社会工作的传统介入方式，将其扶助对象、服务内容和开展方法具体融入R村居民的日常生活和生计发展过程中，在与村民同吃同住同行、深入其家、喝酒谈心的过程中展开个体性关系扶助。在此过程中，社会工作者对居民李刚（化名）所开展的个案关系扶助的效果尤为显著。

李刚，R村村民，男性，48岁，与妻子二人共同生活，无子女（独子在20岁时因重度抑郁服药自杀），夫妻二人为此经历了一段相当长久的生活低谷期。妻子王敏患有严重的腰间盘突出症，无法从事重度体力劳动，常年在家从事简单的家务劳动。李刚早年在B市TH矿业集团有限责任公司从事井下劳动工作，收入尚可维持家用。2013年李刚因井下事故砸伤脊椎，自此无法继续从事采矿工作，单位虽然给予了相应补偿以及工伤鉴定，但微薄的收入

---

[1] 叶楚生. 社会工作概论［M］. 台北：作者印行，1967：104.

显然不够负担夫妻二人常年的医疗费用。2014年，妻子病重急需手术，但由于村干部的工作疏漏，李刚没能申请到政府发放的救济款项，这无异于雪上加霜。几经上访讨要无果后，李刚开始对村干部心存不满，同时也对政府彻底失去了信心。几经辗转四处借债后，李刚勉强支付了妻子的医疗费用，但再无力承担正常生活所需费用，连危房改造的资金也难以支付。虽然政府工作人员时常家访送温暖，但却无法从根本上缓解其贫困状态，在此困境下，夫妻二人的情绪极度沮丧，甚至意欲轻生。

社会工作团队介入R村的贫困治理之后，将李刚夫妻二人列为重点扶助对象。通过对案主的多方了解和深入访谈之后发现，李刚的家庭困境首先来自个体劳动能力的丧失，无力从事长久性劳作以致没有收入来源，而这一经济要素的缺乏直接导致其消极的心态结构。其次，李刚的社会关系十分简单，除与亲戚走动外，几乎不与外界联系，并且对村干部存在明显的排斥情绪。这就使得李刚失去了正式以及非正式的双重社会支持网络。一方面丧子之痛使得夫妻二人无法获得有效的感情慰藉，另一方面消极的人际关系也使其缺乏外界信息。确定问题症结之后，社会工作者时常去李刚家探访、聊天，力所能及地帮助李刚完成部分家务劳动，耐心听其倾诉。多次家访之后，李刚逐渐卸掉对社会工作者的防备并敞开心扉。在社会工作者的引导下，李刚澄清了自己所面对的主要问题，即首先是无力承担妻子的医疗费用和危房改造费用，其次是缺乏劳动能力以致没有收入来源，最后是由于病痛、贫困、丧子的多重痛苦导致其对生活日渐绝望。

得到李刚夫妻二人的信任之后，社会工作团队成员同合作平台的工作人员进一步商议，决定对其开展个体性关系扶助。首先，社会工作者通过日常交流潜移默化地鼓励李刚努力摆脱所处困境，充分把握自己对命运的决策权。然后，社会工作团队成员根据李刚的真实情况，帮助他向合作社申请小额贷款以偿还治病所借债务和支付危房改造费用，暂时化解了李刚的生存危机。最后，考虑到李刚的实际劳动能力和熟知人参养殖的知识特点，社会工作团队推荐李刚加入R村的旅游开发项目，负责"放山人家"景点，具体内容包括向外地游客讲解挖野山参的流程和方法、野山参与人工养殖参的区别以及如何找寻山参、辨别山参质量等技术方法。不到一年时间，李刚所承包的景点接待了大量游客，其自身的精神状态也焕然一新，对脱贫致富充满了信心和向往。

通过案例可见，个体的贫困往往不是个人问题，而是与其家庭环境、生存环境、人际关系等息息相关的。而这些个体性的或客观性的因素共同造就了贫困者的生存惯习，并将消极、退缩的实践态度在其行动中一以贯之。对此，社会工作就个案工作的原则之一就是针对个案对象实施个别化原则，要在充分尊重案主个体化差异的基础上开展介入服务，而避免使用普遍性的或统一性的方案。

在扶助个体对象时，我们首先要了解他的家庭和人际交往情况，因为很多案主的个体问题都是来源于此的。对于李刚，他的家庭问题就是他自身的症结所在……很多村民会觉得我们社工是心理大师，能改造人的内心。其实并不是这样，社工的个案方法并不是强制贫困者不能做什么或者必须去做什么。我们只是一个引导者，把正确的理念、想法和生活态度融入具体的生活安排中，让案主跟着我们的精心设计走，时间一长，这种积极的生活行为自然就成为了案主的习惯，尤其是他已经从这样的行为模式中有所收获，自然也就产生了继续行动下去的动力。（WJM-驻村社工-20180415）

可见，社会工作在倡导贫困惯习改善的同时，更注重强调案主的自觉。通过介入性的个案工作，社工让贫困者充分意识到可以通过自身努力摆脱困境，他虽然尚处于困境之中，但仍然具有自我选择和作出决定的能力和权利。在此过程中，社工只是协助者，贫困者自身才是解决问题的根本主体。

6.4.2 小组社会工作对贫困群体关系的介入

小组社会工作是"以小组的形式（两个或更多的人）助人的工作方法，以实现个人成长，改善个人的社会功能水平，实现社会性目标。"[1]就贫困治理而言，其功能包括：其一，改善村民思维方式与行为习惯，为扶贫生产实践奠定基础。通过同质小组和异质小组成员的沟通和交流，改善部分参与性不强、积极性不高的组员的心态，而且在成员互相帮助的过程中，激发出自我成就感，学习并巩固符合社会规范的行为和价值观，从而生成改变贫困的自我效能感，建立对脱贫致富的自信，并将其情绪、观念与行为方式提升到

---

[1] 威廉姆·法利. 社会工作概论（第九版）[M]. 隋玉杰等译. 北京: 中国人民大学出版社, 2004: 4.

创业文化层面，以此作为村民投身生产实践的前提和基础。其二，挖掘小组成员潜力，增强其社会适应能力。社会工作者运用优势视角理论，在各个成员的互动中寻找各自潜在的禀赋，并通过组建小组为各个成员的成长构建适宜的氛围与环境，进而通过开发潜质而使其具备有效从事相关工作的能力。其三，在小组工作开展过程中，鼓励组员参加集体活动，使其学会领导、服从、参与决策等方法，并积极承担责任。同时，发掘农村社区的领导者，促使贫困群体自主性发展。[1]

　　就规范性小组工作的开展过程来看，需要对案主展开集体性的定期服务，但同样受制于贫困惯习，R村的贫困者排斥参与集体活动，除非有相应的利益代偿。对此，社会工作团队决定将具体工作的开展融合进村民的日常生产和生活当中。也就是通过社会工作团队联合YS农业科技公司和旅游合作社在R村开展旅游扶贫项目，根据岗位分工不同对村民进行组别划分，并在具体落实过程中融合小组社会工作的方法。这样不仅能够避免照搬小组社会工作的正规实施方法而给村民带来不适感和拒助感，同时还能有效拉近社会工作团队同村民间的感情，建立村民之间互相支持的社会关系网络，提高小组社会工作的针对性和实效性。在此过程中，社会工作者对R村无业在家、长期从事家务劳动的妇女群体所开展的手工艺品编制项目的介入成果尤为显著。

　　张凤兰（化名），R村村民，女性，45岁。由于幼时曾患小儿麻痹症导致脊柱弯曲（三级残疾），仅能完成日常生活活动而无法从事家庭劳作生产，常年与年过七旬的父母同居，靠务农为生，至今未婚，家中无其他兄弟姐妹。2015年张凤兰的父亲遭遇意外车祸，双腿受损严重，自此无法继续从事农业劳作生产，家中仅剩母亲一人勉强维持。眼看父母日渐衰老，还要负担自己的生活消费，张凤兰心急如焚，认为是自己的无能导致了家庭贫困，拖累了父母。张凤兰曾试图走出家门，参与村里的集体劳动生产，但因她常年自闭在家，不善与人交际，更由于其劳动能力较差，村民都不愿于她同组工作，把她排斥在群体之外。而这些遭遇只能使她更加心灰意冷。村干部深知张凤兰的家庭情况，时常给予物质支持和资金扶助，但也只能解燃眉之急。

[1] 李文祥, 吴征阳. 社会工作方法创新与扶贫创业模式精准化探索——基于农村扶贫创业的实践研究 [J]. 社会科学战线, 2018（11）.

社会工作团队了解这一状况后渴望通过个案社会工作来帮助张凤兰走出阴霾，重获信心。探访过程中，张凤兰也表达出自己想要自立自强的愿望，但碍于身体原因无路可寻。但社会工作团队成员无意中发现张家摆有很多用秸秆编织的精美手工艺品，其形态各异、惟妙惟肖，涂上颜色后就更富有独特的乡村文化气息。社会工作团队成员眼前一亮，欣喜于为张凤兰找到了一条可行之路。团队成员将手工艺品展示给旅游合作社的工作人员，建议让张凤兰加入R村特色旅游纪念品的制作项目，平日在家编制，成品由专人取货送往景区。一经合作平台商议通过，张凤兰便开始从事手工艺品的编织，很快便收获了第一桶金。

R村有很多无业妇女，除从事日常的家务劳动外，只能在耕种季节帮干农活，其余时间赋闲在家。得知张凤兰的赚钱之道后，很多人欣然向往。社会工作团队了解到村民这一需求后，与张凤兰商议开展技能培训小组，由她带领大家共同致富。但张凤兰婉言拒绝了这一议题，碍于自身残疾她尚不能走出遭人排斥的阴影。对此，社会工作团队成员只能采取迂回策略，每次固定只带1～2个人到张家做客，闲聊之余向张凤兰讨教编织技术。起初张凤兰略有反感，但碍于社会工作团队对自己的帮助也就勉强忍耐下来。然而时间一久，张凤兰却逐渐适应了这种热闹的邻里生活，访客从每次1～2个人扩大到4～5个人，其编织技术的讲解越发有模有样，自信力显著提升。而村民们对张凤兰的态度也从之前的排斥和鄙夷转变为敬佩和亲切。

时隔不久，在张凤兰的带领和社会工作团队的组织下，R村正式开展手工艺品编织和加工的脱贫发展项目。其产品不仅销往R村的各个旅游景点，还根据节气变化制作中国结、荷包、福袋等节日饰品，畅销于B市的各大超市。不仅如此，社会工作团队还为张凤兰的手工艺坊链接网络资源，在淘宝、天猫等电销平台开设店铺，使其产品远销全国。

可见在张凤兰等村民身上，社会工作团队有效实践了小组社会工作方法，且收效显著，而这主要得益于社会工作的关系性介入功能：其一，在认知层面，促使贫困村民发现自己存在的问题与偏差，通过调整原有认知倾向，明确自身发展的方向与路径，提升改变自身贫困的主动性与自信心；其二，在个体行为层面，通过制定相关规章制度来强化组员的规则意识和契约精神，逐渐形成组员互相监督的机制，减少偏差行为的发生；其三，在人际沟通层面，帮助贫困村民建立情感支持网络，在培养集体意识的基础之上配合经济组织需要来开展工作；其四，在能力建设方面，提高自我控制能力，增强团队协作能力，提升自身能力与素养；其五，给予成员展示自我、实现自我价值的机会。[1]基于以上原则和实践的融合，小组工作可以避免因照搬常规小组社会工作方法所产生的生硬感和村民的不信任，能够针对具体的生产领域来增加贫困者的生计发展能力和所需要的社会关系资本，从而化解社会排斥，使贫困者具备摆脱外力扶持而获得自主发展的能力，同时摆脱外在依赖而实现脱贫致富的可持续发展。

6.4.3 社区社会工作对集体产业参与的介入

社区社会工作是"以社区为基础的社会工作，它是由专业社会工作者本着其哲理信念与专业技艺，与他所服务的社区民众一起群策群力，推动与民众福祉有关的社会行动及社区方案的方法"[2]，其主要推行模式包括社区发展模式、社会计划模式和社会行动模式。然而这三种方式都是以明确双方角色为前提，共同制定解决问题的计划方案，按部就班地执行任务，实现目标。但R村的实际情况有所不同，首先常规性社区工作的开展以明确双方角色为前提，案主主动澄清自身社会问题并接受社区社会工作的帮助，但R村居民若知晓本村是在合作平台的共同帮扶下发展，必然会产生消极、怠惰的情绪，难以调动其脱贫致富的主观能动性。其次R村的贫困根源虽在场域之内，但要想突破贫困场域的困境就要在发展扶贫产业的基础之上同市场接轨，这就需要贫困者直面真实的市场竞争，应对风险，自主决策。对此，社会工作团队转变社区工作的具体介入方式，在真实的市场化场景下组织经济生产，带领村民积极参与集体性经济行动在经济体的运营过程中编织贫困群体与其他社会组织及个人之间的社会关系网络，既培养贫困者自力更生、团队协作的精神，又构建适合贫困者生计产业发展的社会支持网络。在此过程中，R村在多方合作之下，以集体经济所构建的"乡村旅游+民俗文化+特色农产品种植"的生计发展项目取得了显著成功。

---

[1] 李文祥, 吴征阳. 社会工作方法创新与扶贫创业模式精准化探索——基于农村扶贫创业的实践研究[J]. 社会科学战线, 2018 (11).

[2] 王思斌. 社会工作导论 [M]. 北京: 北京大学出版社, 1998: 223.

　　R村村民宋城（化名），男性，38岁，早年在B城打工，一直从事旅游运输行业方面的工作，积累了相当丰富的从业经验。在听说R村实施四方联合扶贫计划后，宋城毅然辞职回乡，准备在四方合作平台的帮扶下建立旅游发展项目。无独有偶，R村村民王强（化名），男性，41岁，以务农为生，闲暇之余以制作根雕为乐，十分热爱民俗艺术，一直想把R村极具特色的木屋民俗打造成文化产业，推广宣传。R村本就自然风光怡人，发展旅游业一直是当地政府努力尝试的方向，但苦于旅游行业涉及业务广泛，难以操控，始终未能成形。社会工作团队在了解到各方需求和发展愿望之后，实施了精准的资本链接。由宋城和王强联合组建"乡村旅游+木屋民俗文化"专业合作社，运用社区社会工作的管理方法来链接企业和贫困者之间的关系，实现了以"企业+农户"的方式来介入R村贫困治理的产业扶贫模式。

　　不仅如此，社会工作团队考虑到农户应对市场风险的不足以及自身经营能力的薄弱，又建议以农户自身拥有的土地和房屋来改建生产区域，企业同时向农户支付土地和房屋的租金以及劳动工资。例如，旅游合作社向贫困村民提供房租，室内100元每平方米，室外20元每平方米，签15年合同，每年提前一个月预付，并以房租的形式偿付了本该由村民出资的2~3万元改造款，促进了项目的落实和开展。旅游合作社一期项目是在村民所居住的院落基础之上改造成7个民俗景点，包括放山人家（介绍人参采挖、人参典故、销售野山参）、豆腐人家（现场展示豆腐制作，提供品尝豆浆、销售豆制品）、英雄人家（展示东北抗联遗址、讲述英雄事迹、提供军装拍照）、萨满人家（表演萨满舞蹈、销售民俗工艺品）、猎户人家（展示狩猎工具、动物标本、销售动物仿真工艺品）、酿酒人家（现场展示酿酒器具，销售白酒）、煎饼人家（现场展示煎饼制作，提供煎饼品尝和购买）。村民在自家庭院为游客表演技能、展示产品，并根据工作量获得营业收入。在社会工作团队的链接和协调之下，旅游合作社对参与居民进行统一管理，实现其旅游产业的正规化和市场化，从而促进多方均赢的有利局面。

　　可见，合适的社区社会工作平台，就应该是在基层政府的支持下，以社会工作团队为主体，联合贫困村民，以及为贫困村民链接能够提供真实的市场化生产场景的经济组织，立足社区自身资源条件，分析它可能选择的产业方向，分析贫困者的生计倾向与劳动技能，选择并引入与社区及贫困者的资源条件相匹配的经济组织，建立起实际运营的经济实体；在具体的生产经营中消解阻碍贫困者创业的贫困文化，培养贫困者勇于进取、勤于劳动的创业精神，助推其面向市场需要拓展社会交往。[1]在此过程中，社区社会工作在R村贫困治理的整体层面实现了资源整合和项目分配，不仅开展起符合当地资源优势的特色产业，还在个体层面实现了居民的有效参与。不仅如此，社区社会工作的介入性治理充分调动起贫困者的生产与发展的主动性和积极性，在项目的策划和运营方面实现了社会关系和社会资源的长久链接，在保障居民正当权益的同时实现贫困治理的长效发展。

6.5 R村"关系型"贫困治理的实践成效

自2016年9社会工作团队介入贫困治理工作以来，R村在近两年的扶贫实践中取得了显著成效，从贫困个体到整村风貌都发生了翻天覆地的变化。村民人均收入由2016年的4300元上升至2018年的5700元，贫困人口人均收入由2016年的2694元上升至2018年的3569元，人均增幅在千元以上。截至2018年6月，R村共计脱贫人数62人，脱贫率高达48%，这一成果得到了当地市、县各级党委政府及相关媒体的高度关注和集中推广。

6.5.1 实践探索的现实成效

在贫困治理过程中，R村继续完善了村庄的基础设施建设。其一，改造自来水管道4000延长米，新建泵房并为村民免费更换水泵等供水设备，彻底解决了R村居民的吃水、用水难题。其二，在J省扶贫办和交通厅的合力投资下修建旅游公路10公里，打通了R村去往C山风景区的第一条要道，为后续发展乡村旅游奠定基础。其三，为R村下辖的两个自然屯改造排水沟和机耕路，其中延长排水沟4800米，改造机耕路5公里，彻底改善了R村原本脏、乱、差的生活环境。此外，在走访调查过程中社工还发现18户贫困户的住房存在潜在危险并上报给H镇政府，了解这一情况后政府及时出资帮助贫困村民翻建、

---

[1] 李文祥, 吴征阳. 社会工作方法创新与扶贫创业模式精准化探索——基于农村扶贫创业的实践研究 [J]. 社会科学战线, 2018(11).

维修房屋，彻底解决了这一隐患。

在改善生存条件的基础之上，社工服务团队竭力协同基层政府开展R村扶贫产业的扩建和转型。首先，通过"以户带户"的方式扩展蜜蜂养殖项目，将R村原本8户的产业规模扩增至15户，实现户产蜂蜜过千斤，平均每户年收入两万元以上。其次，通过"因户施策"的精准产业种植扩大R村种植产业，在R村原有556亩的蓝莓种植基础上扩建400亩，同时引入长白椴木、黑果花楸等新型种植项目，在R村形成了以蜂蜜、蓝莓、长白椴木、黑果花楸、人参为主要扶持项目的五大扶贫产业，并在此过程中由社会工作团队链接科研高校、相关企业等协同参与，为村民提供技术支持和市场支援。最后社会工作团队协同基层政府、村民代表、旅行社等相关企业围绕R村自然资源和特色文化来制定脱贫项目的发展策略，成功建立以民俗旅游、乡村木屋、特产野生基地为支柱的扶贫创业产业，实现了R村扶贫产业的项目转型，极大地促进了R村的产业发展和经济繁荣。

6.5.2 实践探索的理论成效

居民收入的增加仅仅是从经济要素的层面来描述村民生活状态的改善，而社会工作团队介入基层贫困治理的深刻内涵则需要在理论探讨层面进一步挖掘。在社工团队的协同、组织之下，R村村民联合社工服务平台、R村村委会、H镇政府及相关企业共同组建了以"社工介入、党政支持、企业合作、村民参与"为基本框架的"关系型"贫困治理平台。在贫困治理过程中，基层政府依照国家扶贫政策的各项规章制度来开展扶贫项目、落实相关政策，如开展各项支农惠农型服务、引领项目发展、提供资金扶持等。R村居民则亲身参与到扶贫项目的具体开展过程中，通过提供土地、人力、物力等资本来实现自身的生计发展和组织生产关系的嵌入。根据不同产业项目的发展需要，相关企业合作参与到各类扶贫产业之中，为负责组织生产实践活动，帮助居民实现农产品加工、包装、销售等环节，并适当提供就业岗位。社会工作团队则运用自身的专业技能和资源优势，在组织层面协调政府、企业、村民间的资源配置，共同推进产业化进程，确保贫困治理的和谐、顺畅。在此过程，各方利益都得到有效实现，即政府收获政策绩效、村民收获生计发展、企业收获效益和声望、社会工作团队收获实践经验。也就是说社会工作的介入性实践为R村构筑了"协同—互助"的共赢参与模式,实现了多元共治的贫困治理格局。

不仅如此,就贫困的关系性本质而言,社会工作团队的介入性治理精准把握了R村贫困场域的核心症结,即以政府为核心所开展的贫困治理主要是一种外援性的贫困治理过程,只能从贫困者外部来改善其生存环境和条件,通过构建新型组织生产关系来推动贫困者的嵌入和发展,而这显然不具有内源性的发展优势和动力,以致贫困者长期依赖外援扶助而无法巩固脱贫成果。因此,社会工作团队主要从内源性治理的视角来消解贫困惯习的多重影响,如贫困文化对生存心态的挟持、社会排斥对资源运作的阻碍、权力贫困对利益公平的掣肘等。对此,社会工作团队以贫困者个体生存心态的改善、群体人际关系的链接和集体生产项目的参与为着力点来开展贫困者多层次的关系修复,运用个案工作、小组工作和社区工作方法来实现贫困者个体心态的改善、生计能力的提高、社会关系的链接和社会参与的实现,充分发挥社会工作内源性的治理作用。

通过政府扶贫政策的外援性治理和社会工作内源性治理的并行,一方面R村具备了脱贫发展的外部条件,得以为村民提供逐步完善的生活环境和发展机会,支持R村脱贫发展的外援性动力。另一方面R村居民改善了自身的贫困惯习,拥有了自愿、自主的发展心态和自立、自强的生计能力。在内外双向贫困治理开展的同时,贫困者惯习的改善激发了推动R村脱贫发展的内源性动力,贫困者通过自身行动来维持外部良好的生活、生产条件。而在政府政策治理下,贫困者外部环境的优化则进一步巩固了贫困者的生存心态和生计发展能力,二者在相互建构与巩固之中实现贫困的根本治理。可见,社会工作介入R村的贫困治理实践不仅在成效上证明了社会工作介入服务的可行性和有效性,更重要的是,这一介入性实践的成功实现了传统贫困治理模式向"关系型"贫困治理模式的转向,为贫困场域的基层治理指明了出路。

第七章　"关系型"贫困治理的总结与反思

　　基于社会工作介入R村"关系型"贫困治理实践的成功开展,我们得以探索并明晰贫困治理的当代需求。显然就治理功能而言,社会工作介入"关系型"贫困治理有专业优势,如对贫困主体自我效能的提升、对当前治理模式功能的补位、对基层贫困治理格局的创新,而以上功能的实现显著提升了我国当前治理贫困的成效。但就我国社会工作的发展现状而言,尚不具备实践普遍性介入治理的基础和条件,一方面伦理道德冲突和实践方法割裂成为制约我国社会工作本土性发展的理论困境,而服务对象的被动性、服务场景的不确定性以及服务主体的双重性又加剧了社会工作实践的操作困境。因此,为促进"关系型"贫困治理模式的广泛开展,有必要就社会工作的组织发展和服务介入予以推进和完善,如强化社会工作的组织构建、深化社会工作的专业理念以及推进社会工作的协商参与。

7.1 "关系型"贫困治理的当代需求

　　基于对R村早期扶贫实践的调研与考察,我们得以窥探传统型贫困治理实践的核心与困境。调研结果的分析表明,传统型贫困治理主要关注于贫困者对物质要素和经济资本的占有,也就是在保障贫困者基本生存条件的同时又着眼于贫困生计发展能力的提升,符合"参与式"扶贫、"造血式"扶贫以及"精准扶贫"等贫困治理模式的政策导向,但问题也随之暴露。以R村为例的相关扶贫政策落实,仅在扶贫实践的前期取得了初步成效,贫困村落的经济发展水平有所提升,但并没有形成长久性的脱贫机制和持续性的"造血"功能,呈现脱贫率和返贫率双高的现象,并具体表现出以下特征:

　　首先,贫困者表现出强烈的外援性扶助依赖。近年来,虽然政府和社会各界提供大量资金支持,依靠培训机构为农民提供岗前培训和技能培训,但是贫困者自身却受制于贫困文化的消极影响,缺乏生产和发展的主动性,存在很强的外援依赖性,导致自身生产与经营能力并未得到锻炼,致使项目入不敷出,多以停产告终。[1]其次,贫困者在生产经营中的自主运营能力不足。日常交往过程中,贫困者出于贫困的自卑感和抵触心理更愿意同自己的血亲或境况相似的人交往,不仅主动选择与较高层面群体的社会交往存在断裂,同事也被动遭受着来自其他群体的社会排斥。"由于交往对象同质性强,无法获得有价值的信息与资源,加之本身并没有被带入到产业层面的社会关系中,致使贫困者未能有效、自主地参与生产、交换活动,经济活动受到很大限制,从而出现自主运营能力不足。"[2]最后,贫困者在扶贫项目开展中的发展需求对接失败。贫困者作为贫困村落的主体行动者是贫困村落的真正主人,掌握着生活情境之内资源和文化的详细情况,也对村落的扶贫发展具有独到的见解。但政府统揽的扶贫政策之下,贫困者显然不具备规划并参与项目发展的自主、自发和自决,而是常常处于被动嵌入的境地,因此其内在需求和发展愿望缺乏有效的表达权利和渠道。而这些困境折射出我国传统贫困治理模式存在深刻的理论解释困境和治理逻辑缺陷。

就理论困境而言,早期单一性的贫困要素理论将贫困问题或阐释为经济要素的缺乏,或阐释为文化要素的异化,或阐释为社会要素的剥夺,或阐释为权利要素的缺失,因此由具体实践而呈现出的贫困困境可归咎于贫困文化、社会排斥和权利贫困。但场域视域以关系性视角重新统摄了分散、独立的致贫要素,将贫困的终极根源指向关系型贫困。具体而言,贫困场域中存在以贫困惯习和场域结构为主体的两大要素。其中贫困惯习以贫困者的具体实践为载体,是指导贫困者在场域中运作场域资本、进行策略选择的逻辑;场域结构蕴含在资本的具体分布中,因其始终背离贫困者的实践目的而形成制约贫困者生存和发展的社会制约性条件。贫困惯习在完成自身历时性积累和构建的同时作用于贫困场域结构的生成,而贫困场域结构在完成自身生成

---

[1] 李文祥,吴征阳.社会工作方法创新与扶贫创业模式精准化探索——基于农村扶贫创业的实践研究[J].社会科学战线,2018(11).

[2] 李文祥,吴征阳.社会工作方法创新与扶贫创业模式精准化探索——基于农村扶贫创业的实践研究[J].社会科学战线,2018(11).

和构建的同时又作用于贫困惯习的积累，正是在这种建构与被建构的双重互动关系中，贫困者的贫困实践得以生成，同时贫困环境的结构和状态得以巩固。因此在场域视域下，R村所表现出的治理困境主要源于其场域中始终存在着贫困惯习和场域结构间的消极的双重互动关系，这是不断巩固并强化贫困文化、社会排斥和权利贫困的主要关系根源。

就治理逻辑而言，R村早期的扶贫实践主要是一种外援性的扶助模式，即政府依照国家政策为农村贫困地区开展资金投入，并为贫困村民提供农村劳动力岗前培训和技能培训，试图以此来改善贫困村民的生计发展能力。这一模式虽然在一定程度上实现了我国贫困治理由"输血"阶段向"造血"阶段的迈进，但这种"造血"就本质而言其实是一种"外援性"造血，并没有实现贫困者自身的"内源性"造血。也就是说贫困者只能依靠政府提供的外部动力来获得资源、运作资源、驾驭资源，其自身并不具有主动参与项目制定、运作和发展的心态和能力。就理论关系而言，政府的外援性扶助是从干预贫困场域的结构入手，改善其客观生存的结构和条件，并试图以此为动力激发贫困者的主体意识，改变贫困惯习。贫困场域结构的改善确实可以一定程度影响贫困惯习的生成，但却无法动摇贫困惯习历经贫困者的长期实践而积累、生成的稳定结构，甚至会在失去外援性动力之后被反构重建，这也是传统型扶贫政策获得短期成效后出现脱贫率和返贫率双高的根本原因。可见，贫困的根本性治理在于实现贫困场域中的关系型治理，也就是不仅要针对场域环境予以结构和条件的外援性改善，还要针对场域中的贫困主体开展贫困惯习的内源性治理，通过内外双向治理的协调和呼应来实现贫困场域中惯习和结构的共时改变，进而相互建构，共同巩固治理成效。就理论层面而言，"关系型"贫困治理是实现当代贫困治理的根本需求，而内源性贫困治理则是完善"关系型"贫困治理不可或缺的一面。

反观我国传统型贫困治理，其仅仅是在贫困主体外部为贫困者提供生存和发展所需的物质要素、经济资本，并通过相关培训来提高贫困者的专业知识和生计发展能力，但贫困者的行动内核依然受制于贫困惯习，在场域资本的运作中表现出消极的行动策略，即长期浸染于经济匮乏、贫困文化、社会排斥和权利贫困之中的短视与盲目。尤其在参与集体扶贫项目的过程中，贫困者主要依靠外援性扶助主体来运作外部资源，自身却无法充分地参与其中。而真正有效的"关系型"贫困治理不仅需贫困者的单向增能或生产组织的外援性构筑，"它还同时需要外部主体与贫困者在资源的管理中进行协作，使贫困者作为主体参与生计项目的生产与经营。不仅参与生产的全过程，借此逐渐摆脱贫困文化而生成支持创业的理念与行为方式；也参与面向项目外部市场的交往，从而逐渐摆脱社会关系的排斥而将自身的交往拓展至生计项目所需的社会关系网络。"[1]因此在贫困治理的现实开展中，如何加强对贫困者惯习的内源性治理成为实现"关系型"贫困治理的关键。就我国当前的治理格局而言，政府几乎"统揽"了基层贫困治理的主要工作。虽然政府在资源调配和治理权威层面独具优越性，易于在基层开展集体性、规模型的扶贫产业活动。但同时也受制于自身角色特征，政府基于权威性治理而无法深入贫困群体内部，在功能上亦不具有改善个体惯习的治理功能，因此这一内源性治理要求自然转向对第三方组织的介入需求。

在R村近两年来所开展的贫困治理实践中，以社会工作者（在校大学生）的基层挂职为契机将社工工作组织引入R村的贫困治理场域，在R村"弱政府—弱组织"的场域条件之下，通过"协作式"介入路径构建起社工组织同基层政府间的"协作—互助"关系。具体运作中，社会工作组织在R村建立起以"社工介入引导、党政支持、企业合作、村民参与"为基本框架的贫困治理合作平台，其运营以各方利益共赢为基础、以R村居民的真实需求为导向、以双会联动的执行制度为保障。在同基层政府和相关企业的积极互动中，社会工作平台开展了贫困人群的专项服务、推进了原有产业项目的发展并积极协同扶贫创业项目构建。在此过程中，社会工作组织通过发挥专业性的"助人自助"、"增能赋权"、"链接资本"等功能来实现对贫困者主体的内源性治理，通过个案工作实现对贫困个体的惯习改善、通过小组工作来实现对贫困群体的关系链接、通过社区工作来实现贫困者对集体扶贫产业的参与、自主和自决。这一内源性治理的开展，实际上就是根据社会工作中"人在情境中"的理论假设，"运用社会工作方法中的优势视角来扶助贫困者，根据贫困的原因、拥有的技能，发现贫困者的优长之处，并纳入相应的

[1] 李文祥，吴征阳. 社会工作方法创新与扶贫创业模式精准化探索——基于农村扶贫创业的实践研究[J]. 社会科学战线，2018（11）.

劳动岗位。劳动能力不强的贫困村民，也可以通过适当的方式参与到产业中来，以此培养自强意识，通过自己的劳动获得收入，增强自信和满足感。"[1]基于社会工作的有效介入，R村的内源性贫困治理得以展开，在其协同基层政府开展外援性贫困治理的同时，共同构筑起R村的"关系型"贫困治理模式。总之，这一模式的成功构建，一方面可以借助政府的外援性扶助力量构筑起R村扶贫发展的场域条件，为贫困者的内源成长提供有利环境，另一方面可以利用惯习的改善来催生贫困者内源发展的力量，在具体行动中巩固外援性扶助成果，进一步持续并发展治理成效，这既是对于关系性贫困治理的理论应对，也是对于当代贫困治理需求的实践回应。

7.2 社会工作介入"关系型"贫困治理的优势

社会工作得以介入"关系型"贫困治理，主要因其助人理念和实践方法在内源性贫困治理方面具有显著的专业优势，能够弥补传统贫困治理模式的功能缺陷，并进一步提升"关系型"贫困治理的实践功能。首先，在"关系型"贫困治理的微观层面，社会工作的赋权增能有效提升了贫困主体的自我效能；其次，在"关系型"贫困治理的中观层面，社会工作的内源性治理有效补充了当前模式的治理功能；最后，在"关系型"贫困治理的宏观层面，社会工作的资源链接有效创新了基层贫困的治理格局。

7.2.1 对贫困主体自我效能的提升

"关系型"贫困治理的开展，一方面强调政府通过政策扶助开展贫困场域的外援性治理，为贫困者改善生存环境、营造良好的发展条件，另一方面强调通过社会工作的介入来开展贫困场域的内源性治理，改善贫困者的行动惯习、构建良好的生存心态。在此过程中，行动者的惯习不仅包含其实际掌握的技能和一般行动的策略，它还决定着贫困者身处困境之中的情绪和态度，是一种自我效能感的体现。贫困者的自我效能感，指的是贫困个体对自

---

[1] 李文祥, 吴征阳. 社会工作方法创新与扶贫创业模式精准化探索——基于农村扶贫创业的实践研究[J]. 社会科学战线, 2018 (11).

己能否有能力实现脱贫致富的推测与判断，它是贫困者对自身能力与所处环境的主观把握，也是助力贫困者超越现实困境的内在动力之源。正如习近平总书记所指出的，"扶贫先扶志，要从思想上淡化贫困意识，不要言必称贫，处处说贫。"也就是说，贫困治理不仅要着眼于化解贫困者当前的生存困境，还要具备长远意义的发展眼光，而社会工作通过优势视角来挖掘贫困者的潜在优势，通过增能赋权来助其增强自身效能，这恰好与贫困治理的发展性要求不谋而合，同时也是社会工作介入"关系型"贫困治理的主要功能之一。

社会工作肇始于西方的贫困救助活动，历经长期发展后从单纯的生存物质救助演变成具有个体促进和发展意义的"助人自助"服务。在此基础上，社会工作的发展性意义被提出，其强调加强经济发展同社会服务目标群体之间的关联与融合，利用社会投资来加强对弱势群体的社会服务供给，以此发展弱势群体的个体效能，帮助其有效参与社会竞争。这就对社会工作发展贫困者的个体效能提出了要求，"社会工作者应敏感地注意到贫困个体以及家庭所面临的结构性发展限制，致力于强化特定边缘和困难人群的实质性经济参与机会及福祉提升，包括消除参与的障碍以及促进参与过程所带来的积极效果等。"[1]因此在"关系型"贫困治理中，社会工作的介入主要就贫困者的贫困惯习进行干预和治理，并通过"增能赋权"的具体实践就贫困者的生存心态、生计能力和参与权利等层次实现其整体效能的提升。

从社会工作的专业角度出发，以人为本是其本质属性。如果说政府的外援性贫困治理主要实现了贫困者在生存层面的物质脱贫，那么社会工作介入下的内源性治理则是强调贫困者心态与能力的效能脱贫。在贫困惯习的影响下，贫困者常常具有自卑、无助、无力的心态特征，致使贫困者难以正确应对现实困境，存在消极、怠惰的行为倾向。社会工作者秉承优势视角的积极理念，在充分了解贫困者个体和家庭的困境后，在助其澄清自身问题的前提下积极挖掘潜在的资源和能力，帮助贫困者树立走出困境的决心和自信，拥有积极良好的生存心态。同时，社会工作还要着眼于贫困者实际生计发展能力的提升，尤其注重对贫困者持续性发展能力的"个别化"培养。若以贫困

---

[1] 邓锁.经济赋能与社区融合——以一个西部地区的反贫困实践为例[J].中国农业大学学报，2019（01）.

者的个体独立性为前提条件，但不同个体都有不同的需求，这就要求在服务过程中充分考虑到个体的特殊性，即各有所异、各有所需。[1]在此基础上，不仅要尊重贫困者个体间的差异，还要适应这种差异，在接受差异的基础上具体结合贫困者的具体资源和能力，因地制宜地为其提供相应的技能培训，以提高生计发展能力。如在李刚的个案扶助中，社会工作服务团队就在澄清其主要家庭困境的同时又充分利用了案主本身已掌握的人参种植技能，通过设计"放山人家"的景点来具体实现贫困者的潜在能力与生计项目的结合。

不仅如此，社会工作者还将具体的个案工作融入R村的组织生产活动中，利用制度性的组织生产关系来规范贫困者的个体行为习惯，达到矫正其不良行为和作风的目的。除此之外，社会工作更加注重贫困者自身权能的实现。社会工作者通过整合相关扶贫资源来为贫困者组建新的生产关系，并基于贫困者生存心态的改善和生计能力的提高，将其嵌入真实的经济生产关系，让贫困者真正参与扶贫开发项目的设计与监督过程中，从被动嵌入转变为主动参与，从而在组织管理层面实现贫困个体的参与权利。可见，通过社会工作介入"关系型"贫困治理，贫困者在生存心态、生计能力、人际关系和社会权利等方面有所改善，即主体效能得到全面有利地提升，这是"关系型"贫困治理在微观治理层面的主要功能，为贫困治理在中观和宏观层面的开展奠定了基础。

7.2.2 对当前治理模式功能的补位

基于"关系型"贫困治理在微观层面对贫困者主体效能的提升，社会工作服务的介入又在贫困场域的中观治理层面进一步完善了"关系型"贫困治理的相关功能，从而回应了"关系型"贫困治理的功能需求与关系完善。就传统型贫困治理模式来看，因其本身以政府的扶贫政策治理为主要内容，故主要呈现出自上而下的权威性治理，充分体现出政府在扶贫政策引领和扶贫资源统筹方面的显著优势。党的十八大召开以来，精准扶贫政策的出台和落实令我国在扶贫领域取得了显著成就，截至2018年末，全国农村贫困人口

---

[1] 黄雯娇, 郭占锋. 个别化原则在精准扶贫中的运用研究——以陕南F村为例［J］. 社会工作与管理,
2019, 19（01）.

从2012年末的9899万人减少至1660万人，贫困发生率从2012年的10.2%下降至1.7%。显然在同农村普遍性物质贫困的斗争中我国成绩斐然，但这一成绩的取得无疑有赖于政府高额的财政投入和各级地方政府巨额的行政成本。当多轮扶贫政策执行过后，当前我国的贫困人口主要分散在偏远山区和贫困边疆，不仅经济发展不足、基础建设落后，而且在经济、文化、社会等多项维度存在致贫要素，可谓我国扶贫攻坚后期的"硬骨头"。面对这些难以超越的现实困境，政府"统揽"的传统型贫困治理模式显然难以为继，其治理成效的持久性和全面性暴露出显著不足。

就治理理念而言，我国在贫困治理过程中长期维持了劣质、低效的"粗放型"扶贫模式，仅以大量的扶贫资本输出为主要方式，而不考虑扶贫对象的地域差异、资源差异、文化差异和个体差异。这种大水漫灌式的治理模式存在情况不明、问题不清、靶向不强等诸多问题，虽然可以在短期扶贫实践中取得一定成效，但难以形成长期、持久的脱贫机制，导致脱贫率和返贫率双高。精准扶贫的提出在治理理念上转变了我国贫困治理的总体思路，将"扶贫对象精准、措施到户精准、项目安排精准、资金使用精准、因村派人精准、脱贫成效精准"的治理要求作为对"粗放型"治理模式的改革，体现出对传统扶贫模式的反思。但囿于科层体制的行政惯性，基层政府的工作人员难以快速转变工作方式，始终沿用着"粗放型"的贫困治理手段，有悖于精准扶贫所倡导的"扶真贫、真扶贫、真脱贫"的治理初衷。例如在R村的前期调查中我们发现，虽然上级政策要求H镇政府对贫困村民进行逐户排查，为其建档立卡，但在实际操作中，这一过程往往由政府工作人员代为完成，一些贫困户的信息甚至是编造而成的，致使建档立卡的意义形同虚设。这种情况一方面是由于基层干部的惰政所致，另一方面也反映出顶层政策设计过于繁复，落实到基层政府后时间紧、任务重，使得基层政府的工作人员疲于应对。

就治理功能而言，政府虽然在权威治理和资源调配上具有总体优势，但也仅限于中央政府、中层政府以及发达地区的各级政府而言。扶贫政策落实到基层政府之后往往也将资源筹措的任务自上而下转移至基层，但其真实的组织和筹措能力却无法超越自身地域和权限范围，尤其贫困地区的基层政府更不具备引入外域资本的权利和能力，如R村就曾因基层政府的资源链接能力不强而长期被排斥在当地多元合作关系的发展之外。就治理成效而言，脱贫率和返贫率双高主要由于传统型贫困治理并没有把握贫困的本质根源，仅依托政府的扶贫政策开展贫困场域的外援性治理，而忽略贫困主体的内源性不足，以致于贫困者无法脱离外援扶助而独立维持长效脱贫的治理成果。同时，政府亦不具备开展贫困者内源扶助的身份优势和专业优势。上述传统型贫困治理的不足和缺陷都指向对第三方组织介入的需求。

通过社会工作介入贫困场域的真实治理，传统型贫困治理的功能得以补充和完善。首先通过协作式介入，社会工作得以针对贫困人群开展具体的内源性治理活动，以提升贫困者的主体性和效能感，这一专业功能的发挥补偿了政策治理在贫困者个体扶助方面的不足。其次在场域视域中，社会工作的有效介入弥补了传统贫困治理对于主体内源性治理的缺失，其协同政府的外援性治理共同构建起贫困场域中惯习和场域结构间的双重互动关系，即用改善的惯习来指导贫困者的行为实践并作用于场域结构的生成，同时场域在外援性治理下得以改善并进一步强化惯习的改善，这一正向互动关系的达成不仅实现了"关系型"贫困治理的本质要求，同时也建立起贫困者生存与发展的长效机制，有益于巩固和保持治理成效。最后社会工作以自下而上的个体扶助同政府自上而下的权威治理相结合，在组织层面形成"协助—互助"的关系模式。通过社会工作发挥其资源链接的功能，贫困治理的资源辐射范围显著增大，有效弥补了基层政府在资源筹措方面的功能不足。可见由社会第三方介入基层贫困治理是开展"关系型"贫困治理的必然选择，尤其社会工作组织的成功介入，为这一模式的开展提供了丰富、详实的实践案例，证明了社会工作介入对贫困治理功能的有效提升。

7.2.3 对基层贫困治理格局的创新

近年来社会工作在我国贫困治理的参与结构中不断涌现，在发挥其助人自助的核心功能的同时，通过资本链接将更加广泛的资源主体引入贫困治理的具体过程中，从而体现社会工作介入下的"关系型"贫困治理的多元化参与取向，这无疑是对基层贫困治理格局的创新。贫困的内涵并不局限于经济要素的缺乏，而是广泛存在于经济、政治、文化、社会等各个层面，其中既包括贫困者自身心态和能力的不足，即来自贫困惯习的内源性困境，也包括生存环境中的可及性障碍，即来自贫困场域结构的社会制约性条件，而针对二者所开展的贫困治理的深度和广度恰好体现出其贫困治理模式的理念与格局。就社会工作介入"关系型"贫困治理而言，其对于基层贫困治理格局的改善有二：其一是基于中国村庄的传统文化来优化贫困治理结构中的权利关系；二是通过社会工作的资源链接来实现关系性贫困的多元主体共治。

在我国村庄权利的结构变迁中始终存在中央权利与基层权利的分割和对立，尤其在封建社会，中央皇权代表着统治阶级的权威和意志，基层民权代表着被统治阶级的利益和需求，二者在长期的对立与冲突演化出以"官—绅—民"为基本层次的权利结构，显然"绅权"成为当时沟通并协调"官权"与"民权"间矛盾的桥梁。随着我国现代国家制度的建立，制度性的公共规则和组织制度逐步完善，但在基层自治制度中依然蕴含着人们根深蒂固的家族观念和宗法文化，尤其在基层贫困治理过程中，一方面"差序格局"下的本土性人际关系扰乱了基层自治权利的正规化，政策性寻租阻碍了贫困村民的利益表达，另一方面也缺乏当代的"绅士"精英来沟通和协调政府权威同民众需求间的矛盾。

在这上下治理难以协同的村庄场域中，社会工作的介入在一定程度上扮演了"绅"的链接性角色，通过开展贫困个体和家庭的扶助工作来了解贫困者的具体需求，并通过协作关系将其传达给政府，同时社会工作作为贫困治理的具体参与者得以把握政策意图，并通过服务过程将政策要求转达给民众。不仅如此，社会工作在避免民意与官权直接对垒的同时，在积极挖掘当代地方精英，使村庄贫困自治成为可能。"相较于士绅群体，'地方精英'的概念不再过多强调其与国家政治权力的紧密联系，精英地位不再被视为仅仅来自国家的赋予，而是更加注重精英在地方舞台上的资源、策略、实践与结构之间的相互交织以及地方精英的持续变迁转型或消退的种种图景。"[1]社会工作通过扶贫生计项目的组织和参与，积极寻找并培养具有先进思维和领导能力的发展带头人，一方面依靠其带领村民开展扶贫生产，实现脱贫致富，另一方面也将其作为村民表达需求与意愿的代言人，将贫困者脱贫之"私事"与国家贫困治理之"公事"紧密联系起来，进而优化贫困治理中村

---

[1] 李晓斐. 当代乡贤: 地方精英抑或民间权威[J]. 华南农业大学学报(社会科学版), 2016, 15(04).

民与政府间的权利格局。

如前所诉，基层政府的资源筹措能力受制于自身所辖地域和权限范围，尤其贫困地区基层政府的能力更为薄弱，故社会工作介入在一定程度上弥补了基层政府资源链接能力的缺失。这种资源的链接不仅包括物质、设施、资金等形式，还包括企业、大学、社会组织、科研机构等实体单位。在"关系型"贫困治理中，社会工作组织可以针对扶贫项目的具体需求来链接相关资源主体，将其引入具体的贫困场域之中，基于互助、共赢的合作基础共同推动扶贫项目的顺利进行。不仅如此，在实现基层贫困治理的基础上，社会工作服务的介入也在一定程度上改变了当地公共服务的供给模式，由政府各项事务"统揽"转变为社会工作组织的参与和承接，从而构筑起多元主体共同参与之下的社会治理格局。总之，贫困治理的基层权利模式和主体参与模式共同指向了贫困治理的格局构建，而社会工作介入"关系型"贫困治理无疑在改善权利结构和丰富参与主体两个层面实现了我国基层贫困治理格局的创新。

7.3 社会工作介入"关系型"贫困治理的反思与完善

社会工作介入R村"关系型"贫困治理的实践经验为我国当前进一步拓展贫困治理的实践路径指明了方向。但其具体实践过程也不断暴露出社会工作在当前发展阶段所存在的诸多问题，造成了社会工作介入"关系型"贫困治理的理论困境和实践困境。对此，有必要就社会工作的发展予以推进和完善，如加强社会工作团体的组织建设、深化社会工作扶助的参与理念、推进社会工作参与的有效协商，从而推动社会工作介入"关系型"贫困治理的开展和落实。

7.3.1 社会工作介入的困境与挑战

社会工作介入"关系型"贫困治理，其本质上属于多元化扶贫主体的引入策略。但由于第三方团体不具有介入社区管理的正当身份，容易引发团体本身同地方自治组织间的权利冲突和利益纷争，因此要积极预防并协调社区社会工作过程中可能发生的矛盾与冲突。同时，对"关系型"贫困治理策略而言，政府为主导的贫困治理实践具有身份的正当性和介入的合理性，但在具体介入中既要确保社区社会工作开展的专业性和科学性，不能流于形式，还要确保维护贫困者的切实利益，妥善处理贫困群体诉求同政府管制间的价值取向矛盾。总之就理论应用层面而言，这一困境主要来自社会工作在价值选择中的伦理冲突和实践过程中的方法割裂；而在实践操作层面，这一困境指向社会工作的具体方法对中国本土化情景的融入和适应。[1]

1. 社会工作介入的理论困境

对于伦理冲突，社会工作本身是一种道德实践，践行所依据的是专业伦理，即社会工作专业本身对社会工作从业者所提出的行为标准和道德理想，集中反映了社会工作专业的价值。同时，社会工作又以解决案主的困难为目标，实现其人生价值，这就容易引发伦理困境，造成道德层面难以取舍的质疑和模糊。引发的伦理困境主要包括：角色困境、利益困境、责任困境以及目标困境。其一，角色困境指社会工作者因不同情境下的身份而对不同主体负有相应的责任和义务，如身为公民而忠诚于国家法律、身为机构职员而忠诚于机构的价值理念、身为服务提供者而忠诚于案主的切身利益，但这三者的利益并非长久和谐并统一，这就使社会工作者陷入由角色不同而引发的伦理困境；其二，利益困境指社会工作者在实践中，尤其是小组工作和社区工作，可能同时面临为多个案主提供服务，这就必然涉及不同案主间的服务与利益的分配问题，进而使社会工作者陷入利益冲突的伦理困境；其三，责任困境指社会工作者既要尊重"案主自决"，又要为案主的切身利益负责。但当案主做出对自身不利的决定时，是应完全遵从案主意愿，还是履行自身的干预职责，就会使社会工作者陷入责任困境；其四，目标困境指社会工作的价值理念既关注微观的个人利益，也关注宏观的社会福祉，但当个人意志与社会意志发生冲突时，如弱势群体的利益诉求和政府机构的冲突管制相碰撞，其服务目标的确定就会使社会工作者陷入目标困境。面对以上困境，由于社会工作本身的道德属性和伦理特质而使其难于抉择，因此应始终以道德判断为原则，控制移情与反移情对自身情感和判断力的影响，进而作出符合具体情境的合理选择。[2]这就要求"社会工作者在所涉及与服务对象的关系

---

[1] 李文祥，吴征阳. 贫困治理的场域观与社会工作增权[J]. 江淮论坛，2018（3）.

[2] 李文祥，吴征阳. 贫困治理的场域观与社会工作增权[J]. 江淮论坛，2018（3）.

时，工作者一方面需要界定案主的问题，增进对服务对象的理解；另一方面
又从批判和反思中超越自己的存在境况。"[1]

对于方法割裂，在社会工作的实际操作中，始终存在方法间的排斥与矛
盾，较为明显的是个案社会工作同社区社会工作在效用和价值方向的割裂和
冲突。"前者认为后者缺乏科学性和专业性，后者强调前者缺乏人文关怀和
社会视角。"[2]但个体扶贫的成功无法脱离其生存环境中贫困惯习的改变，
而贫困群体的困境超越也要以个体成长为基础。因此，单纯以三大操作方法
的传统思维来划分社会工作的实际操作层次等于割裂了社会工作的整体性思
维，应当将多样化方法结合在一起来提高社会工作服务的总体效用。这种综
合性服务"不是简单地把个案工作、小组工作和社区工作叠加在一起，而是
有自己的服务逻辑和服务理念"[3]。具体应用于贫困场域治理，则可从个体层
面、人际关系层面和社会参与层面等三个层次来落实社会工作的关系性贫困
治理实践。[4]

2. 社会工作介入的现实困境

社会工作的另一困境存在于本土化过程中，是理论方法针对具体实践情
境的调整和适应。中国的贫困场域具有自身的本土特色，社会工作介入其中
就要同时面临自身功能发展的局限和本土贫困文化及乡土规则的多重制约。
不仅无法按照西方规范化和程序化的专业流程操作，还须根据实际环境和政
策资源将注重个体成长的微观服务和注重结构改善的宏观服务结合起来。

其一，服务对象具有被动性。西方社会工作存在已久，作为一种普及度
较高的服务机构，深为大众熟知且认同。因此，西方的社会工作机构设有专
门的辅导室，供求助者自主上门求助。而我国的社会工作开展较晚，尚未形
成认同度较高的服务模式，因此常常是由社会工作者主动发现问题并接近服
务对象，致使当事人在接受服务的起初便处于被动局面。而这一处境的消极

[1] 谢莒莎. 社会工作伦理困境及其解决方式[J]. 社会工作, 2009(6).

[2] Harry Specht, Mark E. Courtney Unfaithful Angels: How Social Work Has Abandoned Its Mission-NewYork[M]. The Free Press, 1994. 138.

[3] 童敏. 中国本土社会工作发展的专业困境及其解决路径——一项历史和社会结构的考察[J]. 社会科学辑刊, 2016(4).

[4] 李文祥, 吴征阳. 贫困治理的场域观与社会工作增权[J]. 江淮论坛, 2018(3).

之处就在于当事人本身可能并不具有改变现状的愿望，直接拒绝接受服务，或是对问题的认识模糊不清，导致服务效果并不理想。尤其针对贫困群体开展社会工作时，其群体特有的消极感和自卑感都加剧了服务关系建立的难度。因此应加强对贫困者在社会要素层面的有效识别，将贫困者的特征因素融合进家计调查或精准扶贫的识别体系中，突破仅就经济要素来判断帮扶对象的测量误区，同时鼓励贫困者认识并解决自身问题的需求和自主性，进而建立有效的服务关系。[1]

其二，服务场景具有不确定性。专业化的社会工作要求服务的开展要按照严格的程序和规范进行，服务场景主题及布置也要根据当事人的进展和需求进行及时行调整。这对于小组工作尤为重要，活动场地及环境的布置与安排可以促进组员对小组的认同，有利于提高组员间的互动频率，而这只有在专门的机构辅导室中才可实现。但社会工作在介入本土化贫困问题的治理过程中，社会工作者通常无法在专业性地点开展工作，常常是生活化的自然场景。尤其针对贫困个体，在服务初期甚至需要通过入户接触才能逐步打消当事人的疑虑，取得信任，进而建立专业关系。可见，在自然场景中开展社会工作对于社工的专业程度和实践水平都有较高要求。但就贫困的关系本质而言，社会工作者对服务对象的理解必须诉诸其所在的社会环境，同时贫困者的改变也应以回归其生活的自然场景为前提。因此社会工作者在提升自身适应力和应变力的同时，还可借助社区活动室或村委办公室作为服务开展地点，通过项目小组的形式聚集服务对象，在指导其生产、脱贫、发展的过程成中实现个体问题的治疗和改善。[2]

其三，服务主体具有双重性。在我国，居委会和村委会作为基层群众性自治组织，具有浓厚的行政色彩。其主要职责是为社区居民提供日常服务以及负责基础性管理工作，如调节民间纠纷、社会治安宣传、救助贫困居民、开展服务活动等。这在服务对象、服务性质和服务内容上均与社会组织具有很大的功能性重叠。并且，同居委会相比，社会工作者无论在对社区现有资源的掌控方面，还是在对居民情况的了解方面都处于劣势。因此这种服务主

---

[1]　李文祥, 吴征阳. 贫困治理的场域观与社会工作增权 [J]. 江淮论坛, 2018 (3).

[2]　李文祥, 吴征阳. 贫困治理的场域观与社会工作增权 [J]. 江淮论坛, 2018 (3).

体的双重属性在很大程度上增加了社会工作者同当事人建立密切联系的难度和复杂度。一方面，社会工作的服务开展要以居委会的支持与铺垫为前提，既包括活动物资和场地的前期筹备，也包括人员聚集和关系协调的事前安排。另一方面，社会工作的社区服务计划要兼顾居委会的日常服务工作，避免内容和形式的重复，力求双重服务体系下的功能互补。因此，社会工作者在服务过程中首先要确立其身份的正当性，避免基层群众及其组织的排斥和质疑；其次要妥善处理同基层管理组织间的共生关系，注意同基层管理组织间的关系协调和功能互补，以发挥社会工作方法的最优效用。此外，还可在基层管理组织中培养和引入社会工作专业性人才，加强基层组织的管理和服务能力。[1]

7.3.2 社会工作介入的推进与完善

目前我国正处于精准扶贫战略实施的攻坚环节，引入社会工作服务来介入"关系型"贫困治理既是对场域视域下关系性贫困的理论回应，也是对现实操作中"关系型"贫困治理的模式完善。然而，就我国当前社会工作介入的现实状态来讲，还需在反思实践经验的基础之上进一步推进社会工作的自我构建和对外参与，如加强社会工作团体的组织建设、深化社会工作扶助的参与理念和推进社会工作参与的有效协商，以此促进社会工作对"关系型"贫困治理的更好介入。

1.强化社会工作的组织构建

早在2011年11月，我国中央组织部、中央政法委、民政部等18个部门就联合下发了《关于加强社会工作专业人才队伍建设的意见》，其中着重强调要加强社会工作的组织建设，培养造就一支高素质的社会工作专业人才队伍，为加强和创新社会管理、构建社会主义和谐社会以及巩固党的执政基础提供有力的人才支撑。《意见》同时提出力争到2020年培养社会工作专业人才300万，实现为每一个城市社区和基层乡镇配备至少1名专业社工，以协助基层治理工作的有序和完善。就我国目前社会工作组织介入基层治理的情况来看，主要存在人员数量不足和专业素质不够这两大问题。就人员数量来

---

[1] 李文祥, 吴征阳. 贫困治理的场域观与社会工作增权 [J]. 江淮论坛, 2018(3).

看，尽管我国部分省市已试点或实现了社会工作对基层管理的介入，但当前仅有76万人的社工显然无法满足我国当前的治理需求，尤其对偏远农村和贫困地区而言，社会工作还仅仅停留在概念层面。就专业素质而言，社会工作人员呈现出城市社工和农村社工间巨大的素质差异。由于城市社工主要以专业院校毕业生和专业机构的相关工作人员为主，故整体专业素质较高，具有一定理论水平和实践能力。而农村社工主要以基层行政人员转化为主要来源，较大层面是由基层体制内的各部门相关工作人员兼任，如民政、教育、司法、妇联以及卫生等部门，显然由于缺乏正规性的学习和培训过程而专业化程度较低。这也使得社会工作在介入基层乡镇的治理过程中功能上的辨识度较低，易于被行政工作混淆或吸纳。

基于以上分析，有必要通过多种路径来加强我国社会工作队伍的规模建设和专业强化。首先，要依靠国家的政策力量在宏观层次上予以推进。在此方面，我国已多次出台相关文件，如2011年社会工作人才服务"三区"建设计划、服务新农村建设工作计划等，都在一定程度上加快了社工队伍的人才引进与培养。同时还要适当提高社会工作者的工资待遇，形成收入激励机制，吸引更多人才的介入与参与。其次，要依托高校资源在专业素质层面予以保障。以高校相关专业为依托来成立社会工作组织是我国社会工作机构建立的主要方式之一，如在本研究中介入R村贫困治理的JD社工服务中心就是以此为路径成立的。一方面高校需要广阔的实践空间来提高社会工作者的实践操作能力，另一方面基层治理也亟需社会组织的参与，这就为校地合作方式提供了可能。值得注意的是，校地合作方式受制于学生或社会工作者的学历和时间，人员流动性大，故要妥善建立社会工作者的轮替机制，同时还要加强当地对人才的保留和培养。最后要加强行政人员的职能转变和角色重塑。基层行政人员是培养乡镇社会工作者的重要储备，虽然其在专业素质层面距离职业社工还有较大差距，但其在对当地经济环境、人文背景的了解层面又具有相对优势，可以在一定程度上避免文化识盲。因此应有效完善基层行政人员的社会工作专业培训和职业社工转化等环节，加强对基层人员资格考核的督促和培训，广泛实现基层社工的持证上岗。

2.深化社会工作的专业理念

传统型贫困治理模式是以政府的政策扶贫为主要方式的外援性扶助模

式，因其忽略了贫困场域中的惯习主体而缺乏针对贫困者的内源性治理过程。社会工作介入"关系型"贫困治理，通过协同政府的外援性扶助就场域中的贫困关系展开重塑，一方面充分挖掘贫困者的主体意识和能力，将"助人自助"的专业理念贯彻落实，另一方面也丰富了基层治理的参与主体，实现了贫困治理格局的创新。可见社会工作之所以能有效介入基层贫困治理，并同政府形成"协同—互助"的关系模式，是因其理念与方法上均存在与基层行政扶贫工作的契合性。首先，利他主义是社会工作的理念来源，助人自助是社会工作的核心要义，这同以人为本的时代理念和"全心全意为人民服务"的工作要求不谋而合。其次，行政扶贫之所以具有广泛的资源筹措、调动能力主要源于政府的行政权威，因此也就不具有深入贫困群体内部、开展平等的内源性互助的身份优势和角色功能。而社会工作不仅能以同理心接纳贫困者来建立平等、信任的人际关系，还能通过个案工作、小组工作、社区工作来实现贫困者个体惯习的改善、关系资本的链接和社会参与的实现。可见社会工作在实践方法和功能层面对基层行政治理又具有一定的补充作用。

对于社会工作介入基层治理的方式和机制，目前学界有两种主张：其一是继续保持政府在整体扶贫事业中的主体地位不动摇，将社会工作的理念和方法引入贫困治理的过程当中，由基层政府行政人员代为实施，也就是以社会工作的理念和方法来替代并活化贫困治理的传统理念和方法[1]；其二是针对政府"统揽"下的政策扶贫所暴露出的缺陷与不足，将社会工作组织直接引入基层贫困治理的结构当中，通过发挥其助人自助、资源链接、增能赋权等专业作用来弥补政策扶贫的功能不足，同时也以社会组织身份来实现基层贫困的多元化治理，完善"关系型"贫困治理模式的构建。但以上两种路径并非非此即彼的排斥关系，而是以不同视角来探讨社会工作的介入何以实现、社会工作的功能何以发挥。若直接引入社会工作组织需要大量的人才贮备，若引入社会工作方法则需要从根本上革新基层行政的工作理念。就我国当前社会工作组织和发展状态和基层贫困治理的现状来看，一方面应在城市社区范围内全力实现社会组织的实体性介入，以政府购买服务或岗位的方式实现服务需求同专业服务机构的对接。另一方面应在农村乡镇地区尽可能实现社

---

[1] 祝平燕, 吴雨佳. 农村社会工作方法介入黔西北Y村社会管理创新研究 [J]. 社会工作, 2014 (6).

会工作机构或人才的引入，同时加快基层行政工作人员在工作方法和服务理念层面的角色转换，尽量满足基层贫困治理对社会工作方法的需求。

3.推进社会工作的协商参与

近几年来，我国社会工作组织蓬勃发展，其介入基层治理的实践探索层出不穷，已初步形成以政府、市场、社会组织等为参与主体的多元共治格局，但收获成效有限。究其原因，一方面我国的社会工作发展尚不完善，很多理论、经验直接来源于西方社会，并没有经过同我国本土性文化传统和社会背景的相互磨合与嵌入，一直存在显著的"拿来主义"特点，并不能有效解决中国本土的社会问题，尤其是广大农村地区的贫困问题。另一方面，政府的行政职能过于强大，尚无法兼顾或协同多元主体的共治参与。由于社会工作在介入过程中并不存在与政府等同的权利或身份，因此社会工作常常遭遇基层行政治理的吸纳而流于形式，或在参与过程中难以平等协商与遭遇政府权力的排斥。

就社会工作组织的专业性发展而言，其难于应对基层贫困治理的主要原因在于社会工作自身所具备的专业知识和实践经验同农村地区的乡土规则和传统文化存在断裂，致使其无法有效理解并分析眼前所遇困境。当社会工作者以自身的文化背景和经验视角来解读农村问题时，就容易同问题本身的发生情境相出入，以致无法准确理解问题内容，把握问题核心，也无法就当前情境提出合理、有效的解决措施，如文化偏见、文化识忙、文化震撼等现象。对此，社会工作者有必要提升自己的文化敏感度，在掌握一定专业知识的同时能快速了解和把握当前情境的基本要素，在深入具体情境的过程中开展"关系型"贫困治理。也就是要深入了解我国乡土社会的文化变迁、礼俗规则和人际交往等人文要素，在兼顾贫困者个体特征的同时分析其致贫的内外双向要因，以便有的放矢，即能够"洞悉乡土社会的逻辑与结构，并因势利导地为我所用"[1]。此外，社会工作在具体介入"关系型"贫困治理的过程中还要注意实践方法的选择和应用，要在尊重当前情境基本价值理念和文化传统的基础上开展服务工作。

---

[1] 崔月琴,李远.草根NGO如何推进农村社区的新公共性建构——基于吉林通榆T协会的实践探索[J].社会科学战线,2017(3).

　　就政府主导下的多元共治格局而言，政府权威的过度参与是阻碍其他主体成分发挥应有功能的主要原因。尤其对社会工作组织的介入而言，一方面社会工作组织本身发展不够完善、缺乏应有规模和正当性地位，故社会工作组织始终处于政府权威的领导与支配之下。另一方面农村基层管理的理念思维相对落后，不仅对社会工作服务缺乏认知，甚至存在介入过程中的排斥与阻碍，以致社会工作组织应有的专业性功能难于发挥。因此有必要在"关系型"贫困治理的开展过程中明确参与主体的角色分工和职能分配，在贫困治理战略上实现多元主体理念、方法、功能等要素的整合，在转变政府职能的背景之下继续完善多元共治的治理格局，实现社会工作对"关系型"贫困治理的有效介入。

第八章　结语

改革开放以来，我国为解决贫困问题所展开的政策性实践历经四十多年风雨历程。总体观之，其研究角度涉及生存、剥夺、能力、文化、制度等多重视域，并最终以综合视域来统摄贫困问题的丰富涵意。多视域下的贫困治理研究主要围绕两个核心命题展开：其一是在理论层面揭示贫困问题的内涵和本质，其二是指导贫困治理实践的政策改良和模式构建。具体而言，贫困的内涵界定由狭义的经济要素扩展至社会、文化、机会、能力、发展等多元要素，可视为物质条件的客观性向贫困者能力发展的主体性的转变；其治理模式由"输血式"扶贫向"造血式"扶贫和"参与式"扶贫转变，其过程伴随治理理念的进步、扶助手段的丰富以及参与主体的增加；其治理规模由片区扶贫聚焦至县域扶贫，并最终发展为当前以贫困村、户为治理单位的精准扶贫，这一越发精细的瞄准过程得益于贫困测度水平的提高和扶贫政策指向的细化。然而既有贫困治理的众多实践并没有取得根本性胜利，短暂的区域繁荣和个体富足背后是显著的脱贫率和返贫率双高，并且表现出外援性扶助依赖、自主运营能力不足和发展需求对接失效的治理困境。

究其原因，传统理论研究和扶贫实践，或是注重客观性物质条件的补偿，或是聚焦于贫困者主体能动性的发展，而恰恰忽略了主、客体间存在的必然联系，导致扶贫实践的碎片化和片面化。也就是将贫困主体和结构主体割裂开来，使贫困者的内源性因素和环境结构的外援性因素处于分离式建构中而缺乏关系性的深入探索，以致无法仅仅通过扶贫政策的外援性治理来引起贫困主体的共变，使得贫困主体和客体环境间缺乏一种长久且稳定的关系建构。这一关系性矛盾的解决必然指向关系性视域的理论探究以及关系型治理模式的实践探索，即需要引入场域视域。

场域视域下，贫困者的生存世界由"场域—惯习"这一双重互动结构所支撑，彼此间存在相互建构与被建构的关系性生成和制约。贫困者由于在场域中身处不同位置而占据不同的经济资本、文化资本、社会资本和象征性资本，同其他群体相比，贫困者所占据的资本显然不具有相对优势。贫困场域在资本的具体分配之下具化为制约贫困者前进与发展的社会制约性条件，并经由贫困者的具体行动而内化为心态结构，成为贫困者的内源性要素之一。与此同时，贫困惯习是贫困群体所共有的行为倾向，经由贫困者的长期历史实践积累而成，不仅是指导贫困者开展具体行动的主要逻辑，同时还通过行动结果来进一步巩固贫困者所在场域的环境结构，以此实现贫困场域同贫困惯习间的双重互动。可见，贫困者长期、稳定、带有贫困象征的实践行为正是在"贫困场域——贫困惯习"的双重互构中生成并持续的。由此，贫困的关系性本质得以被揭示，即存在于贫困场域和贫困惯习间的消极的双重互动关系。在双重互动的关系之中，贫困的关系本质具体表现为生计匮乏与短视行为的互构、贫困文化与盲目排他的互构、社会排斥与消极认同的互构以及政策寻租与"人情"关系的互构。继而，贫困治理的困境也得以破解，基于关系性贫困理论的分析，传统政策扶贫主要是基于改善贫困场域结构的外援性治理模式，显然缺乏针对贫困主体所开展的内源性治理，也就使得原生场域中"贫困场域—贫困惯习"间消极的互动关系难以消解，进而新型治理关系无从建立。

然而这一困境在R村贫困治理的实践经验中得到破解。面对贫困治理的困境实质，关系性贫困的破解自然指向"关系型"贫困治理，但传统性政策扶贫缺乏内源性治理功能显然无法满足"关系型"贫困治理的内在要求。但在社会工作介入R村贫困的治理场域之后，治理困境得到有效破解。究其原因，社会工作作为一种助人自助的方法，在扶助理念层面体现出主体性的助人特征，在介入服务的功能层面体现出完善场域结构的关系性特征，在服务实践层面体现出要素运作的综合性特征，这回应了"关系型"贫困治理的功能需要，并在结构层面实现同传统政策扶贫的互嵌。因此在社会工作的介入之下，贫困者的内源性治理得以实现，并协同外援性政策扶贫共同构筑起"关系型"贫困治理模式，并在具体过程中实现个案社会工作对贫困者个体惯习的改善、小组社会工作对贫困群体关系的链接和社区社会工作对贫困者集体扶贫创业的组织。在这一过程中，社会工作充分彰显其介入贫困治理后的专业性功能，如提升贫困主体的自我效能、补充传统贫困治理模式的功能缺位以及创新基层贫困治理的新格局。但就我国当前社会工作的发展与落实情况而言，理论应用上存在普遍的伦理冲突和方法割裂，而本土化操作层面则表现出显著的文化不适和管理冲突。社会工作何以广泛地介入"关系型"贫困治理，则有待政府逐步强化社会工作的组织构建、深化社会工作的专业理念、推进社会工作的协商参与。

综上所述，消除贫困、改善民生、逐步实现共同富裕是社会主义国家的本质要求。改革开放四十多年来，随着我国贫困治理能力的日益加强和贫困治理深度的日渐加深，广大农村地区的普遍性贫困已逐步缩小，局部地区的深度贫困亟待解决。剩余1660万贫困人口，其地理分布偏远、资源极度匮乏、人口素质较低，很大程度上加剧了贫困治理的难度，成为我国贫困治理攻坚、决战期的"硬骨头"。而社会第三方介入下的"关系型"贫困治理则构建出贫困治理的新路径，不仅可以有效满足贫困者的客观生存需求，还可以实现贫困者的内源性发展，最终实现关系性贫困的长效治理，为2020年实现我国人口的全部脱贫提供了有效选择和出路。但"全部脱贫"所实现的仅仅是我国在贫困治理历程中对绝对贫困的胜利，而非广义贫困的根除。所以当人们对贫困内涵的理解由基于物质满足的生存需求扩展为实现自我价值的自由的需求的时候，人们对于贫困治理的定位也就不再局限于对其工具理性的追求，而是上升至对人类福祉这一价值理性的追求。

基于绝对贫困的根除，相对贫困的缓解和消除将成为未来贫困治理的主要内容。而到那时，测度贫困的标准将不再是个人收入或支出这一经济指标，而是其能否接受高等教育、能否享受优质生活以及能否实现个人价值等更高层次的判断。国务院在《国家人口发展规划（2016—2030）》中提出，"探索建立符合国情的贫困人口治理体系，推动扶贫开发由主要解决绝对贫困向缓解相对贫困转变，由主要解决农村贫困向统筹解决城乡贫困转变。"[1]可见，随着绝对贫困的逐步消除，相对贫困治理已被列入新时期贫困治理的路径考察之中。这一转变的显著特征就是在绝对贫困向相对贫困转变的同时，贫困治理的专项化也将转型为贫困治理的常态化，并以贫困的治理和预

[1] 佚名.国务院印发《国家人口发展规划（2016—2030年）》[J].城市规划通讯,2017(3).

防为主要内容，即深度融入社会基层治理的宏观政策之中。与贫困治理相比，贫困预防在未来的社会治理中将扮演更为重要的角色，如加大对农村人口教育的投入力度，从贫困文化的源头遏制贫困的再生产；扩展社会服务范围，尽可能公平地普惠所有公民；完善政策参与渠道，打破阶层藩篱，加强人际间沟通和交流等。显然，在这一过程中，社会工作凭借其功能和意涵将发挥更加广泛和深入作用，不仅有助于"关系型"贫困治理的延伸和拓展，更可以为基层社会治理提供方法支持和功能助力。

参考文献

A. 普通图书

[1] 马克思, 恩格斯.马克思恩格斯选集: 第一卷 [M].北京: 人民出版社, 1972.

[2] 艾尔·巴比.社会研究方法 [M].丘泽奇译.北京: 华夏出版社, 2002.

[3] 戴维·波普诺.社会学 [M].李强等译.北京: 中国人民大学出版社, 1999.

[4] 皮埃尔·布迪厄, 华康德.实践与反思 [M].李猛, 李康译.北京: 中央编译出版社, 1998.

[5] 皮埃尔·布迪厄.实践感 [M].蒋梓骅译.南京: 译林出版社, 2012.

[6] 皮埃尔·布迪厄.实践理性——关于行为理论 [M].北京: 三联书店, 2007.

[7] 蔡昉.科学发展观与增长可持续性 [M].北京: 社会科学文献出版社.2006.

[8] 邓正来.邓正来自选集 [M].广西: 广西师范大学出版社, 2000.

[9] 安格斯·迪顿.逃离不平等 [M].崔传刚译.北京: 中信出版社, 2014.

[10] 威廉姆·法利.社会工作概论（第九版）[M].隋玉杰等译.北京: 中国人民大学出版社, 2004.

[11] 费孝通.乡土中国 [M].上海: 上海人民出版社, 2007.

[12] 高宣扬.布迪厄的社会理论 [M].上海: 同济大学出版社, 2004.

[13] 黄洪."无穷" 的盼望——香港贫穷问题探析 [M].香港: 中华书局出版有限公司, 2015.

[14] 康晓光.中国贫困与反贫困理论 [M].广西: 广西人民出版社, 1995.

[15] 劳埃德·雷诺兹.微观经济学 [M].马宾译.北京: 商务印书馆, 1982.

[16] 奥斯卡·刘易斯.贫穷文化: 墨西哥五个家庭一日生活的实录 [M].台北: 巨流图书公司, 2004.

[17] 刘拥华.布迪厄的终生问题 [M].北京: 三联书店, 2009.

[18] 迪帕·纳拉扬.谁倾听我们的声音 [M].付岩梅译.北京: 中国人民大学出版

社, 2003.

[19] 迪帕·纳拉扬等.穷人的呼声 [M].姚莉等译.北京: 中国人民大学出版社, 2003.

[20] 瑞泽尔.后现代社会理论 [M].谢立中译.北京: 华夏出版社, 2003.

[21] 阿玛蒂亚·森.以自由看待发展 [M].任赜, 于真译.北京: 中国人民大学出版社, 2002.

[22] 戴维·斯沃茨.文化与权力——布尔迪厄的社会学 [M].陶东风译.上海: 上海译文出版社, 2006.

[23] 孙健忠.台湾地区社会救助政策发展之研究 [M].台北: 时英出版社, 1995.

[24] 埃米尔·涂尔干.社会分工论 [M].渠东译.北京: 三联书店, 2005.

[25] 汪三贵.贫困问题与经济发展政策 [M].北京: 农村读物出版社, 1994.

[26] 王朝明, 申晓梅.中国21世纪城市反贫困战略研究 [M].北京: 中国经济出版社, 2005.

[27] 王思斌.社会工作导论 [M].北京: 北京大学出版社, 1998.

[28] 王小林.贫困概念的演进 [M].北京: 社会科学文献出版社, 2012.

[29] 王卓.中国贫困人口研究 [M].成都: 四川科学技术出版社, 2004.

[30] 叶楚生.社会工作概论 [M].台北: 台北作者印行, 1967.

[31] 尤努斯.穷人的银行家 [M].吴士宏译.北京: 三联书店, 2006.

[32] 张洪英.小组工作 [M].济南: 山东人民出版社, 2012.

[33] 郑宝华, 张兰英.中国农村反贫困词汇释义 [M].北京: 中国发展出版社, 2004.

[34] 周雪光.中国国家治理的制度逻辑 [M].北京: 三联书店, 2017.

[35] Atkinson, The Institution of an Official Poverty Line and Economic Policy [M]. Welfare State Program, 1993.

[36] Bourdieu Pierre.The Logic of Practice [M]. Stanford: Stanford University Press, 1990.

[37] Byrne. Social Exclusion [M]. Open University Press, 2005.

[38] Doyal Len, I. Gough. A Theory of Human Need [M]. Macmillan, 1991.

[39] Harry Specht, Mark E. Courtney Unfaithful Angels: How Social Work Has Abandoned Its Mission New York [M]. The Free Press, 1994.

［40］S. Mullainathan, E. Shafer. Scarcity［M］. Penguin UK, 2013.

［41］Sen. Development as Freedom［M］. Knopf, 1999.

B. 论文集、会议录、会议报告

［1］丁春娇.综述乌蒙山片区旅游业发展现状［R］.云南省科学技术协会、昭通市人民政府.第五届云南省科协学术年会暨乌蒙山片区发展论坛论文集.

［2］联合国开发计划署.1997年人类发展报告［R］.北京: 中国财政经济出版, 1999.

［3］世界银行.世界发展报告［R］.北京: 中国财政经济出版社, 1990.

［4］世界银行.世界发展报告［R］.中国财政经济出版社, 2001.

［5］司树杰, 王文静, 李兴洲.中国教育扶贫报告（2016）［R］.社会科学文献出版社, 2017（3）.

［6］中国城镇居民贫困问题研究课题组.中国农村贫困标准课题组研究报告［R］.国家统计局, 1990.

［7］K. Sharp .Measuring Destitution: Integrating Qualitative and Quantitative Approaches in the Analysis of Survey Data［R］.Brighton, UK: Institute of Development Studies, 2003.

C. 学位论文

［1］党春艳.转型期我国城市贫困问题研究［D］.华中师范大学, 2013.

E. 期刊中析出的文献

1.　艾尔泽.减少贫困的政治［J］.张大川译.国际社会科学杂志, 2007（11）.

［2］毕天云.布迪厄的 "场域-惯习" 论［J］.学术探索, 2004（1）.

［3］车佩华, 孙利玲.社会工作参与贵州贫困治理的困境与对策分析［J］.法制与社会, 2018（29）.

［4］陈劲, 尹西明, 赵闯.反贫困创新的理论基础、路径模型与中国经验［J］.天津社会科学, 2018（04）.

［5］陈劲, 尹西明, 赵闯, 朱心雨.反贫困创新: 源起、概念与框架［J］.吉林大学社会科学学报, 2018, 58（05）.

［6］陈雪娇.珠海协作者: 内地社会工作发展的第四种模式［J］.社会与公益, 2013（05）.

［7］程萍.社会工作介入农村精准扶贫: 阿马蒂亚·森的赋权增能视角［J］.社会工作, 2016（5）.

[8]陈秋红.农村贫困治理中的问题与推进策略——基于利益相关者视角的分析[J].东岳论丛, 2018, 39(11).

[9]崔月琴, 李远.草根NGO如何推进农村社区的新公共性建构——基于吉林通榆T协会的实践探索[J].社会科学战线, 2017(3).

[10]方劲.可行能力视野下的新阶段农村贫困及其政策调整[J].经济体制改革, 2011(01).

[11]冯招容.保护弱势群体利益的政策调整[J].科学社会主义, 2003(01).

[12]高考, 年旻升.贫困状态依赖的短视行为研究——兼议"斯科特-波普金之争"[J].软件学, 2015, 29(02).

[13]高帅.社会地位、收入与多维贫困的动态演变——基于能力剥夺视角的分析[J].上海财经大学学报, 2015, 17(3).

[14]顾湘.我国社工机构发展模式及比较[J].学会, 2015(11).

[15]郭佩霞, 邓晓丽.中国贫困治理历程、特征与路径创新——基于制度变迁视角[J].贵州社会科学, 2014(3).

[16]郭文山.城市贫困治理研究——基于发展型社会政策视角[J].科教文汇(中旬刊), 2017(11).

[17]郭熙保, 罗知.论贫困概念的演进[J].江西社会科学, 2005(11).

[18]韩克庆, 唐钧.贫困概念的界定及评估的思路[J].江苏社会科学, 2018(2).

[19]郝龙."行动者导向"反贫困——基于生计实践过程的贫困问题治理[J].甘肃行政学院学报, 2018(6).

[20]杭承政, 胡鞍钢."精神贫困"现象的实质是个体失灵——来自行为科学的视角[J].国家行政学院学报, 2017(4).

[21]何仁伟, 丁琳琳.精准扶贫背景下我国农村贫困机制研究综述[J].江苏农业科学, 2018, 46(17).

[22]何乃柱.文化识盲与文化能力——民族地区灾害社会工作实务中的文化问题[J].开发研究, 2014(3).

[23]胡昌龙.基于"互联网+农业"的精准扶贫应用研究——以秦巴山区为例[J].武汉职业技术学院学报, 2016, 15(01).

[24]黄承伟, 覃志敏.论精准扶贫与国家扶贫治理体系建构[J].中国延安干部学院学报, 2015(1).

[25]黄光国,胡先缙.人情与面子——中国人的权力游戏[J].领导文萃,2005（07）.

[26]黄佳鹏.文化贫困视域下扶贫"内卷化"探析——基于黔东南侗寨T村产业扶贫的考察[J].地方治理研究,2018（04）.

[27]贾海薇.中国的贫困治理:运行机理与内核动力——基于"闽宁模式"的思考[J].中共浙江省委党校学报,2018.

[28]李春霞.关于加强中国农村贫困治理的探析[J].现代交际,2019（03）.

[29]李瑾瑜.贫困文化的变迁与农村教育的发展[J].教育理论与研究,1993,（1）.

[30]李荣梅.乡村治理视角下"第一书记"驻村扶贫研究——基于S省Z县的实践调查[J].攀登,2018,37（05）.

[31]李文祥,田野.社会工作介入贫困群体的可行能力建设研究[J].社会科学,2018（12）.

[32]李文祥,吴征阳.贫困治理的场域观与社会工作增权[J].江淮论坛,2018（3）.

[33]李文祥,吴征阳.社会工作方法创新与扶贫创业模式精准化探索——基于农村扶贫创业的实践研究[J].社会科学战线,2018（11）.

[34]李文祥,郑树柏.社会工作介入与农村扶贫模式创新——基于中国村寨扶贫实践的研究[J].社会科学战线,2013（4）.

[35]李兴江,陈怀叶.参与式扶贫模式的运行机制及绩效评价[J].开发研究,2008,135（2）.

[36]李迎生,徐向文.社会工作助力精准扶贫:功能定位与实践探索[J].学海,2016（04）.

[37]林闽钢,陶鹏.中国贫困治理三十年回顾与前瞻[J].甘肃行政学院学报,2008（6）.

[38]刘建,吴理财.制度逆变、策略性妥协与非均衡治理——基于L村精准扶贫实践的案例分析[J].华中农业大学学报（社会科学版）,2019（02）.

[39]柳礼泉,杨葵.精神贫困:贫困群众内生动力的缺失与重塑[J].湖湘论坛,2019,32（1）.

[40]陆汉文,岂晓宇.当代中国农村的贫困问题与反贫困工作——基于城乡关系与制度变迁过程的分析[J].江汉论坛,2006（10）.

[41]马新文.阿玛蒂亚·森的权利贫困理论与方法述评[J].国外社会科学,2008

　　(2).

[42] 彭清燕.集中连片特困地区贫困治理与扶贫战略转型[J].甘肃社会科学，2019(01).

[43] 秦国伟.社会性弱势群体能力贫困及治理——基于阿玛蒂亚·森"可行能力"视角的分析[J].理论界，2010(04).

[44] 秦良芳，陈卓，游昭妮.精准扶贫背景下的乡村治理研究综述[J].社会科学动态，2019(02).

[45] 沈毅.迈向"场域"脉络下的本土"关系"理论探析[J].社会学研究，2013(4).

[46] 史喜军，李贺.反贫困进程中的信号传递博弈模型[J].市场周刊.财经论坛，2003(09).

[47] 孙冰清.精准扶贫实践中"精英俘获"现象及其治理[J].领导科学，2018(35).

[48] 孙利玲，车佩华.社会工作介入贵州贫困治理的路径探析[J].当代经济，2018(20).

[49] 谭贤楚."输血"与"造血"的协同——中国农村扶贫模式的演进趋势[J].甘肃社会科学，2011(03).

[50] 唐斌.沪深赣三地社会工作职业化运作机制的比较研究[J].湘潭大学学报，2017(05).

[51] 唐丽霞，李小云，左停.社会排斥、脆弱性和可持续生计：贫困的三种分析框架及比较[J].贵州社会科学，2010(12).

[52] 唐丽霞，罗江月，李小云.精准扶贫机制实施的政策和实践困境[J].贵州社会科学，2015(05).

[53] 同春芬，张浩."互联网+"精准扶贫：贫困治理的新模式[J].世界农业，2016(08).

[54] 童敏.中国本土社会工作发展的专业困境及其解决路径———项历史和社结构的考察[J].社会科学辑刊，2016(4).

[55] 童星，林闽钢.我国的农村贫困标准线研究[J].中国社会科学，1994(3).

[56] 王敏.精准扶贫背景下支出型贫困及其治理[J].广西社会科学，2018(07).

[57] 王三秀，芮冀.社会工作介入农村老年精准脱贫的困境与出路——基于Z县Y

村的调查［J］.四川理工学院学报（社会科学版），2018, 33（04）.

［58］王立剑，代秀亮.2020年后我国农村贫困治理：新形势、新挑战、新战略、新模式［J］.社会政策研究，2018（04）.

［59］王思斌.农村反贫困的制度-能力整合模式刍议——兼论社会工作的参与作用［J］.江苏社会科学，2016（3）.

［60］王宇，李博，左停.精准扶贫的理论导向与实践逻辑——基于精细社会理论的视角［J］.贵州社会科学，2016（5）.

［61］吴高辉.国家治理转变中的精准扶贫——中国农村扶贫资源分配的解释框架［J］.公共管理学报，2018, 15（04）.

［62］吴国宝，汪同三，李小云.中国式扶贫：战略调整正当其时［J］.人民论坛.2010（01）.

［63］吴国宝.对中国扶贫战略的简评［J］.中国农村经济，1996（08）.

［64］吴华，韩海军.精准扶贫是减贫治理方式的深刻变革［J］.国家行政学院学报，2018（05）.

［65］吴李建.我国农村贫困治理体系演进与精准扶贫［J］.劳动保障世界，2019（06）.

［66］向勇，孙迎联.“后扶贫时代”的减贫治理：特征、困境与出路——基于山西省Q县Y乡的调研分析［J］.福建行政学院学报，2019（01）.

［67］谢莒莎.社会工作伦理困境及其解决方式［J］.社会工作，2009（6）.

［68］杨帆，章晓懿.可行能力方法视阈下的精准扶贫：国际实践及对本土政策的启示［J］.上海交通大学学报（哲学社会科学版），2016, 24（6）.

［69］杨龙，汪三贵.贫困地区农户的多维贫困测量与分解——基于2010年中国农村贫困监测的农户数据［J］.人口学刊2015（2）.

［70］杨婷.元治理视阈下贫困治理能力生成机制研究［J］.贵州社会科学，2018（11）.

［71］杨团.社会政策研究范式的演化及其启示［J］.中国社会科学，2002（4）.

［72］杨威，刘宇.中国当代家风构建的新范式探究——基于“场域—惯习”论的架构分析［J］.观察与思考，2017（1）.

［73］杨小柳.地方性知识与扶贫策略——以四川凉山美姑县为例［J］.中南民族大学学报（人文社会科学版），2009, 29（03）.

[74] 姚金海.基于ELES方法的贫困线测量[J].统计与决策（理论版），2007（1）.

[75] 叶初升，王红霞.多维度贫困及其度量研究的最新进展：问题和方法[J]湖北经济学院学报，2010（6）.

[76] 叶普万.贫困经济学研究：一个文献综述[J].世界经济，2005（9）.

[77] 银平均.社会排斥视角下的中国农村贫困[J].思想战线，2007（1）.

[78] 虞崇胜，余扬.提升可行能力：精准扶贫的政治哲学基础分析[J].行政论坛，2016（1）.

[79] 张明皓，豆书龙.深度贫困的再生产逻辑及综合性治理[J].中国行政理，2018（04）.

[80] 张瑞堂.论贫困文化环境中的弱势群体转化[J].学术论坛，2003（1）.

[81] 张润君，张锐.社会治理视角下西北深度贫困地区脱贫攻坚研究——以临夏回族自治州为例[J].西北师大学报（社会科学版），2018，55（06）.

[82] 张世定.文化扶贫：贫困文化视域下扶贫开发的新审思[J].四川行政学院学报，2016，117（2）.

[83] 赵昌文，郭晓鸣.贫困地区扶贫模式：比较与选择[J].中国农村观察，2000（06）.

[84] 周侃，王传胜.中国贫困地区时空格局与差别化脱贫政策研究[J].中国科学院院刊，2016（1）.

[85] 周济南.精准扶贫视角下提升乡村治理能力的探讨——基于共生理论的思考[J].金陵科技学院学报（社会科学版），2018，32（03）.

[86] 周怡.贫困研究：结构解释与文化解释的对垒[J].社会学研究，2002（3）.

[87] 朱晓，段成荣."生存-发展-风险"视角下离土又离乡农民工贫困状况研究[J].人口研究究，2016，40（3）.

[88] 祝梅娟.贫困线测算方法的最优选择[J].经济问题探索，2003（06）.

[89] 祝平燕，吴雨佳.农村社会工作方法介入黔西北Y村社会管理创新研究[J].社会工作，2014（06）.

[90] A. Appadurai .The Capacity to Aspire: Culture and the Terms of Recognition [J]. 2004.

[91] A. Tversky, D. Kahneman. Judgment Under Uncertainty: Heuristics and Biases[J]. Science, Springer Netherlands, 1974（185）.

[92] Atkinson, The Institution of An Official Poverty Line [J]. Poverty Mapping in Rajasthan, 2006.

[93] B.S. Rowntree. Poverty and Progress: a Second Social Survey of York [J]. Longman, 1941.

[94] Bjorn, Daniel. Poverty, Welfare Problems and Social Exclusion [J]. International Journal of Social Welfare, 2010, 17 (1).

[95] C. J. Coulton. Poverty, Work, and Community: A Reasearch Agenda for an Era of Diminishing Federal Responsibility [J]. Social Work, 1995, 41 (5).

[96] C. Oppenheim, H. Lisa, CPA Group. Poverty the Facts [J]. Child Poverty Action Group, 1993.

[97] E. Munsterberg. The Problem of Poverty [J]. The American Journal of Sociology, 1904, 10 (3).

[98] Graig G.Poverty, Social Work and Social Justice [J]. British Journal of Social Work, 2002, 32 (6).

[99] O. Lewis. The Culture of Poverty [J]. Scientific American, 1966, 1 (1).

[100] P. C. Bancil. Poverty Mapping in Rajasthan [J]. Poverty Mapping in Rajasthan, 2006.

[101] P. Rice, G. C. Fiegehen, P. S. Lansley, et al. Poverty and Progress in Britain 1953-73 [J]. Economic Journal, 1978, 88 (349).

[102] P. Spicker. The Idea of Poverty [J].2007.

[103] P. Townsend. Poverty in United Kingdom: A Survey of Household Resources and Standards of Living [J]. Economic Journal, 1980, 90 (360).

[104] R. Chambers, G. R. Conway. Sustainable Rural Livelihoods: Practical Concepts for the 21st Century [J]. IDS Discussion Paper , 1992 (296).

[105] S. Stitt, D. Grant. Poverty: Rowntree Revisited [J]. Nutrition & Health, 1994, 9 (4).

[106] Stefan Dercon, . Vulnerability to Poverty: A Framework for Policy Analysis [J], DFID Working Paper, 2001.

[107] T. J. Renwick, B. R. Bergmann. A Budget-Based Definition of Poverty: With an Application to Single-Parent Families [J]. Journal of Human

Resources, 2010, 28 (1).

[108] X. T. Wang, J. G. Johnson. A Tri-Reference Point Theory of Decision Making Under Risk. [J]. Journal of Experimental Psychology General, 2012, 141 (4).

G. 电子文献

[1] 安徽大别山区扶贫: 因地制宜的巧妙之举 [EB/OL]. http: //www.kaifaqu.org/zhifu/2018-06-19/708472.html.

[2] 扶贫, 看 "数" 更要看 "户" [EB/OL]. http: //www.cnfpzz.com/column/lanmu4/lilunyanjiu/2016/0108/8650.htm.

[3] 九十年代末中国城市贫困的增加及其原 [EB/OL]. http: //bbs.pinggu.org/thread-19966-1-1.ht.

附　录

附录1：调查问卷

　　您好！我是JL大学学生，本次精准扶贫入户调查工作的调研员。为深入了解农村贫困村庄居民的生活现状和生存困境以及精准扶贫相关工作的开展成效，调研团队对本村居民开展入户调查。现就您家的基本情况做如下了解，同时也请您谈谈对本村扶贫工作的看法。请您配合此项调查的开展，我们会对您的个人信息予以保密，谢谢！

　　调研地点：_____县（市）_____镇（乡）_____村（区）

　　调研时间：_____年_____月_____日_____时_____分

　　调研员姓名：_____；联系电话：_____

　　调查农户姓名：_____；性别：①男；②女。

　　民族：_____；年龄：_____。

第一部分：农户家庭基本信息

1. 您的学历：_____。

　　①小学及以下；②初中；③高中；④职校、中专；⑤本科（大专）及以上。

2. 您家户籍人口_____人。

　　其中60岁以上老人_____人；16岁以下未成年人_____人；

　　具有劳动能力_____人；常年在家务农_____人；

　　常年在外打工_____人；家庭常住人口_____人。

3. 您家建档立卡时间是_____年。

4. 您家主要致贫原因是_____（请结合农户扶贫手册信息填写）

　　①因病；②因残；③因学；④因灾；⑤缺土地；⑥缺水；⑦缺技术；

⑧缺劳力；⑨缺资金；⑩其他_____。

5.您家成员中是否有国家公职人员？_____①是；②否。

6.您家成员中是否有现任村干部？_____①是；②否。

7.您家是否有拖拉机、铲车等大型机具？_____（≥3万元）①是；②否。

若有，购买时间是_____年。

是否有货车、面包车或轿车？_____（≥3万元）①是；②否。

若有，购买时间是_____年。

8.您家是否在城镇购买了商品房或门市房？_____①是；②否。

若有，购买时间是_____年。

9.您家是否有长期雇佣他人从事生产经营活动？_____①是；②否。

10.您家是否属于个体工商户（在工商部门注册有经营执照）？_____①是；②否。

11.您家在村里是否属于种植业（或养殖业）专业大户？_____①是；②否。

12.您家占有耕地_____亩？林地_____亩？

是否拥有集体承包的土地？_____①是；②否。

如果是，具体面积是_____亩。

是否租赁了他人耕地来耕作？_____①是；②否。

如果是，具体面积是_____亩。

13.您家是否已能做到不愁吃（每月消费水平多少？）_____①是；②否。

若否，请具体说明_____。

14.您家是否已能做到不愁穿？_____①是；②否。

若否，请具体说明_____。

15.您家的房屋结构为_____。

①钢混；②砖混；③砖木；④土坯；⑤窑洞；⑥竹结构；⑦其他_____。

您家房子是哪年修建的？_____年。

您家住房是否属于危房？_____①是；②否。

若是，请具体说明_____。

16.您家是否有下列人员？_____（可多选）

①残疾人；②重病病人；③慢性病病人；④无。

若有选①②③，具体疾病（或残疾）类型是_____。

是否能负担得起其医疗费用？_____①是；②否。

若否，是否享有大病救助机制？_____①是；②否。

　　[注]慢性病包括高血压、糖尿病、冠心病（心绞痛、心肌梗塞）、慢性肝炎、肝硬化、脑梗塞/脑出血/蛛网膜下腔出血恢复期及后遗症、帕金森式综合征、慢性支气管炎伴阻塞性肺气肿/肺心病、支气管哮喘、活动性肺结核、慢性肾炎/慢性肾功能不全（非透析治疗）、类风湿性关节炎、强直性脊柱炎、硬皮病/系统性硬化症、白塞氏病、血友病、重症肌无力、多发性硬化、自身免疫性肝炎、真性红细胞增多症、多发性肌炎/皮肌炎、原发性血小板增多症、系统性红斑狼疮、慢性再生障碍性贫血、颅内良性肿瘤、原发性骨髓纤维化等。

17.您家是否有下列人员？_____（可多选）。

　　①初中及以下学生；②高中（职校、中专）及以上学生；

　　③义务教育阶段辍学生；④无。

　　若有选①，您家目前的经济条件是否能够供养孩子完成九年义务教_____

　　①是；②否。

　　若否，请具体说明_____。

　　若有选③，辍学原因是什么？_____。

　　①家庭负担不起；②不想上学；③犯错被开除；④身体条件不允许（生病等）；⑤其他_____。

18.您家成员享受的社会保障有哪些？_____（可多选）。

　　①新农保（养老保险）；②新农合（医疗保险）；③低保；④五保；

　　⑤大病保险；⑥其他_____；⑦无。

19. 2016年您的家庭经营性收入_____元（扣除生产成本）；

　　工资性收入_____元；财产性收入元；转移_____性收入_____

　　元；合计，家庭纯收入_____元。

　　其中主要收入来源：_____（可多选，按重要性先后顺序填写）。

　　①种植业；②养殖业；③自主经营；④务工收入；⑤土地流转、股息、利息；⑥亲友赠与；⑦政府提供的生活保障性资金；⑧政府提供的扶贫项目资金；⑨其他_____。收入来源是否稳定？_____①是；

　　②否。若否，请具体说明_____。

　　若为种植业或养殖业，具体内容是_____。

20.您家是否属于易地扶贫搬迁户？_____①是；②否。

若是，请填写如下内容：

您家是否已入住搬迁安置房？_____①是；②否。

若没有入住。原因是什么？：_____。

①项目未完工；②已完工，还在办理房屋交接手续；③已交接，尚未装修；④生活居住、教育医疗和家庭经营、务工就业不方便；

⑤其他：_____。

若已经入住：您家的入住时间是_____年，您家安置房的面积_____

①30-60平方米；②61-80平方米；③81-100平方米；④100平方米以上。

a.易地扶贫搬迁后您家的收入水平是否有提高？_____①是；②否。

b.易地扶贫搬迁后您家的收入来源为_____（可多选，按重要性顺序填写）

①务工；②务农；③政府提供的生活保障性资金；④其他_____。

c.易地扶贫搬迁造成的负债_____

①1万以下；②1万-3万；③3万-5万；④5万以上。

d.易地扶贫搬迁后政府是否解决就业问题？_____①是；②否。

e.易地扶贫搬迁后政府是否解决医疗问题？_____①是；②否。

f.易地扶贫搬迁后政府是否解决教育问题？_____①是；②否。

g.您对现在易地扶贫搬迁是否满意？_____①是；②否。

若否，原因是_____。

第二部分：村民对扶贫工作的认知调查

1.您家是否获得了帮扶措施？_____①是；②否。

若是，获得了哪些帮扶措施？_____（可多选）：

①危房改造；②医疗救助；③小额信用贷款；④子女助学补贴；⑤最低生活保障；⑥劳动力技能培训；⑦易地扶贫；⑧参与村庄基础设施建设从而获得相关收入；⑨发展特色产业（请注明发展特色产业的具体情况：_____⑩其他_____）。

2.您村的驻村工作队是否到村了解情况或落实帮扶工作？_____①是；②否。

您村的驻村工作队是否住在村里？_____①是；②否。

您对驻村工作队工作到位情况是否满意？_____①满意；②不满意。

如果不满意，理由是_____。

3.您家的帮扶责任人是否来调查、了解基本信息或落实帮扶工作？_____

①是；②否。

2016年您家的帮扶责任人来您家的次数_____。

①3次及以下；②4-6次；③7-9次；④10次及以上。

您对帮扶责任人工作到位情况是否满意？_____①满意；②不满意

如果不满意，理由是_____。

4.在政府的帮助下，您认为您家近一年来哪些方面有改善？_____（可多选）

①收入增加；②住房条件改善；③医疗费用降低；④子女读书条件改善；

⑤其他_____；⑥无改善。

5.您认为您村近一年来哪些设施有改善？_____（可多选）

①乡村道路；②饮用水；③文体设施；④幼儿园及小学；⑤卫生医疗设施；

⑥公共厕所；⑦垃圾整治；⑧通宽带；⑨无改善。

6.您对帮扶工作成效是否满意？_____①满意；②不满意

如果不满意理由是_____。

7.您认为政府应该在哪些方面加大投入以帮助本村脱贫致富？

_____（限选四项，并按重要性排序）

①公共基础设施建设；②农业产业化发展；③促进劳动力转移就业；

④教育培训；⑤生态环境保护；⑥提供资金帮扶；⑦提供市场销售渠道；

⑧其他_____。

8.就您家而言，您希望获得哪些方面的帮助？_____（多选，按重要性排序）

①资金支持；②劳动力技能培训；③危房改造；④医疗救助；⑤子女教育；

⑥其他_____。

9.您对贫困的现状有没有心理负担？_____①有；②没有

如果有心理负担主要因为什么？_____。

对于脱贫有什么想法？_____。

10.您对现有的帮扶政策知道吗？_____①知道；②不知道。

如果知道，请具体列出相关政策_____。

11.您家是通过哪些程序被认定为贫困户的_____。

①经村委会初选、村民代表会议通过，张榜公示；

②由村干部直接纳入到贫困户的；

③其他，请具体说情况_____。

12.据您了解，您村是否存在特别困难、但没有列入贫困户的家庭？_____
　①是；②否。
　如是，请列出这样家庭的户主姓名_____。

13.您村的驻村工作队员都有哪些人员组成？_____。
　①市级；②县级；③镇本级。
　请具体列出部分人员名_____。

14.您村的扶贫项目有哪些？

_____。

您具体参与了哪些项目？

_____。

15.您对现有的帮扶方式是否满意？_____①满意；②不满意
　如果不满意，理由是_____。

附录2：访谈提纲

第一部分：R村贫困村民访谈提纲

（一）基本情况

1.能给我们简单介绍一下您的个人情况吗？

　（您的姓名、年龄、教育情况、政治面貌、工作性质、婚恋状况等）

2.能给我们简单介绍下您的家庭成员情况吗？

　（他们的性别、年龄、教育情况、工作性质及地点等）

3.您的家庭收入状况如何？

　（主要劳动成员、土地种植产出和养殖状况、经济收益、支出状况等）

4.您家中主要存在的生活困境有哪些？

　（收入、健康、教育、就业、住房等）

5.您平时的社交状况如何？

　（平时主要的来往对象、与村委会工作人员的交往状况、邻里交往等）

（二）对扶贫政策的享受情况

1.您是贫困户、低保户或五保户吗？

　（纳入时间、纳入原因/未被纳入原因、纳入过程等）

2.您享受过哪些扶贫政策，如何具体使用的？

（政府现金补贴、小额贷款、住房改造、异地搬迁补偿、生存救助等）

3.您是否参与过当地的扶贫项目？

（项目内容、开展情况、参与意愿等）

4.您是否参与过当地政府组织的劳动技能培训？

（培训内容、培训规模、培训效果、参与意愿）

5.政府扶贫政策对您的家庭是否有帮助？

（家庭生产项目、收入状况、成员状态等）

（三）对扶贫政策的主观认知和感受

1.近期政府是否改善过当地基础设施建设？

（土地改造、种养设施建设、饮用水设施、道路建设等）

2.您所在村镇开展了哪些扶贫项目，参与情况如何？

（项目内容、参与主体、组织规模等）

3.您认为所在村镇扶贫政策的开展情况如何？

（内容是否科学有效、程序是否公开公正等）

4.您认为所在乡镇的致贫原因是什么？

5.您认为所在乡镇还有哪些潜在的发展空间？

6.对您所在乡镇的发展前景，您还有哪些意见和建议？

（四）对社会工作服务平台的主观认知和感受

1.您了解本村的社工工作服务平台吗？

（成立时间、具体职能、人员组成等）

2.您是否接受过驻村社工的帮助，能详细谈谈当时的请况吗？

（村民主动寻求帮助或是社工主动提供帮助）

3.您认为社会工作平台的成立是否有助于扶贫工作的开展？有的话，具体发生
哪些变化？发挥了怎样的作用？

4.您对社会工作服务平台还有哪些意见和建议？

第二部分：乡镇政府扶贫工作人员访谈提纲

（一）基本情况

1.能给我们简单介绍下您的个人情况吗？

（您的姓名、年龄、教育情况、政治面貌、工作职务、工作经历、工资待遇等）

2.能给我们简单介绍下您的日常工作吗？

（工作内容、工作对象、具体职责、工作强度、是否驻村等）

（二）扶贫工作的开展与认知

1.能给我们简单介绍下R村的整体情况吗？

（人口结构、资源状况、生计项目、贫困程度、致贫因素等）

2.R村当前落实了哪些扶贫政策？

（政策来源、政策内容、落实情况、实施效果等）

3.您在扶贫工作中遇到过哪些困境？

（具体情况、解决措施等）

4.在您与村民打交道的过程中遇到过哪些棘手情况？

（具体情况、解决措施等）

5.您认为扶贫工作中发挥核心作用的要素是什么？

（政策制定、经济开发、资源供给、技能培训、心态意识等）

6.您如何评价R村当前的扶贫模式？

7.对于扶贫工作您有什么看法、意见或建议？

（三）对社会工作服务平台的主观认知和感受

1.您了解社会工作吗，如何看待？

（了解渠道、认知程度、评价看法等）

2.您同驻村社工打过交道吗？

（具体过程、印象、评价等））

3.乡镇政府扶贫工作人员是如何与社工相互配合的？

4.您认为社会工作平台的成立是否有助于扶贫工作的开展？有的话，具体发生哪些变化？发挥了怎样的作用？

5.您对社会工作服务平台还有哪些意见和建议？

第三部分：村干部访谈提纲

（一）基本情况

1.能给我们简单介绍您的个人情况吗？

（您的姓名、年龄、教育情况、政治面貌、工作职务、工作经历等）

2.能给我们简单介绍下您的日常工作吗？

（工作职务、任职时间、工作强度、工资待遇、办公地点、办公条件等）

（二）R村基本状况

1.能给我们介绍下R村的人口情况吗？

（人口结构、主要职业、人口流动、姓氏结构、宗教信仰等）

2.能给我们介绍下R村的资源情况吗？

（土地、耕地、林地、主要作物、山货资源等）

3.能给我们介绍下R村的生产情况吗？

（产业结构、生产项目、农业生产和养殖状况、水利灌溉设施等）

4.能给我们介绍下R村的贫困状况吗？

（村民收入、收入来源、收入变动、致贫要素等）

（三）对R村扶贫工作的认知和感受

1.R村主要落实了哪些扶贫政策？

（政策内容、落实情况、落实效果等）

2.您认为村干部在扶贫中扮演了怎样的角色？

（工作内容、工作形式、工作方法、所起作用等）

3.村干部在扶贫工作中是如何协调与基层政府和村民之间的关系的？

4.您认为扶贫工作中存在哪些困境、矛盾或者冲突？

5.R村主要建立了哪些扶贫生产项目？

（项目内容、开展方式、参与主体、开展过程、经济收益等）

6.您认为当前扶贫模式是否能解决R村的贫困问题？

7.对于扶贫工作您有什么看法、意见或建议？

（四）对社会工作服务平台的主观认知和感受

1.您了解社会工作吗，如何看待？

（了解渠道、认知程度、评价看法等）

2.您同驻村社工打过交道吗？

（具体过程、印象、评价等））

3.乡村干部是如何与社工相互配合来开展扶贫工作的？

4.您认为社会工作平台的成立是否有助于扶贫工作的开展？有的话，具体发生哪些变化？发挥了怎样的作用？

5.您对社会工作服务平台还有哪些意见和建议？

第四部分：驻村社工访谈提纲

（一）基本情况

1.能给我们简单介绍下您的个人情况吗？

（您的姓名、年龄、教育情况、政治面貌、专业等）

2.您从事社工工作多久了？

（工作年限、工作内容、工作对象等）

（二）社会工作平台的服务开展

1.能给我们简单介绍下您在R村社工服务平台的工作情况吗？

（驻村时间、服务内容、服务对象、服务成效等）

2.社工工作是如何介入到R村的扶贫工作中的？

（介入路径、介入机制、平台构建、运作机制、运行制度等）

3.社会工作平台提供的服务包括哪些内容，可以结合具体的扶贫项目展开？

4.社会工作提供服务的方式有哪些？

（请结合个案社会工作、小组社会工作、社区社会工作来具体谈谈）

5.社工在同村民打交道的过程中存在哪些困境、矛盾、冲突，请结合具体事例来谈谈？

6.社工在同基层政府沟通的过程中存在哪些困境、矛盾、冲突，请结合具体事例来谈谈？

7.请讲述一个让你印象深刻的扶助案例。

8.您觉得社会工作服务平台在基层贫困治理中扮演了怎样的角色？发挥了怎样的功能？

9.您对社会工作服务平台还有哪些意见和建议

（三）对贫困及其治理的认知和感受

1.您认为什么是贫困？

2.您认为制约R村贫困者发展的主要原因是什么？有什么特殊性？

3.您认为R村贫困的根源是什么？

4.您认为既有的扶贫模式存在什么样的问题？

5.为什么社会工作可以助力政府的扶贫工作？

附录3：受访者基本信息表

姓名	性别	年龄	类属/职位	教育水平	备注	访谈时间
LHM	女	46岁	贫困户	小学	R村村民	2016.08.20
SJG	男	43岁	贫困户	初中	蓝莓种植户	2016.08.20
WJC	男	52岁	R村村民	初中	药材种植户	2016.08.22
LK	男	38岁	省民政厅特派扶贫书记	本科	驻村1年	2016.08.20
WWP	男	54岁	R村支书	高中	上任4年	2016.08.23
WDL	男	43岁	SH通信集团董事长	本科	特派"荣誉村长"	2016.08.26
SXC	男	35岁	H镇副书记/包村干部	研究生		2016.08.25
YYH	女	56岁	非贫困户	小学	S村村民	2016.08.22
WWX	男	45岁	H镇镇长-扶贫干部	本科		2017.08.29
LHJ	男	41岁	驻村干部	大专	驻村2年	2017.09.06
ZSH	女	26岁	驻村社工	研究生		2018.09.26
DXW	男	65岁	R村村主任	高中	已退休	2016.09.26
TY	女	27岁	驻村社工	博士		2017.05.14
FJX	男	56岁	R村贫困户	小学		2016.08.25
YSN	女	62岁	R村村民	小学		2016.08.25
HSY	男	52岁	R村主任	大专		2016.08.26

续表

姓名	性别	年龄	类属/职位	教育水平	备注	访谈时间
YFG	男	48岁	R村文书	大专		2017.07.09
ZXL	男	45岁	R村脱贫户	小学	蓝莓种植户	2017.08.23
ZZW	女	52岁	R村脱贫户	初中	蜜蜂养殖户	2018.06.24
WXH	男	45岁	包村干部	大专		2018.07.02
SLY	女	49岁	R村妇女主任	高中		2017.09.10
LPY	男	51岁	H镇副镇长	本科		2018.03.21
QHM	女	38岁	R村村民	初中	蓝莓种植户	2018.05.21
SJM	男	42岁	H镇干部/包村主任	本科		2017.12.23
YHB	男	44岁	R村脱贫户	小学	蜜蜂养殖户	2018.06.23
YSF	男	54岁	R村脱贫户	初中	蓝莓种植户	2017.08.23
LS	男	48岁	H镇干部/驻村干部	大专	驻村2年	2017.08.23
LHX	男	30岁	YS农业科技有限公司总经理	研究生	大学生创业	2018.05.12
CSL	女	52岁	R村脱贫户	初中	黑果花楸种植户	2017.09.23
DAX	女	26岁	H镇挂职副镇长/社工	研究生		2017.01.05
LM	男	57岁	R村村民	小学		2018.02.23
WJM	女	26岁	驻村社工	研究生		2018.04.15

注：访谈名单排序以访谈内容在文中的出现为序。

后　记

　　每每阅读博士论文到致谢，品味着一丝丝或许黯然、或许明媚的心绪，总会不禁兴奋地遐想自己有朝一日撰写致谢的时刻。那可能会是一个清风徐徐的午后，在论文成功收尾之后，沏一杯清茶在手，如释重负地宣泄着积蓄已久的情感。那也可能会是一个静谧安宁的夜晚，就如同此时此刻，伴随着窗外夜虫的低吟浅唱，对这即将逝去的青春岁月致敬、告白。然而当这一刻彻底到来，我却找不见那蓄谋已久的渴望，只觉情不知所起，百感交集。

　　最常说的玩笑话莫过于我在吉大又读了一次九年义务教育，现在数来应是十年才对。这十年，可谓人生中最为美好的时段，青春、活力、激情、容颜都在这一刻盛放，甚至让人有种挥霍不尽的错觉。然而我却将这一切悄无声息地倾注在那碧波荡漾的清湖水、春盛秋繁的杏花林、醍醐灌顶的大讲堂以及浩如烟海的图书馆。时常被人调侃，说我把一辈子的光阴都挥霍在了校园里，浪费在了读书上，我仅笑而不语。无需争辩，同龄之人大多已成家立业，早已步入了举案齐眉、相夫教子的人生正轨，像我这样尚不持柴米油盐、也不谙婆媳矛盾的孤家寡人大概只能算是个异类。然而我却始终不曾后悔自己的选择。正是吉大、正是校园、正是这片远离喧嚣的净土，让我得以在尘嚣之中守住心灵的初心，保持人类最原始的本真、正直和善良，同时还让我拥有足够的勇气来超越世俗的眼光和声音，坚持自我追寻的道路。

　　大学者，非有大楼之谓也，有大师之谓也。人生之幸，莫过于每一时段都能有人指点迷津、引路前行，而吉大于我则是幸中之幸。感谢我的恩师李文祥教授，2013年至今我已在李老师门下求教六年。早在本科毕业时，老师就曾为我指导毕业论文，也恰好是那段短暂的相处让我得以领略其渊博的学术知识、严谨的学术态度、审慎地学术作风和高深的学术造诣，从此成为我心向往之的治学榜样。相比于其他以书本授人的老师，李老师更讲求"顶天立地"："顶天"就是要在学术的理论层面拥有深厚的知识积累，"立地"就是要在理论研究的基础上深入实践，牢接地气。正是在这一原则的要求和指引下，师门下的研究成果大都论而有据、大而不空。对我自身的学术成长而言，很大程度上得益于老师的栽培和指点，每周一次的师门讨论会、每篇文章逐字逐句的雕琢和修改以及每次调研前后的缜密安排，可以说我从老师身上所看到、学到的不仅仅是治学之形，更是为师之范，而这必将成为我今后从业、从师的动力和标杆。此外，还要感谢王岩老师的启蒙之恩，这是我在本科及研究生毕业论文的致谢中反复提及的。在她的指导下我顺利完成了的自己的首例学术项目，并取得了优异成绩。正是这次粗浅的尝试激发了我的学术热情，吸引我步入学术研究的殿堂。同时，作为一位阅历丰富的长辈，王老师同样给予我生活和情感上的关怀，成为我心灵上的莫逆好友。

　　择良木而栖，选诤友相伴。博士是一场艰苦的修行，疲惫、气馁、失落曾无数次在深夜里敲击着我辗转反侧，但行路至今依旧未曾放弃，只能说幸而有好友相伴。感谢好友胡双燕从不厌弃沉迷论文而无法自拔的我，那时的我一定寡言又无趣，浑身散发着消极的疲惫和失落，而她只是默默陪伴且倾听着我的抱怨和委屈，安抚我内心的焦虑。感谢张帆老师及其爱人的悉心关照和指点。作为一个能够按时毕业的学术才子，张老师付出的努力远在我之上，即便在刚刚入职的繁忙阶段，他依旧时常来慰问苦海中的我，同我讨论文章中的困惑之处，提出社会学视角下的建议，甚至在我几近放弃之时，成为那为数不多的鼓励我迎难而上之人。感谢同我一样身处水深火热之中却依然坚定前行的李远，正因有同袍相伴，才使得这段苦难的时光也时常充满笑语、鼓励和希望。感谢这一年以来时常约我出门散心、畅谈的小伙伴们，他们是刚刚迎来新生命的杜晓雯师姐、沉迷思考不能自拔的傅丹青师弟、智慧可爱的李珮瑶老师和见多识广的卢华兴经理，特别鸣谢李珮瑶老师对我论文题目翻译的友情援助。还要感谢我的师姐祝坤老师和小师妹赵紫薇。作为一个历尽波折、成功毕业的过来人，祝坤师姐无论在生活中还是学习上，都给予了我无微不至的关怀。在此向师姐的帮助和鼓励表示感谢，祝愿师姐在学术上终有所成、生活中一生顺遂。撰写博士论文的岁月里正巧师妹荣升博士，遂搬来寝室与我同住。师妹的温柔、可爱给我枯燥、烦闷的生活增添了新的色彩，在此特向小师妹的关心和鼓励深表谢意，愿她的博士生涯诸事顺遂，前程似锦。

　　此外，还要感谢调研期间帮助、支持我的各位乡镇领导，是这段丰富、难忘的基层调研岁月为我的博士论文注入了现实生活的华彩，使其拥有质朴、真实的灵魂。感谢盲审过程中给予我论文充分肯定的各位专家、学者。感谢答辩过程中为我提出宝贵修改意见的各位委员会老师，他们是上海大学的张海东教授、东北师范大学的王晶教授、吉林大学的王杰秀教授、邴正教授、张金荣教授、崔月琴教授、林兵教授、田毅鹏教授。田老师曾两次在毕业典礼上为我授予学士、硕士学位，求学期间也多次有幸得到田老师的指点和帮助，在此向他表示由衷的敬意和衷心的感谢。

　　最后，我要特别感谢我的父母。随时光渐远，我的父母早已半白了头发。由于婚育较晚，当其他人的父母还正当壮年、忙碌于工作岗位的时候，我的父母早已解甲归田，步入了退休者的行列。四年博士于我而言压力是巨大的，这份压力不仅来自学业，更来自家庭。虽然父母收入不甚丰厚，但尚且能支持我们正常的生活开销以及学业投入，父母也一再表示并不会因为我暂时求学而感到力不从心，让我安心读书。但我却深深感受到了他们的苍老和焦虑，这一切大都与我的学业、未来及幸福有关。在此感谢父母的付出、支持和理解，让我得以成就更高的人生追求，我也必将心怀感恩，以寸草心，报三春晖。

　　夜已入深，搁笔暂停，以聊聊数语，敬恩师、谢友人。文辞粗浅，聊表寸心。

2019年6月7日